AF748322

व्यास, शास्त्र
और
कल्कि महावतार

notionpress
.com

व्यास, शास्त्र
और
कल्कि महावतार

लव कुश सिंह "विश्वमानव"

सत्यकाशी पीठ
पांचवां और अन्तिम शंकराचार्य पीठ

Notion Press

Old No. 38, New No. 6
McNichols Road, Chetpet
Chennai - 600 031

First Published by Notion Press 2020

ISBN 978-16-49194-34-3

समर्पण

यह पुस्तक समर्पित है -

उन सभी खोजी आत्माओं को,

जो सत्य की ज्योति को अपने भीतर

और संसार के हर कोने में जलाना चाहते हैं।

भारतीय संविधान के धारा-51 (ए)

नागरिक का मौलिक कर्तव्य के अनुसार

01. संविधान के प्रति प्रतिबद्धता, इसके आदर्शों, धाराओं, राष्ट्रीय ध्वज व राष्ट्रीय गान का आदर करना।
02. स्वतंत्रता के लिए संघर्ष हेतु प्रेरित करने वाले सुआदर्शों का अनुकरण करना व उन्हें चिरस्थायी बनाना।
03. भारत की सर्वोच्चता, एकता और अखण्डता की रक्षा करना तथा समर्थन करना।
04. जब भी आवश्यकता पड़े देश की रक्षा करना व राष्ट्रीय सेवाओं हेतु समर्पित होना।
05. समाज में भाई-चारें की भावना का विस्तार करना, मातृत्व भाव, धार्मिक, भाषायिक, क्षेत्रीय विभिन्नताओं में एकता कायम करना तथा नारी सम्मान आदि का ध्यान देना।
06. अपने मिश्रित संस्कृति का मूल्यांकन करना उसको स्थायित्व देना और इसकी परम्परा को कायम रखना।
07. प्राकृतिक सम्पदा की रक्षा करना जिसमें जलवायु, जंगल, झील, नदियां, जंगली जीवों व समस्त जीवों के प्रति दया का भाव सम्मिलित है।
08. वैज्ञानिक भावना को प्रोत्साहित करना, मानवीय भावनाओं के स्वरूप की परख करते रहना।
09. जन सम्पत्ति की सुरक्षा करना और हिंसा आदि का परित्याग करना।
10. व्यक्तिगत, सामूहिक गतिविधियों के प्रत्येक क्षेत्र में सर्वोच्चता हासिल करना, जिससे राष्ट्र शतत उत्थान, प्रयत्न व प्राप्ति की ओर अग्रसर होता रहे।
11. जो कि माता-पिता या अभिभावक हो, वे अपने 6 साल से 14 साल के बच्चों को शिक्षा या अन्य ऐसे सुअवसरों का लाभ उन्हें मुहैया करावें।

मूल जीवन मंत्र

"हे प्रभु, तेरे प्यार में बस दो ही बातें है। एक तो अपना कल्याण करूँ, दूसरा तुझ जैसा बन सबका कल्याण करूँ"

विषय- सूची

मुख पृष्ठ की व्याख्या
भूमिका

भाग-1: मानव सभ्यता का विकास और जाति की उत्पत्ति

वंश
- अ. पौराणिक वंश
    1. मनुर्भरत वंश की प्रियव्रत शाखा
    2. मनुर्भरत वंश की उत्तानपाद शाखा
- ब. ऐतिहासिक वंश
    1. ब्रह्म वंश
    2. सूर्य वंश
    3. चन्द्र वंश
- स. भविष्य के वंश

गोत्र
वसुधैव कुटुम्बकम्
- आर्य
- विज्ञान ने भी आर्य द्रविड़ के भेद को नकारा
- जेनेटिक हिस्ट्री आफ साउथ एशिया
- कैब्रिज के डा0 कीवीसील्ड ने किया शोध निर्देशन
    - माइटोकांड्रियल डीएनए में छुपा है पुरखों का इतिहास
    - एक वंशवृक्ष से जुड़े है सभी भारतीय

भाग-2: व्यास और शास्त्र

लेखक/शास्त्राकार
शास्त्र
वेदव्यास
लेखकों/शास्त्राकारों के आदि पुरूष प्रतीक व्यास
पुराण
वेदव्यास शास्त्र लेखन कला
युगानुसार धर्म, प्रवर्तक और धर्मशास्त्र
व्यष्टि और समष्टि धर्मशास्त्र
शास्त्रार्थ, शास्त्र पर होता है, शास्त्राकार से और पर नहीं

भाग-3: कल्कि अवतार

काल और युग परिवर्तक कल्कि अवतार
कल्कि अवतार, महाअवतार क्यों?
कल्कि महाअवतार एवं अन्य स्वघोषित कल्कि अवतार

भाग-4: व्यास और कल्कि अवतार

"सम्पूर्ण मानक" का विकास भारतीय आध्यात्म-दर्शन का मूल और अन्तिम लक्ष्य
सार्वभौम सत्य-सिद्धान्त के अनुसार काल, युग बोध एवं अवतार
व्यास और लव कुश सिंह "विश्वमानव"
कल्कि अवतार और लव कुश सिंह "विश्वमानव"

भाग-5: परिवर्तन

सीधी समझ
नये भारत में, नये मनुष्य के उदय के लिए
व्यवस्था के परिवर्तन या सत्यीकरण का पहला प्रारूप और उसकी कार्य विधि
वे शब्द जिसके बिना युग परिवर्तन सम्भव नहीं

भाग-6: केन्द्र या मध्य (भारत) में पांचवां और अन्तिम सत्यकाशी पीठ

सत्यकाशी पीठ: स्थान
सत्यकाशी पीठ: इतिहास और उद्देश्य
पाँचवाँ और अंतिम शंकराचार्य पीठ: इसकी विशेषता

भाग-7: सत्यकाशी पीठ के कार्य

धारा-उद्धार: धर्म की पुनर्स्थापना
मनुष्य चेतना का रूपांतरण
साधना, दीक्षा और आध्यात्मिक अनुष्ठान
वैश्विक कार्य: मानवता के लिए संदेश
शिव-तत्व और कल्कि-तत्व का मिलन
"सार्वभौम सत्य-सिद्धान्त" पर आधारित "युग परिवर्तन श्रृंखला" के नवयुग के शास्त्र-साहित्य

मुख पृष्ठ की व्याख्या

"**व्यास, शास्त्र और कल्कि अवतार**" का यह आवरण एक ही फ्रेम में तीन महत्त्वपूर्ण आयामों - *ऋषि-परम्परा, शास्त्र-ज्ञान और युगांतकारी अवतार* - को अत्यंत प्रभावशाली रूप से प्रस्तुत करता है।

ऊपर विस्तृत ब्रह्मांड और चमकती आकाशगंगा यह संकेत देती है कि यह ग्रंथ केवल पृथ्वी या मानव-इतिहास तक सीमित नहीं, बल्कि सृष्टि-व्यवस्था के व्यापक रहस्यों को भी छूता है। उसके नीचे खुला हुआ शास्त्र-ग्रंथ उस दिव्य ज्ञान का प्रतीक है जिसे व्यास परम्परा ने युगों से संरक्षित किया और मानवता को सौंपा है।

बाईं पृष्ठभूमि में खड़े गहन, शांत, तपस्वी ऋषि का आकृति-छाया स्वरूप **महर्षि व्यास** का प्रतिनिधित्व करती है-जो वेद, पुराण और शास्त्रों की आधारशिला हैं। उनके ठीक आगे, तेजस्वी प्रकाश में उदित होता **कल्कि अवतार**, श्वेत अश्व पर आरूढ़, स्वर्णिम दिव्य तेज से घिरा, हाथ में दंशकारी प्रकाश-तलवार लिए-कलियुग के अँधेरे को भेदते हुए नए सत्य-युग के आगमन की घोषणा करता है।

पीछे उठती बिजली, काले बादल और टूटते शहर इस बात का संकेत हैं कि पुरानी व्यवस्था अपने अंतिम चरण में है, और एक निर्णायक परिवर्तन आसन्न है।

नीचे अंकित "**सत्यकाशी पीठ - पाँचवाँ और अंतिम शंकराचार्य पीठ**" यह दर्शाता है कि यह ग्रंथ केवल धार्मिक कथा नहीं, बल्कि एक महत्त्वपूर्ण आध्यात्मिक घोषणा, युग-विज्ञान और भविष्य-धर्म की गम्भीर प्रस्तुति है।

पूरा आवरण मिलकर यह संदेश देता है कि-

शास्त्र का विज्ञान, व्यास की परम्परा और कल्कि का आगमन-तीनों मिलकर मानवता के नए युग की दहलीज पर खड़े हैं।

भूमिका

"व्यास, शास्त्र और कल्कि महावतार" केवल एक पौराणिक या ऐतिहासिक ग्रंथ नहीं-यह भारतीय ज्ञान-परंपरा के मूल केंद्र **एकात्म सत्य** को पुनःस्पष्ट करने का प्रयास है। भारतीय दर्शन सदैव सत्य को क्रमशः विकसित होते प्रकाश की तरह देखता है-जहाँ मनुष्य पहले द्वैत के माध्यम से चलता है, फिर अद्वैतवाद की उस चरम उपलब्धि तक पहुँचता है जिसके बारे में स्वामी विवेकानन्द प्रतिपादित करते हैं कि **धर्मशास्त्र इससे आगे नहीं जा सकता-यहीं सभी विज्ञानों का अंतिम लक्ष्य है** । यह पुस्तक उसी अंतिम लक्ष्य की ओर मानवता की गहन यात्रा का विवेचन करती है।

भारतीय ग्रंथों में 'शास्त्र' केवल नीति या नियम नहीं, बल्कि सत्य की वह धारा है जिसे युगों–युगों तक प्रवाहित रखने का कार्य **वेदव्यास** ने किया। शास्त्र-लेखन केवल बौद्धिक लेखन न होकर एक ऐसी दिव्य प्रक्रिया है जिसमें ज्ञान का संपूर्ण प्रवाह मानव-चेतना के लिए संरक्षित किया जाता है। इसी कारण पुस्तक में "वेदव्यास शास्त्र-लेखन कला" को विशिष्ट स्थान दिया गया है-क्योंकि यही वह आधार है जिसके ऊपर "कल्कि महावतार" के महाग्रंथ को समझा जा सकता है।

मनु-परंपरा, मनुवंश की शाखाएँ, और शास्त्रों में वर्णित वंशक्रम केवल प्राचीन इतिहास नहीं, बल्कि मानव सभ्यता के चक्रीय विकास का दर्पण हैं। शास्त्र-ग्रंथ में उपस्थित वंशावली-जैसे मनुर्भरत वंश की प्रियव्रत शाखा से लेकर रैवत मनु तक का वर्णन तथा उससे उपजी अनेक शाखाएँ -यह दर्शाती हैं कि भारतीय सभ्यता सदा समय को एक निरंतर प्रवाह के रूप में देखती है, जिसमें धर्म, शासन, चेतना और अवतार-तत्व क्रमशः विकसित होते जाते हैं।

इस ग्रंथ के केंद्र में स्थित विचार यह है कि जब मानव और प्रकृति दोनों किसी आवश्यक परिवर्तन को उत्पन्न करने में असफल हो जाते हैं, तब **अन्तिम आत्मीय-बल** सक्रिय होता है-वही बल जो युग-परिवर्तन का कारण बनता है। यह विचार फ़ाइल में स्पष्ट रूप से व्यक्त है कि मानव-बल एक छोटा परिवर्तन लाता है, प्रकृति-बल मध्यम स्तर का परिवर्तन, और **अन्तिम आत्मीय-बल उस समय के सर्वोच्च स्तर का परिवर्तन उत्पन्न करता है** ।

यह आत्मीय-बल, यह दिव्य-शक्ति-भारतीय परंपरा में **अवतारवाद** का मूल तत्त्व है। शास्त्र-ग्रंथ के अनुसार विष्णु-एकात्म कर्म और एकात्म प्रेम का अव्यक्त स्वरूप-जब मानव शरीर में प्रकट होकर समभाव और कर्म का सर्वोच्च संगम बनता है, तभी अवतार का प्राकट्य होता है । इसलिए "कल्कि महावतार" को समझना किसी बाहरी युद्ध या विनाश का अध्ययन नहीं-बल्कि मानवता में उत्पन्न होने वाले **सर्वोच्च आत्मीय-परिवर्तन** का अध्ययन है।

यह शास्त्र-ग्रंथ व्यास-परंपरा की निरंतरता, शास्त्र की महत्ता, मनु-युग–विन्यास, और अवतारवाद के तत्वों को एक ही धारा में मिलाकर प्रस्तुत करती है। इसमें इतिहास, दर्शन, धर्म,

वंशक्रम और आत्मचेतना-सभी को एक ऐसे सूत्र में बांधा गया है जिससे यह स्पष्ट हो सके कि मनुष्य का अंतिम लक्ष्य केवल बाहरी धार्मिक संरचनाएँ नहीं, बल्कि भीतर जागने वाला वह **एकात्म प्रकाश** है जो युग को बदलने की क्षमता रखता है।

शास्त्र-ग्रंथ का उद्देश्य पाठक को केवल ज्ञान देना नहीं, बल्कि उस **अंतिम सत्य-दृष्टि** तक ले जाना है जिसे समझे बिना न व्यास को समझा जा सकता है, न शास्त्रों को, और न ही कल्कि महावतार के वास्तविक अर्थ को। यह ग्रंथ मानव-चेतना, ब्रह्मांडीय व्यवस्था और युगधर्म-इन तीनों के संलयन का एक सार्वभौमिक प्रयास है।

✍ ***लव कुश सिंह "विश्वमानव"***

एक शोधक, चिंतक और मार्गदर्शक, जिन्होंने अपना जीवन *मानवता, आत्मा और नव-सृष्टि* के अध्ययन एवं लेखन को समर्पित किया है।

- प्रमुख ग्रंथ: *विश्वशास्त्र*
- दृष्टि: *नव-मनुष्य और नव-संसार का निर्माण*

भाग-1

मानव सभ्यता का विकास और जाति की उत्पत्ति

वंश

अ. पौराणिक वंश

1. मनुर्भरत वंश की प्रियव्रत शाखा

2. मनुर्भरत वंश की उत्तानपाद शाखा

ब. ऐतिहासिक वंश

1. ब्रह्म वंश

2. सूर्य वंश

3. चन्द्र वंश

स. भविष्य के वंश

गोत्र

वसुधैव कुटुम्बकम्

आर्य

विज्ञान ने भी आर्य द्रविड़ के भेद को नकारा

जेनेटिक हिस्ट्री आफ साउथ एशिया

कैब्रिज के डा0 कीवीसील्ड ने किया शोध निर्देशन

माइटोकांड्रियल डीएनए में छुपा है पुरखों का इतिहास

एक वंशवृक्ष से जुड़े है सभी भारतीय

मानव सभ्यता का विकास और जाति की उत्पत्ति

पृथ्वी की उत्पत्ति कैसे हुई, मानव एवं अन्य जीवधारी तथा वनस्पतियों का क्रमिक विकास कैसे हुआ? इसे जानने के केवल दो क्रमिक विकास के रास्ते हैं।

अ. **अदृश्य काल**

यह वह समय है जिसमें आधुनिक भौतिक विज्ञान का विकास नहीं हुआ था। इस काल में 1. सत्ययुग, 2. त्रेतायुग और 3. द्वापर युग था।

01. धार्मिक मत का रास्ता: वर्तमान से 5000 वर्ष पुराने वैदिक धर्म के अनुसार
02. वैज्ञानिक मत का रास्ता: आधुनिक विज्ञान उपलब्ध नहीं था।

ब. दृश्य काल

यह वह समय है जिसमें आधुनिक भौतिक विज्ञान का विकास हो चुका था। इस काल में 4. कलियुग था।

01. धार्मिक मत का रास्ता: वर्तमान से 2000 वर्ष पुराने ईसाइ धर्म और वर्तमान से 1400 वर्ष पुराने इस्लाम धर्म के अनुसार
02. वैज्ञानिक मत का रास्ता: आधुनिक विज्ञान के अनुसार

धार्मिक मतानुसार सृष्टि की रचना ईश्वर ने की और ईश्वर द्वारा ही जल-प्रलय किया गया। सभी धर्मों में जीव उत्पत्ति, सृष्टि संरचना एवं जल-प्रलय की विचारधारा समान ही है। जो ईसाई, मुस्लिम, चीनी, असीरियन, मैक्सिको, पर्शिया, युनान, अर्गगीज और पुराण जैसे शास्त्र व इतिहास में मिलता है। धार्मिक दृष्टिकोण से सबसे प्राचीन और धर्म का प्रारम्भ वैदिक धर्म ही सनातन धर्म है जिसमें विश्व के शेष अन्य धर्म-सम्प्रदायों का अंश विद्यमान है। ईश्वरीय आदेश पर मात्र नूह या मनु तथा उनके साथ अन्य जीवधारी ही बचे, जिससे सृष्टि के सृजन का कार्य चला।

वैज्ञानिक मान्यता के अनुसार, अरबों वर्ष पहले इस पृथ्वी का आविर्भाव हुआ। प्रारम्भ में यह आग के गोले के रूप में थी। धीरे-धीरे यह ठण्डी होती गई। करोड़ों वर्ष बीतने पर इसमें जल, वायु, मिट्टी, अग्नि और आकाश पंच महाभूतों के संयोजन से जीवन का क्रमशः विकास हुआ। धीरे-धीरे महासागरों का आविर्भाव हुआ। प्रारम्भ में इसमें जल में रहने वाले जीवों का विकास हुआ, जैसे मछली। फिर जल और थल दोनों में जीवित रह सकने वाले प्राणी विकसित हुए, जैसे मेढ़क, केंकड़ा इत्यादि। तदन्तर केवल स्थल में जीवित रहने वाली प्राणी विकसित हुए। कालचक्र की गति चलती रही और नभचर प्राणियों का भी विकास हुआ। प्रकृति के तमाम थपेड़ों अनेकानेक बार बाढ़, जलप्लावन, अकाल, सामूहिक मृत्यु आदि से बहुत से जीवों की जातियां विकसित भी हुई और बहुत सी लुप्त भी हो गईं, जैसे विशालकाय डायनासोर। क्रमिक विकास के द्वारा जीवधारीयों में मछली, स्तनपायी, वानर, चिम्पैंजी, वनमानुष और फिर मनुष्य का विकास हुआ। वैज्ञानिक मान्यता है कि मनुष्य का पूर्वज बंदर था। विचार की शक्ति से धीरे-धीरे बन्दर जैसा प्राणी चार पैरों में से अगले दो पैरों का उपयोग फल आदि तोड़ने में करने लगा और चौपाये से दो पाये वाले मनुष्य का विकास हुआ। बन्दर की पूँछ का उपयोग न होने से धीरे-धीरे वह गायब हो गई। मनुष्य की रीढ़ के अन्तिम छोर पर उसका अवशेष अब भी पाये जाते हैं। जिनका कालक्रम लगभग निम्नलिखित रूप से था-

अ. वनस्पतियों की उत्पत्ति

01. शैवाल काई	-	2 अरब वर्ष पहले लगभग
02. घास काई	-	50 करोड़ वर्ष पहले लगभग
03. वृक्ष समुदाय	-	10 करोड़ वर्ष पहले लगभग

ब. जीवधारीयों की उत्पत्ति

01. एक कोशिय कीट	-	2 अरब वर्ष पहले लगभग
02. घोघें, केंकड़े, रीढ़दार मछली, मगर मेढ़क	-	50 करोड़ वर्ष पहले लगभग
03. रेंगने वाले जीव, डायनासोर, बड़ी मछलीयाँ	-	50 करोड़ वर्ष पहले लगभग
04. स्तनपायी जीव एवं वानराकार जीव, लंगूर, बन्दर आदि	-	9 करोड़ वर्ष पहले लगभग
05. वानराकार मानव, चिम्पैंजी, गोरिल्ला आदि	-	10 लाख वर्ष पहले लगभग
06. आदिमानव और स्तनपायी	-	5 लाख वर्ष पहले लगभग
07. आधुनिक मानव एवं पशु	-	15 हजार वर्ष पहले लगभग
08. नदीघाटी सभ्यताएँ	-	5000 ई. पू. लगभग
09. ऐतिहासिक काल	-	1500 ई. पू.लगभग

इस प्रकार धार्मिक एवं वैज्ञानिक मतों का तालमेल एवं वर्णन लगभग समान ही है। जिस इतिहास के बारे में जानकारी नहीं है, मात्र कल्पना, तर्क तथा तत्कालीन वस्तुओं, घटनाओं के आधार पर काल निर्धारण किया जाता है, वह प्रागैतिहासिक काल कहा जाता है। और जिस इतिहास के बारे में क्रमबद्ध सही जानकारी प्राप्त होती है, उसे ऐतिहासिक काल कहा जाता है। यह आधार हमारी सृष्टि रचना एवं आदिमानव की उत्पत्ति एवं विकास पर भी लागू होती है। विश्व की संस्कृति एवं सभ्यताओं का उद्भव व विकास नदी घाटीयों से प्रारम्भ हुआ। विश्व की सभी सभ्यताओं का समय लगभग एक ही है। जो पूर्वी विश्व के भू-भाग से प्रारम्भ हुई, इस कारण उनमें आपस में बहुत ही सामंजस्य है।

सभ्यता का नाम	नदी का नाम	उद्भव-विकास काल
01. मिश्र	नील नदी की घाटी	3000 ई. पूर्व लगभग
02. मेसोपोटामिया	दजला फारस टिंपिस	3000 ई. पूर्व लगभग
अ. सुमेरियन		
ब. असीरिया		
स. बेबीलोनिया		
द. कैल्दिया		
03. सिन्धु	सिन्धु नदी	3000 ई. पूर्व लगभग
04. हित्ती	काला सागर अरमेनिया	3000 ई. पूर्व लगभग
05. मितन्नी	दजला फरात	3000 ई. पूर्व लगभग
06. हिब्रू	पेलेस्टाइन जाईन नदी	3000 ई. पूर्व लगभग
07. फोनेसियन	भू-मध्य सागर	3000 ई. पूर्व लगभग
08. इजियन	इशिया माइनर	3000 ई. पूर्व लगभग
09. यूनान	भू-मध्य सागर	3000 ई. पूर्व लगभग
10. चीन	ह्वांगहो	3000 ई. पूर्व लगभग
11. ईरान	फारस (ईरान की खाड़ी)	3000 ई. पूर्व लगभग
12. पारसीक	फारस (ईरान की खाड़ी)	3000 ई. पूर्व लगभग

उपरोक्त सभ्यताओं के अभ्युदय का स्थान पूर्वी विश्व है जो कैस्पियन सागर एवं आस-पास का क्षेत्र है। यहीं से आज के आधुनिक मानव एवं मानव सभ्यताओं ने जन्म लिया। यहीं से मानव विकास क्रम तथा मानव जातियों का वर्गीकरण प्रारम्भ हुआ, जो क्रमशः इस प्रकार है-1. नार्डिक, 2. अल्पाइन, 3. मेडिटोरियन, 4. मंगोल, 5. निग्रो, 6. आस्ट्रेलियन। इनमें नार्डिक, अल्पाईन और मेडिटोरियन का नाक-नक्शा-रंग एक होने के कारण ये काकेसियन कहे जाते थे। इन्हीं काकेसियन की नार्डिक जाति की ईरानी शाखा के वंशधर स्वायंभुव मनु थे।

स्वायंभुव मनु के समय में समस्त भूमण्डल सात खण्डों में विभाजित था जिनका पौराणिक व आधुनिक नाम निम्न प्रकार है। ये सभी सातों खण्ड महाद्वीप के नाम से प्रसिद्ध हुए थें। सभी द्वीप आपस में जुड़े हुए थे। इनमें आने-जाने का मार्ग जलीय एवं स्थलीय दोनों था।

भूमण्डल के भाग

भाग	पौराणिक नाम	आधुनिक नाम	उपभाग नाम	आधुनिक नाम
01.	पलक्षद्वीप	यूरोप		
02.	शाल्मलीद्वीप	अफ्रिका		
03.	कुशद्वीप	आस्ट्रेलिया		
04.	पुष्करद्वीप	अंटार्कटिका		
05.	क्रौंचद्वीप	उत्तरी अमेरिका		
06.	शाकद्वीप	दक्षिणी अमेरिका		
07.	जम्बूद्वीप	एशिया		
			01. हरिवर्ष	तुर्किस्तान
			02. किंपुरूष वर्ष	उत्तरी चीन
			03. इलावृत्त वर्ष	पामीर
			04. कुरू वर्ष	साइबेरिया
			05. केतुमान वर्ष	रूसी
			06. भद्राश्य वर्ष	दक्षिणी चीन
			07. रम्य/स्वर्णमय वर्ष	चीनी तातार
			08. हिरण्मय वर्ष	मंगोलिया
			09. हिमवर्ष	भारत (हिमालय से अरब सागर तक)

इस प्रकार धीरे-धीरे मनुष्य समाज का भी विकास होता गया। समाज के विकास की प्रमुख अवस्थाएँ 1. शिकारी अवस्था, 2. पशुपालन अवस्था, 3. कृषक अवस्था और 4. औद्यौगिक अवस्था हैं। विश्व में सभ्यता का विकास सबसे पहले कहाँ हुआ, यह पालतू पशु और अनाज के उत्पादन के प्रारम्भ के आधार पर निर्धारित होता है अर्थात् आदिम कृषक ही सभ्यता के आदि जनक हैं। पंजाब और पड़ोसी पहाड़ी इलाके सहित वह ऐसा विस्तृत प्रदेश है जो हिमालय और हिन्दुकुश पर्वत के बीच है, जिसमें सबसे पहले गेंहूँ का उद्भव हुआ। विश्व में सभ्यता की प्रथम किरण फैलाने वाले भारतीय कृषक ही थे। कृषक अवस्था मनुष्य के विकास की सर्वाधिक महत्वपूर्ण अवस्था थी। पृथ्वी पर आज जो सभ्यता विकसित रूप में मिलती हैं उसकी नींव इसी अवस्था की देन है। वैदिक साहित्य और पौराणिक साहित्य में कृषक और कृषि की महत्ता अत्यन्त गम्भीरता से स्वीकार की गई है। कृषि की सुविधा के लिए घर बसे। कई घर मिलकर गाँव और नगर बसे। पति-पत्नी और उनके बच्चे मिलकर कुटुम्ब बने। कुटुम्बी जीवन, मनुष्य की सभ्यता के विकास की सबसे महत्वपूर्ण कदम था। कृषक अवस्था में खेतों और फसल की सुरक्षा

के लिए कृषक को सदैव चौकन्ना रहना, शत्रुओं से लड़ना और अपने तथा सम्बन्धी कुटुम्ब की सुरक्षा करना उसका प्रथम कर्तव्य था अर्थात् कृषक स्वभाव और कर्म से विशुद्ध क्षत्रिय था। इस प्रकार जियो और जीने दो की भावना विकसित हुई। धीरे-धीरे विभिन्न सूमहों के बीच आपसी संघर्ष में जो विजयी होता था वही सरदार और कालान्तर में राजा बनने लगा। इस प्रकार राज्य नामक संस्था का जन्म हुआ।

कृषि आविष्कारक भूमि और खेत (क्षेत्र) के स्वामी के लिए ही क्षेत्रपति, भूपति, भूमिपति, भूमिस्वामी आदि सम्मानसूचक शब्द आविर्भूत हुए। भू या कु जैसे भूमण्डल और कुमण्डल। रमी अर्थात् रमण करने वाला। इस प्रकार भू में रमण करने वाले उस महत्वपूर्ण कृषिकर्ता और प्राचीनतम मनुष्य जाति को कुरमी कहा गया। क्षत्रिय संज्ञा भी उसके महान कृषिकार और खेतों के स्वामी के रूप में आयी। जिनके वंशज आज भी कूर्मवंशी क्षत्रिय, कूर्मि क्षत्रिय, कुरमी, कुनबी आदि विभिन्न नामों से समूचे भारत में कृषि कार्य में लगे हुए हैं। कृषि के आविष्कार से खेती सम्बन्धी आवश्यकताओं के कारण विभिन्न व्यवसाय और जातियाँ उद्भव में आईं। वेदों में हल, पाट, शकट आदि कृषि उपकरण बनाने वाले को तक्षा (बढ़ई) कहा जाता था। कर्मकार (लोहार) लोहे ओर अन्य धातुओं को गलाकर हल की फाल आदि बनाने वाले को कहा जाने लगा। चर्मकार, धनुष के लिए प्रत्यंचा तथा चाबुक के लिए चमड़े आदि उपलब्ध कराता था। वासो या वाय (जुलाहा) द्वारा अपने बेम (करघे) पर कपड़ा बुनने का काम करने वाले को कहा गया। इसी प्रकार सोने का काम करने वाले को स्वर्णकार, तेल के काम करने वाले को तेली, वाणिज्य व्यवसायी को वणिक (बनिया), घड़ा बनाने वाले को कुम्भकार (कुम्हार) आदि कहा जाने लगा। इस प्रकार समाज में विभिन्न जातियाँ उत्पन्न हुईं। अनेक जातियों और वर्गों का उद्भव कृषक अवस्था में हुआ। कृषक, दो फसलों के बीच में मिलने वाले समय में चिन्तन, मनन आदि के द्वारा धीरे-धीरे सभ्यता और संस्कृति के विभिन्न ज्ञान, विद्या, वेद, उपनिषद् आदि अनेक रूप में आये। प्राचीन "ऋषि जीवन" भी "कृषि जीवन" की ही देन था। ऋग्वेद, सामवेद, यजुर्वेद और अथर्ववेद के सारे ज्ञान-विज्ञान की जड़ें, इसी "कृषि क्रान्ति" में निहित है।

ऋग्वेद के अनुसार उस समय समाज तीन वर्गों में विभाजित था। 1. योद्धा, 2. पुरोहित और 3. श्रमिक वर्ग। योद्धा वर्ग समाज की सुरक्षा के लिए कार्य करता था। इसी वर्ग से सरदार व राजा बनें। पुरोहित खाली समय में बौद्धिक सृजन करते थे और बौद्धिक श्रेष्ठता के कारण वे राजा के मंत्री, धर्म नियंत्रक और न्यायाधीश आदि का पद प्राप्त करते थे। श्रमिक वर्ग विभिन्न प्रकार के श्रम करके समाज की आवश्यकताओं की पूर्ति करता था। इनमें आपस में एक से दूसरे वर्ग में आने-जाने का मार्ग पूरी तरह खुला हुआ था परन्तु धीरे-धीरे पुरोहितों का स्थान समाज में सर्वोपरि हो गया। वेदों में कृषकों को आर्य कहा गया है। लकड़ी के हल से भूमि का कर्षण करने की क्रिया अर्थात् उसकी जुताई करके उसे बीज बोने के लिए तैयार करने की क्रिया "अर्" कहलाती है तथा अर् करने वाले व्यक्ति को आर्य कहा जाता है। भारत की आर्य सभ्यता कृषि के प्रारम्भ करने वाले उन्हीं कृषकों की सभ्यता है। इस प्रकार जो भूमि को जोतकर कृषि करता था, उसी को आर्य कहते थे, शेष सभी को अनार्य। अर् शब्द का परिवर्तित रूप हर हो गया और उसी का बदला हुआ रूप हल है। आज भी मध्य प्रदेश व विन्ध्य क्षेत्र के ग्रामीण क्षेत्रों में हल को हर कहते हैं। वैदिक काल में कृषक को अत्यन्त महत्वपूर्ण स्थान प्राप्त था। इसी प्रकार बौद्ध काल में भी कृषक को महत्वपूर्ण स्थान प्राप्त था और गांवों में छोटा स्वशासित लोकतंत्र स्थापित था।

स्वायंभुव मनु की पत्नी का नाम शतरूपा था जो कालान्तर में बिगड़ते-बिगड़ते सत्रप, सत्रप, सत्रपति, क्षत्रपति, क्षत्रप होता गया। क्षत्रप बाद में क्षत्रिय हो गया ऐसा विद्वानों का कथन है। क्षत्रिय कोई जाति नहीं बल्कि समाज है, धर्म है, गौरव है, अस्मिता है, संस्कृति है और राष्ट्र की धरोहर है। भारत का इतिहास ही क्षत्रिय इतिहास है। यदि भारतीय इतिहास से क्षत्रिय इतिहास हटा दिया जाय तो शेष इतिहास शून्य हो जायेगा। क्षत्रियों का मुख्य उद्देश्य "परित्राणांय साधूनाम् विनाशाय च दुष्कृताम" है। क्षत्रिय संस्कृति में धमार्थ अपने बन्धु को भी दण्ड देना धर्म है-ऐसी प्रवृत्ति रही है।

पंजाब की पाँच नदियों सिन्धु (सिन्ध), बितस्ता (झेलम), असिक्नी (चेनाब), परूष्णी (रावी) और बिवास (व्यास), का पंचनद क्षेत्र ही आर्यों का सबसे पहले का निवास स्थान था। इन पाँच नदियों के किनारे बसने वाले आर्यों ने धीरे-धीरे पाँच जातियों का रूप धारण कर लिया। ऋग्वेद में इनको पंचजन कहा गया है। ये पंचजन थे-अनु, द्रुह्य, तुर्वष, यदु और पुरूष। इन पंचजनों का समाज कृषिजीवी समाज था। अत्यन्त प्राचीन काल से ही जबकि वर्ण व्यवस्था और कट्टर जातिपाँति का उद्भव भी नहीं हुआ था, पंचनद के ये कृषक कुटुम्बी ही भारत के विभिन्न भूभागों में फैल चुके थे। जो समस्त वर्णों, जातियों, व्यवसायों, सभ्यताओं ओर संस्कृतियों की जनक है। इन्हीं कृषक क्षत्रियों से चिन्तनशील प्रबुद्ध ब्रह्मज्ञानी लोग निकले जो ब्राह्मण कहलाने लगें। अनेक क्षत्रिय ऋषि और विदुषियाँ वैदिक मंत्रों की द्दष्टा थीं।

प्रजाजनों की रक्षा करना, ज्ञान-विज्ञान तथा कला-कौशल के प्रचार-प्रसार के निमित्त उदारपूर्वक दान देना, दीनदुखियों की आर्थिक सहायता करना, सत्कर्मों को स्वयं करना और दूसरों से कराना, स्वयं विद्याध्ययन करना और दूसरों को सद्ग्रन्थों की प्रेरणा देना, भोग-विलास तथा विषय-वासना में न फँसते हुए इन्द्रियों पर विजय प्राप्त कर सदैव शरीर तथा आत्मा को शक्तिशाली बनाये रखना एवं दूसरों को भी विषय-वासनाओं में लिप्त न होने देना, क्षत्रिय का धर्म है (मनुस्मृति, 1. 89)। क्षत्रिय का धर्म दुष्टों को दण्ड देना है, सिर मुड़ाकर सन्यासी बनना नहीं (महाभारत, शान्तिपर्व, 29. 46)। क्षत से, कष्ट-क्लेष से जो दूसरों को बचाये, वही क्षत्रिय कहा जाता है (महाभारत, शान्तिपर्व, 29. 138)। शौर्य, तेज, धैर्य, कार्यकुशलता, धर्मयुद्ध से कभी पीछे न हटना, दान देना एवं प्राणिमात्र में ईश्वर को व्याप्त समझकर सबके पालन-पोषण तथा सुरक्षा की भावना रखना, ये क्षत्रिय के स्वभावजन्य गुणकर्म हैं (भगवद्गीता, 18. 43)। क्षत्रिय, क्षत्री सैन्य या शासक वर्ग का सदस्य (जो बाद में दूसरे वर्ग में हो गया था, क्षत्र, शासन या सत्ता)। सैनिक जाति का सदस्य, हिन्दुओं के अन्तर्गत चार प्रमुख जातियों या वर्गों में से दूसरी सैनिक जाति का सदस्य है। (आक्सफोर्ड इंग्लिश डिक्शनरी, खण्ड-5, पृष्ठ-756)।

गुण-कर्म-स्वभाव में परिवर्तन होने से किसी भी मनुष्य का वर्ण भी बदल जाता है। इसकी शास्त्रोक्त व्यवस्था प्राचीन धर्मग्रन्थों में मिलती है। मनुस्मृति के अनुसार-शूद्र भी अपने उच्च कर्मों के द्वारा ब्राह्मणत्व को प्राप्त करता है। इसी प्रकार ब्राह्मण भी नीच कर्म करने से शूद्रत्व की प्राप्ति करता है। इसी प्रकार क्षत्रिय और वैश्य भी गुण-कर्म के परिवर्तन से ब्राह्मण, क्षत्रिय, वैश्य, शूद्र वर्ण में तद्नुसार परिवर्तित हो जाते हैं। जन्म से सभी शूद्र पैदा होते हैं, संस्कारित होने पर द्विज, वेदों के अध्ययन से विप्र तथा ब्रह्म को जानने से ब्राह्मण होते हैं। इसी आधार पर क्षत्रिय कुलोत्पन्न विश्वामित्र, वेश्यापुत्र जाबाल, वैश्य कुलोत्पन्न वसुकरण और तुलाधर, शूद्र कुलोत्पन्न कवष ऐलषु, चाण्डाल कुलोत्पन्न मातंग और धर्मव्याध, दासीपुत्र कक्षीवान आदि अपने विद्या के बल पर ही ऋषि पद प्राप्त किये थे। पराशर ऋषि चाण्डाल कन्या से उत्पन्न हुए थे। व्यास का जन्म केवट की लड़की से हुआ था। वशिष्ट का जन्म वेश्या के गर्भ से हुआ था। ये सभी तपबल से ऋषिपद प्राप्त किये थे (महाभारत)। गौतम बुद्ध कहते हैं कि-जन्म से न कोई वृषल (शूद्र) होता है, न जन्म से कोई ब्राह्मण होता है। कर्म से ही लोग शूद्र होते हैं और कर्म से ही ब्राह्मण होते हैं।

विकास क्रम को सार्वभौम सत्य-सिद्धान्तानुसार सदैव बनाये रखने वाले माध्यम शरीर को अवतार कहते हैं। अवतार के सम्बन्ध में कुछ मान्यता सृष्टि के प्रारम्भ से विकास क्रम को देखते हैं तो कुछ मानव सभ्यता के प्रारम्भ से। परन्तु दोनों ही सत्य हैं और विकास क्रम को ही प्रमाणित करती है। एक के अनुसार-सृष्टि के प्रारम्भ में जलीय जीव (1. मत्स्य, 2. कच्छप, 3. वाराह), फिर जल-थल जीव (4. नर सिंह), फिर थल मानव (5. वामन, 6. परशुराम, 7. राम, 8. कृष्ण, 9. बुद्ध, 10. कल्कि) का विकास हुआ और माध्यम को अवतार कहा गया। दूसरे के अनुसार-जल-प्लावन के समय मछली से मार्गदर्शन (मछली की गति का सिद्धान्त) पाकर मानव की रक्षा करने वाला 1. मत्स्यावतार, 2 कूर्मावतार (कछुए के गुण का सिद्धान्त), 3. वाराह अवतार (सुअर के गुण का सिद्धान्त) 4. नर-सिंह अवतार (सिंह के गुण का सिद्धान्त), 5. वामन अवतार (समाज का सिद्धान्त) 6. परशुराम अवतार

(लोकतन्त्र का सिद्धान्त) 7. राम अवतार (आदर्श व्यक्ति चरित्र का सिद्धान्त), 8. कृष्ण अवतार (व्यष्टि-आदर्श सामाजिक व्यक्ति चरित्र और समष्टि-सार्वभौम सत्य आत्मा का सिद्धान्त), 9. बुद्ध अवतार (धर्म-संघ-बुद्धि का सिद्धान्त) और अन्तिम 10. कल्कि अवतार (व्यष्टि-आदर्श वैश्विक व्यक्ति चरित्र और समष्टि-सार्वभौम सत्य-सिद्धान्त)। ग्रन्थों में अवतारों की कई कोटि बतायी गई है जैसे अंशाशावतार, अंशावतार, आवेशावतार, कलावतार, नित्यावतार, युगावतार इत्यादि। जो भी सार्वभौम सत्य-सिद्धान्त को व्यक्त करता है वे सभी अवतार कहलाते हैं। व्यक्ति से लेकर समाज के सर्वोच्च स्तर तक सार्वभौम सत्य-सिद्धान्त को व्यक्त करने के क्रम में ही विभिन्न कोटि के अवतार स्तरबद्ध होते है। अन्तिम सार्वभौम सत्य-सिद्धान्त को व्यक्त करने वाला ही अन्तिम अवतार के रूप में व्यक्त होगा। अब तक हुये अवतार, पैगम्बर, ईशदूत इत्यादि को हम सभी उनके होने के बाद, उनके जीवन काल की अवधि में या उनके शरीर त्याग के बाद से ही जानते हैं। एक ही समय में कई अवतार हो सकते हैं परन्तु मुख्य अवतार का निर्धारण उसके कार्य के प्रभाव क्षेत्र से जाना जाता है।

वंश, वंशावली एवं मनु (मुख्य)

अदृश्य काल

अ. पौराणिक वंशावली एवं मनु

मनुर्भरत वंश

प्रियव्रत शाखा

01. मनु – स्वायंभुव मनु (अवतार–यज्ञ, काल–भूतकाल)
02. मनु – स्वारचिष मनु (अवतार–विभु, काल–भूतकाल)
03. मनु – उत्तम मनु (अवतार–सत्यसेना, काल–भूतकाल)
04. मनु – तामस मनु (अवतार–हरि, काल–भूतकाल)
05. मनु – रैवत मनु (अवतार–वैकुण्ठ, काल–भूतकाल)

उत्तानपाद शाखा

(36वें पीढ़ी में)

06. मनु – चाक्षुष मनु (अवतार–अजित, काल–भूतकाल)

विष्णु कर्तार

नाभि कर्तार

कमल कर्तार

ब्रह्मा कर्तार

ब. ऐतिहासिक वंशावली एवं मनु

ब्रह्मा (एकात्म ज्ञान) के 10 मानस (मानव) पुत्र (मानकीकरण)

मन (विचार) से ज्ञान प्राप्ति 01. मरीचि – राम के पूर्वज
नेत्र (देखकर) से ज्ञान प्राप्ति 02. अत्रि
मुख (वाणी) से ज्ञान प्राप्ति 03. अंगिरा
कान (सुनकर) से ज्ञान प्राप्ति 04. पुलस्त्य – रावण के पूर्वज
नाभि (केन्द्र) से ज्ञान प्राप्ति 05. पुलह
हाथ (कर्म) से ज्ञान प्राप्ति 06. कृतु
त्वचा (स्पर्श) से ज्ञान प्राप्ति 07. भृगु
प्राण (श्वास) से ज्ञान प्राप्ति 08. वशिष्ठ
अँगूठे (आत्मा) से ज्ञान प्राप्ति 09. दक्ष
गोद (प्रेम) से ज्ञान प्राप्ति 10. नारद

मरीचि ऋषि द्वारा देवी कला की कोख से महातेजस्वी दो पुत्र 1. कश्यप और 2. अत्रि हुये। 1. कश्यप से सूर्य वंश और ब्रह्म वंश तथा 2. अत्रि से चन्द्र वंश का आगे चलकर विकास हुआ। कश्यप की 13 स्त्रीयों में से एक अदिति नामक स्त्री से आदित्य (सूर्य) उत्पन्न हुए। कश्यप–अदिति के आदित्य (सूर्य) के चार पत्नीयाँ थी। चारो पत्नीयों से कुल 16 पुत्र (पत्नी तपसी से एक, पत्नी संज्ञा से एक, पत्नी बडवा से बारह पुत्र और पत्नी छाया से दो पुत्र) हुये।

सूर्य की पत्नी संज्ञा से आगे चलकर अष्टवसु एवं त्रयम्बक रूद्र उत्पन्न हुये जिन्हें शिव की उपाधि मिली। सूर्य की पत्नी बड़वा के सबसे बड़े आदित्य वरूण से ही ब्रह्मवंश चला। सूर्य की पत्नी बड़वा के 12 पुत्रों में सबसे छोटे आदित्य विवस्वान से

07. मनु – वैवस्वत मनु (अवतार–वामन, काल–वर्तमान)

सूर्य की पत्नी छाया से दो पुत्र 1. 8वें मनु–सावर्णि मनु व 2. शनिश्चर हुये।

दृश्य काल

सार्वभौम एकात्म कर्मज्ञान के 7 वंश (मानकीकरण)

स. भविष्य की वंशावली एवं मनु

08. मनु – सावर्णि मनु (अवतार–सार्वभौम, काल–भविष्य)
09. मनु – दत्त सावर्णि मनु (अवतार–रिषभ, काल–भविष्य)
10. मनु – ब्रह्म सावर्णि मनु (अवतार–विश्वकसेन, काल–भविष्य)
11. मनु – धर्म सावर्णि मनु (अवतार–धर्मसेतू, काल– भविष्य)
12, मनु – रूद्र सावर्णि मनु (अवतार–सुदामा, काल–भविष्य)
13. मनु – दैव सावर्णि मनु (अवतार–योगेश्वर, काल–भविष्य)
14. मनु – इन्द्र सावर्णि मनु (अवतार–वृहद्‌भानु, काल–भविष्य)

1. वंश

वैदिक-सनातन-हिन्दू धर्म में जो बातें उपलब्ध होती है, उनमें सबसे प्राचीन वंश स्वायंभुव मनु से प्रारम्भ होता है। स्वायंभुव मनु से पहले का समय प्रागैतिहासिक काल था। स्वायंभुव मनु से ही ऐतिहासिक काल प्रारम्भ होता है। स्वायंभुव मनु से प्रारम्भ हुये ऐतिहासिक काल को पौराणिक, ऐतिहासिक व भविष्य के वंश में विभाजित किया जा सकता है। स्वायंभुव मनु के स्वयं उत्पन्न होने के कारण इन्हें स्वायंभुव मनु कहा गया है यह सर्वमान्य सत्य है कि बिना स्त्री-पुरूष के सम्बन्ध से किसी का उत्पन्न होना विश्वसनीय नहीं माना जा सकता है। यह हो सकता है कि स्वायंभुव मनु के पूर्वजों के बारे में हमें कोई जानकारी नहीं थी इसलिए इन्हें स्वायंभुव मनु कहा गया। स्वायंभुव मनु के बारे में भिन्न-भिन्न धर्म ग्रन्थों में भिन्न-भिन्न नाम से वर्णन किया गया है जैसे आदेश्वर, अशिरष, वैवस्वत मनु, आदम और नूह। अतः यहाँ से शुरू होता है-"सर्वप्रथम विकसित मानव का इतिहास"।

हिन्दू पुराण के अनुसार ब्रह्माण्ड का सृजन क्रमिक रूप से सृष्टि के ईश्वर ब्रह्मा द्वारा होता है जिनकी जीवन 100 ब्राह्म वर्ष होता है। ब्रह्मा के 1 दिन को 1 कल्प कहते हैं। 1 कल्प, 14 मनु (पीढ़ी) के बराबर होता है। 1 मनु का जीवन मनवन्तर कहलाता है और 1 मनवन्तर में 71 चतुर्युग (अर्थात् 71 बार चार युगों का आना-जाना) के बराबर होता है। ब्रह्मा का एक कल्प (अर्थात् 14 मनु अर्थात् 71 चतुर्युग) समाप्त होने के बाद ब्रह्माण्ड का एक क्रम) समाप्त हो जाता है और ब्रह्मा की रात आती है। फिर सुबह होती है और फिर एक नया कल्प शुरू होता है। इस प्रकार ब्रह्मा 100 वर्ष व्यतीत कर स्वयं विलिन हो जाते हैं। और पुनः ब्रह्मा की उत्पत्ति होकर उपरोक्त क्रम का प्रारम्भ होता है। गिनीज बुक आफ वर्ल्ड रिकार्ड्स ने कल्प को समय का सर्वाधिक लम्बा मापन घोषित किया है।

श्री विष्णु पुराण (तृतीय अंश, अध्याय-दो) में लिखा है कि-यह सम्पूर्ण विश्व उन परमात्मा की ही शक्ति से व्याप्त है, अतः वे "विष्णु" कहलाते हैं। समस्त देवता, मनु, सप्तर्षि तथा मनुपुत्र और देवताओं के अधिपति इन्द्रगण, ये सब भगवान विष्णु की ही विभूतियाँ हैं।

सूर्य अपनी पत्नी छाया से शनैश्चर, एक और मनु तथा तपती, तीन सन्तानें उत्पन्न कीं। सूर्य-छाया का दूसरा पुत्र आठवाँ मनु, अपने अग्रज मनु का सवर्ण होने से सावर्णि कहलाया। नवें मनु दक्ष सावर्णि होंगे दसवें मनु ब्रह्मसावर्णि होंगे, ग्यारहवाँ मनु धर्म सावर्णि बारहवा मनु रूद्रपुत्र सावर्णि तेरहवा रूचि रूद्रपुत्र सावर्णि चौदहवा मनु भीम सावर्णि।

प्रत्येक चतुर्युग के अन्त में वेदों का लोप हो जाता है, उस समय सप्तर्षिगण ही स्वर्गलोक से पृथ्वी में अवतीर्ण होकर उनका प्रचार करते हैं। प्रत्येक सत्ययुग के आदि में (मनुष्यों की धर्म-मर्यादा स्थापित करने के लिए) स्मृति-शास्त्र के रचयिता मनु का प्रादुर्भाव होता है।

इन चौदह मनवन्तरों के बीत जाने पर एक सहस्त्र युग रहने वाला कल्प समाप्त हुआ कहा जाता है। फिर इतने समय की रात्रि होती है।

वैदिक-सनातन-हिन्दू धर्म के पुराणों में 14 मनुओं का वर्णन किया गया है। इन्हीं के नाम से मन्वन्तर चलते हैं। जो निम्नलिखित हैं-

1. मनुर्भरत वंश की प्रियव्रत शाखा

अ. पौराणिक वंश	अवतार	काल
01. स्वायंभुव मनु	यज्ञ	भूतकाल
02. स्वारचिष मनु	विभु	भूतकाल
03. उत्तम मनु	सत्यसेना	भूतकाल
04. तामस मनु	हरि	भूतकाल
05. रैवत मनु	वैकुण्ठ	भूतकाल

2. मनुर्भरत वंश की उत्तानपाद शाखा

06. चाक्षुष मनु	अजित	भूतकाल

ब. ऐतिहासिक वंश

07. वैवस्वत मनु	वामन	वर्तमान

स. भविष्य के वंश

08. सावर्णि मनु	सार्वभौम	भविष्य
09. दत्त सावर्णि मनु	रिषभ	भविष्य
10. ब्रह्म सावर्णि मनु	विश्वकसेन	भविष्य
11. धर्म सावर्णि मनु	धर्मसेतू	भविष्य
12, रूद्र सावर्णि मनु	सुदामा	भविष्य
13. दैव सावर्णि मनु	योगेश्वर	भविष्य
14. इन्द्र सावर्णि मनु	वृहद्भानु	भविष्य

वंश-अ. पौराणिक वंश
1. मनुर्भरत वंश की प्रियव्रत शाखा

संसार के सर्वप्रथम मनु-स्वायंभुव मनु थे। उनके दो पुत्र थे-प्रियव्रत और उत्तानपाद। साथ ही तीन पुत्रियाँ थीं-आकूति, प्रकूति तथा देवहूति। देवहूति का विवाह कर्दम ऋषि से हुयी जिनसे विश्व का प्राचीन और प्रथम दर्शन-सांख्य दर्शन को देने वाले कपिल मुनि पैदा हुये और एक पुत्री देवी कला हुयी जिनका विवाह मरीचि ऋषि (जन्हें "अरिष्टनेमि" के नाम से भी जाना जाता है) से हुआ। प्रियव्रत और उत्तानपाद के वंशज मनुर्भरत कहे गये हैं। मनुर्भरतों की कुल 45 पीढ़ियाँ थीं। अन्तिम व्यक्ति दक्ष प्रजापति थें। उस समय के समूची मानवजाति के प्रजापति ये ही 45 पीढ़ियाँ थीं।

मनुर्भरत वंश की प्रियव्रत शाखा में 1. स्वायंभुव 2. स्वारचिष, 3. उत्तम, 4. तामस, 5. रैवत मनु हुए। भारतीय संस्कृति का इतिहास, पृष्ठ-91 में आचार्य चतुरसेन लिखते हैं-स्वायंभुव की पत्नी का नाम शतरूपा था। प्रियव्रत ने पृथ्वी के भाग किये और देशों के नाम रखे (श्रीमद्भागवत)। पहले पर्शियन राज्य के चार खण्ड थे-सुग्द, मरू (मर्व), हरिपुर और निशा। कुछ काल बाद हरपू, हरितपुर, हिरात और वक्रित (काबुल) को भी मिलाकर सम्राज्य संगठित किया गया (हिस्ट्र आफ परसिया, जिल्द-1), जो पूर्वी साम्राज्य और पश्चिमी साम्राज्य के नाम से विख्यात हुआ। दारा ने साम्राज्य के इन दोनों प्रांतों को 13 भागों में विभक्त किया जिन्हें शत्रप कहते हैं। शत्रप, शतरूपा के पुत्र होने से उनके नाम पड़े, क्योंकि उस काल में मातृगोत्र प्रचलित था। मनु के 3 कन्याओं में से देवहूति का विवाह पुलह के पुत्र कर्दम ऋषि से हुआ। कर्दम तथा देवहूति का पुत्र प्रसिद्ध सांख्य दर्शन के रचयिता कपिल थे। कर्दम ऋषि की कन्या का विवाह प्रियव्रत से हुआ, जिससे 10 पुत्र और 2 पुत्रियाँ हुई। प्रियव्रत ने षष्ठीव्रत चलाया।

प्रियव्रत की दो पत्नीयाँ थी। पहली पत्नी से तीसरे उत्तम नाम के मनु हुए। दूसरी पत्नी से 10 पुत्र हुए जिनमें से 7 पुत्रों को समस्त भूमण्डल को सात महाद्वीप बनाकर बाँट दिया। 1. आग्नीध्र को जम्बूद्वीप (एशिया), 2. इन्द्रजिन्ह को पलक्षद्वीप (यूरोप), 3. यज्ञबाहु को शाल्मलीद्वीप (अफ्रीका), 4. रूक्म को कुशद्वीप (आस्ट्रेलिया), 5. शुक्र को पुष्करद्वीप (अंटार्कटिका), 6. धृतपृष्ठ को कौचद्वीप (उत्तरी अमेरिका), 7. मेधातिथि को शाकद्वीप (दक्षिणी अमेरिका)। शेष तीन पुत्र 8. महावीर, 9. सवन और 10. कवि तपस्वी हो गये थे।

प्रियव्रत ने जम्बूद्वीप अपने पुत्र अग्नीन्ध्र को दिया। प्रियव्रत के पुत्र अग्नीन्ध्र ने अपने 9 पुत्रों को 1. नाभि को हिमवर्ष (हिमालय से अरब सागर तक), 2. हरि को हरिवर्ष (तुर्किस्तान), 3. इलाव्रत को इलावर्ष (पामीर), 4. रम्यक को चीनी तातार, 5. हिरण्मय को मंगोलिया, 6. कुरू को कुरूवर्ष (साइबेरिया), 7. किमुरूप को उत्तरी चीन, 8. भद्राश्व को दक्षिणी चीन और 9. केतुमान को रूसी दिया।

भारत के प्रजापति नाभि थे, जिनके त्यागी और ज्ञानी पुत्र ऋषभदेव थे। वे जैनियों के आदि तीर्थंकर माने गये हैं। इन्हीं ऋषभदेव के पुत्र भरत थे जिन्हें जड़भरत के नाम से भी जाना जाता है। इस देश का नाम भारतवर्ष इन्हीं मनुर्भरत के नाम पर पड़ा (श्रीमद्भागवत, प्रथम अध्याय, 131)। अपने प्रताप, ज्ञान और कौशल के बल पर 8 द्वीपों पर उनका अधिकार था। नाभि के पुत्रों का अनुशासन भारत के बाहर के देशों में भी हो गया था।

मनुर्भरत वंश की प्रियव्रत शाखा स्वांयभुव मनु से लेकर 28वें पीढ़ी में 5वें रैवत मनु तक पैदा हुए। उसके बाद इस वंश के शासकों का पता नहीं चलता। इस शाखा से 17 शाखाएँ चलीं जो इस प्रकार हैं-1. अग्नीन्ध्र वंश, 2. इन्द्रजिम्न वंश, 3. यज्ञवाहु वंश, 4. रूक्म वंश, 5. शुक्र वंश, 6. घृतपुष्ट वंश, 7. मेधातिथि वंश, 8. हरि वंश, 9. किमपुरूष वंश, 10. इलावृत वंश, 11. कुरू वंश, 12. केतुमान वंश, 13. रम्य वंश, 14. भद्राश्व वंश, 15. हिरण्यवान वंश, 16. नाभि वंश, 17. मनुर्भरत वंश।

वंश-अ. पौराणिक वंश
2. मनुर्भरत वंश की उत्तानपाद शाखा

मनुर्भरत वंश की उत्तानपाद शाखा में 6वें मनु चाक्षुष और वर्तमान में चल रहे 7वें मनु वैवस्वत मनु हुए और इस शाखा से ही भारतीय राजवंश चला तथा 45वें पीढ़ी के प्रजापति दक्ष पर समाप्त हुआ। सुसंगठित सभ्य समाज का गठन करने वाले पृथुवैन्य तथा प्रचेतस् उत्तानपाद शाखा में ही हुए हैं। भारतीय संस्कृति का इतिहास (पृष्ठ-93) आचार्य चतुरसेन के अनुसार-चाक्षुष मन्वन्तर में बड़ी-बड़ी घटनाएँ हुईं है। भरतवंश का विस्तार हुआ। राजा की मर्यादा स्थिर हुई। पृथुवैन्य को संसार का प्रथम राजा घोषित किया गया। राज परिषद् धारण किये गये। राज व्यवस्था आधारित की। इसी के नाम पर भूमि का नाम पृथ्वी पड़ा। इसी काल में वेद रचना आरम्भ हुई। भूमि सम की गई। कृषि का आरम्भ हुआ। नगर गांव बसाये गयें। इस वंश के राजा प्रचेतस ने जंगलों को जलाकर भूमि को साफ किया और खेती कराई।

मनुर्भरत वंश की उत्तानपाद शाखा से 36वें पीढ़ी के प्रजापति व 6वें मनु चाक्षुष मनु थे। इनके वंशज 10 पीढ़ी तक प्रजापति रहे। 46वें पीढ़ी के दक्ष इनमें से अन्तिम प्रजापति थे। स्वायंभुव मनु के तीसरी पीढ़ी में दूसरे पुत्र उत्तानपाद से दो पुत्र 1. उत्तम (उत्तमजायी पठान हो गये) व 2. ध्रुव हुये। स्वायंभुव मनु के चौथी पीढ़ी में ध्रुव से एक पुत्र श्लिष्ठ/भव्य हुये। स्वायंभुव मनु के पाँचवी पीढ़ी में श्लिष्ठ से 5 पुत्र 1. ऋभु 2. रिपुन्जय 3. वीर 4. बृकल 5. वृक हुए। स्वायंभुव मनु के छठीं से पैंतीस पीढ़ी अज्ञात है। 36वें पीढ़ी में 6वें मनु चाक्षुष मनु थे। ऐतरेय ब्राह्मण (8. 4. 1) के अनुसार चाक्षुष मनु के 6 प्रतापी पुत्र 1. अत्यराति, जानन्तिपति अर्मीनिया की अराट जाति, 2. अभिमन्यु, मन्युपुरी या सुषानगर के दो पुत्र मन्यु (मन्यु जाति ग्रीक देश) व केशी (केशीवर जाति परशिया देश) 3. सुघुम्न 4. पुर 5. तपोरत 6. उर (उर लोक, उरजन, करतार, चालडिया) के चार पुत्र इलावृत (एलामवंश ईरान), बेबिल (बेबिल जाति बेबिलोनिया), अंगिरा (अंगिरा जाति अंकारा एवं टर्की) व अंग हुए। उर के पुत्र अंगिरा को समुद्रपर्यन्त पृथ्वी का स्वामी कहा गया है। अंगिरा की राजधानी पुर थी, जिसके नाम पर पुरसिया नामक एक स्थान एलबुर्ज (ईरानी बैकुंठ) के समीप है। अंग से बेन, बेन से पृथवेन, पृथवेन से अंतरद्धान, अंतरद्धान से हविद्रधान, हविद्रधान से प्राचीन (वर्हिर्षि), वर्हिर्षि से पाँच पुत्र प्रचेतस दक्ष, वृष्ण, वज्र, आजब व गय हुये। इसी वंश को उमा-सती घटना में शिव ने नष्ट कर दिया था। दक्ष का अन्तिम वंश कितनी पीढ़ी तक चला इसका प्रमाण नहीं मिलता परन्तु दक्ष वंश की कन्याओं के विवाह से यह लगभग 22 पीढ़ी तक चलने का अनुमान लगाया जाता है क्योंकि आगे आने वाली पीढ़ीयों में ब्रह्मा के पुत्र मरीच, मरीच के पुत्र कश्यप, अष्टवसु धर का विवाह दक्ष वंश में ही हुआ था।

स्वायंभुव मनु से लेकर दक्ष वंश तक का काल सत्ययुग काल कहा गया। इसी दक्ष वंश के प्रजापति उर के वंशजों का एक राज्य कर्तार प्रदेश (वर्तमान कतर) में था जहाँ का राजा सर्वप्रथम विष्णु कर्तार नाम से हुआ। इस गद्दी पर बैठने वाले सभी विष्णु कर्तार कहलाये। गद्दी पर बैठने वाले पाँचवें विष्णु कर्तार के पुत्र का नाम नाभि कर्तार, और नाभि कर्तार के पुत्र का नाम कमल कर्तार, और कमल कर्तार के पुत्र का नाम ब्रह्मा कर्तार था। विष्णु कर्तार के साम्राज्य का विस्तार प्रथम विष्णु कर्तार ने वर्तमान क्षीर सागर तथा अराल सागर तक फैलाया। इन सागरों के आस-पास नागवंशीयों तथा गरूण वंशीयों का साम्राज्य था जिसे प्रथम विष्णु ने विजित कर अपने अधीन कर लिया। ब्रह्मा कर्तार ने ही सर्वप्रथम वेदों की ऋचाओं की संरचना एवं संकलन किया।

पुराणों में विष्णु कर्तार व ब्रह्मा कर्तार ही विष्णु और ब्रह्मा के नाम से दिखाये गये हैं। शिव के बारे में आगे तथ्य मिलेंगे। इस प्रकार यह पौराणिक वंशावली चलती गई।

मनुर्भरत वंश की उत्तानपाद शाखा से 22 शाखाएँ चलीं जो इस प्रकार हैं-1. उत्तमजायी वंश (सभी उत्तमजायी पठान हो गये), 2. ध्रुव वंश, 3. 6वें मनु-चाक्षुषमनु वंश, 4. अत्याराति या अराट वंश, 5. मन्यु वंश, 6. ग्रीक वंश, 7. केशी वंश, 8. पुरू या पोरस वंश, 9. तपसी या तपोरत वंश, 10. विकुण्ठा वंश, 11. उर वंश, 12. उरूलोक

वंश, 13. उर्जन वंश, 14. चाल्डिया वंश, 15. कर्तार वंश, 16. एलाम वंश, 17. बेबिल वंश, 18. अंगिरा वंश, 19. तुर्वसु वंश, 20. अंग वंश, 21. बेन वंश, 22. दक्ष वंश।

देव-दैत्य-दानव-नाग-गरूड़ इत्यादि दायाद बान्धव जन एक ही स्थान कश्यप सागर तट पर रहते थे। तब उनमें विविध भू-सम्पत्ति के मामले में परस्पर संग्राम होते रहे (मत्स्य पुराण, 47. 41)।

आचार्य चतुरसेन कृत भारतीय संस्कृति का इतिहास पृष्ठ-90 के अनुसार-मोहनजोदड़ों और हड़प्पा की सिन्धु घाटी की सभ्यता को पुरातत्वविद् 3250 ईसापूर्व की मानते हैं। लगभग यही काल मनुर्भरतों की सभ्यता का है। अभी सिन्धु घाटी के लेख नहीं पढ़े गये परन्तु यह अनुमान है कि या तो इस सभ्यता के लोग मनुर्भरत ही हैं या उनसे विजित जाति के कोई समसामयिक जाति वाले। यह समय लगभग सत्ययुग व त्रेता युग का संधिकाल का समय था जो लगभग ई. पूर्व 3000 वर्ष माना जाता है।

ब. ऐतिहासिक वंश

ब्रह्मा (ज्ञान) के 10 मानस पुत्रों 1. मन (विचार से ज्ञान प्राप्त करने वाले) से मरीचि, 2. नेत्रों (देखकर ज्ञान प्राप्त करने वाले) से अत्रि, 3. मुख (वाणी से ज्ञान प्राप्त करने वाले) से अंगिरा, 4. कान (सुन कर ज्ञान प्राप्त करने वाले) से पुलस्त्य, 5. नाभि (केन्द्र से ज्ञान प्राप्त करने वाले) से पुलह, 6. हाथ (कर्म से ज्ञान प्राप्त करने वाले) से कृतु, 7. त्वचा (स्पर्श से ज्ञान प्राप्त करने वाले) से भृगु, 8. प्राण (श्वास से ज्ञान प्राप्त करने वाले) से वशिष्ठ, 9. अँगूठे (आत्मा से ज्ञान प्राप्त करने वाले) से दक्ष तथा 10. गोद (प्रेम से ज्ञान प्राप्त करने वाले) से नारद उत्पन्न हुये। मरीचि ऋषि, जिन्हें "अरिष्टनेमि " के नाम से भी जाना जाता है, का विवाह देवी कला से हुआ। संसार के सर्वप्रथम मनु-स्वायंभुव मनु की पुत्री देवहूति से कर्दम ऋषि का विवाह हुआ था। देवी कला कर्दम ऋषि की पुत्री और विश्व का प्राचीन और प्रथम सांख्य दर्शन को देने वाले कपिल देव की बहन थी। मरीचि ऋषि द्वारा देवी कला की कोख से महातेजस्वी दो पुत्र 1. कश्यप और 2. अत्रि हुये। 1. कश्यप से सूर्य वंश और ब्रह्म वंश तथा 2. अत्रि से चन्द्र वंश का आगे चलकर विकास हुआ।

आदि पुरूष महर्षि कूर्म-कश्यप

त्रेता युग के प्रारम्भ में मारीचि कश्यप हुए हैं (वायु पुराण, 6. 43)। सम्पूर्ण मानव जाति के आदि पुरूष कूर्म कश्यप अत्यन्त पुरातन काल में विद्यमान थे। कश्यप ऋषि प्राचीन वैदिक ऋषियों में प्रमुख ऋषि हैं जिनका उल्लेख एक बार ऋग्वेद में हुआ है। अन्य संहिताओं में भी यह नाम बहुप्रयुक्त है। इन्हें सर्वदा धार्मिक एंव रहस्यात्मक चरित्र वाला बतलाया गया है एवं अतिप्राचीन कहा गया है। एक बार समस्त पृथ्वी पर विजय प्राप्त कर परशुराम ने वह कश्यप मुनि को दान कर दी। कश्यप मुनि ने कहा-"अब तुम मेरे देश में मत रहो। " अतः गुरु की आज्ञा का पालन करते हुए परशुराम ने रात को पृथ्वी पर न रहने का संकल्प किया। वे प्रति रात्रि में मन के समान तीव्र गमनशक्ति से महेंद्र पर्वत पर जाने लगे। ऐतरेय ब्राह्मण के अनुसार उन्होंने विश्वकर्मभौवन नामक राजा का अभिषेक कराया था। ऐतरेय ब्राह्मणों ने कश्यपों का सम्बन्ध जनमेजय से बताया गया है। शतपथ ब्राह्मण में प्रजापति को कश्यप कहा गया है

"स यत्कुर्मो नाम। प्रजापतिः प्रजा असृजत। यदसृजत् अकरोत् तद् यदकरोत् तस्मात् कूर्मः कश्यपो वै कूर्म्स्तस्मादाहुः सर्वाः प्रजाः कश्यपः "

महर्षि कश्यप पिंघले हुए सोने के समान तेजवान थे। उनकी जटाएं अग्नि-ज्वालाएं जैसी थीं। महर्षि कश्यप ऋषि-मुनियों में श्रेष्ठ माने जाते थे। सुर-असुरों के मूल पुरूष मुनिराज कश्यप का आश्रम मेरू पर्वत के शिखर पर था, जहां वे पर-ब्रह्म परमात्मा के ध्यान में मग्न रहते थे। मुनिराज कश्यप नीतिप्रिय थे और वे स्वयं भी धर्म-नीति के अनुसार चलते थे और दूसरों को भी इसी नीति का पालन करने का उपदेश देते थे। उन्होने अधर्म का पक्ष कभी नहीं लिया, चाहे इसमें उनके पुत्र ही क्यों न शामिल हों। महर्षि कश्यप राग-द्वेष रहित, परोपकारी, चरित्रवान और प्रजापालक थे। वे निर्भिक एवं निर्लोभी थे। कश्यप मुनि निरन्तर धर्मोंपदेश करते थे, जिनके कारण उन्हें "महर्षि" जैसी श्रेष्ठतम उपाधि हासिल हुई। समस्त देव, दानव एवं मानव उनकी आज्ञा का अक्षरशः पालन करते थे। उन्ही की कृपा से ही राजा नरवाहनदत्त चक्रवर्ती राजा की श्रेष्ठ पदवी प्राप्त कर सका। महर्षि कश्यप अपने श्रेष्ठ गुणों, प्रताप एवं तप के बल पर श्रेष्ठतम महाविभूतियों में गिने जाते थे। महर्षि कश्यप सप्तऋषियों में प्रमुख माने गए। सप्तऋषियों की पुष्टि श्री विष्णु पुराण में इस प्रकार होती है-

वसिष्ठः काश्यपोयात्रिर्जमदग्निस्सगौतमः। विश्वामित्रभरद्वाजौ सप्त सप्तर्शयोभवः।।

(अर्थात् - सातवें मन्वन्तर में सप्तऋषि इस प्रकार हैं, वसिष्ठ, कश्यप, अत्रि, जमदग्नि, गौतम, विश्वामित्र और भारद्वाज।)

महर्षि कश्यप ने समाज को एक नई दिशा देने के लिए "स्मृति-ग्रन्थ" जैसे महान् ग्रन्थ की रचना की। इसके अलावा महर्षि कश्यप ने "कश्यप-संहिता" की रचना करके तीनों लोकों में अमरता हासिल की। ऐतिहासिक दस्तावेजों के अनुसार "कस्पियन सागर" एवं भारत के शीर्ष प्रदेश कश्मीर का नामकरण भी महर्षि कश्यप जी के नाम पर ही हुआ। महर्षि कश्यप द्वारा संपूर्ण सृष्टि की सृजना में दिए गए महायोगदान की यशोगाथा हमारे वेदों, पुराणों, स्मृतियों, उपनिषदों एवं अन्य अनेक धार्मिक साहित्यों में भरी पड़ी है, जिसके कारण उन्हें "सृष्टि के सृजक" उपाधि से विभूषित किया जाता है।

महर्षि कश्यप की पत्नी मनुर्भरतवंश के 45वीं पीढ़ी में उत्तानपाद शाखा के प्रजापति दक्ष की पुत्री अदिति थी (बृहद्वेता, 3. 57)। वह परम विदुषी, चतुर और गुणवती थी। दक्ष की पुत्री होने के कारण अदिति को दक्षायणी भी कहा गया है (निरूक्त, 11. 23)। अदिति ऋषिका थी। उसने वेदों के कई मंत्रों की रचना की है। ऋग्वेद मंडल 4 सूक्त 18 का मंत्र 7 अदिति के नाम से और ऋग्वेद मंडल 10 सूक्त 72 का मंत्र 19 दाक्षायणी अदिति के नाम से है। अदिति अपने शाब्दिक अर्थ में बंधनहीनता और स्वतंत्रता की द्योतक है। दिति का अर्थ बँधकर और बाँधना होता है। इसी से पाप के बंधन से रहित होना भी अदिति के संपर्क से ही संभव माना गया है। ऋग्वेद (1,162,22) में उससे पापों से मुक्त करने की प्रार्थना की गई है। कुछ अर्थों में उसे गो का भी पर्याय माना गया है। ऋग्वेद का वह प्रसिद्ध मंत्र (8,101,15)-मा गां अनागां अदिति वधिश्ट-गाय रूपी अदिति को न मारो। जिसमें गोहत्या का निषेध माना जाता है-इसी अदिति से संबंध रखता है। इसी मातृदेवी की उपासना के लिए किसी न किसी रूप में बनाई मूर्तियां प्राचीन काल में सिंधुनद से भूमध्यसागर तक बनी थीं। कश्यप और अदिति के सम्बन्ध में रामचरित मानस में भी गोस्वामी तुलसीदास जी ने उल्लेख किया है-

कश्यप-अदिति महातप कीन्हा। तिनकँह मैं पूरब वर दीन्हा।।
ते दसरथ कौसल्या रूपा। कोसलपुरी प्रगट नर भूपा।।
तिन्हके गृह अवतरिहुँ जाई। रघुकुल तिलक सो चारिउ भाई।।

(रामचरित मानस, बालकाण्ड, दोहा-187)

कश्यप और अदिति दोनों ही समाजसेवी, विद्याप्रेमी और लोकहितकारी कार्यों में निरन्तर लगे रहने वाले थे। कश्यप और अदिति दोनों ने दीर्घकाल तक तपस्या की। तदन्तर उनके बारह पुत्र उत्पन्न हुए, जो आदित्य कहलाये। आचार्य चतुरसेन इन पुत्रों के सम्बन्ध में लिखते हैं-इनमें ज्येष्ठ पुत्र वरूण थे जो पुराणों में ब्रह्मा के नाम से प्रसिद्ध हैं तथा विदेशों में अलोहिम, अल्लाह और इलाही इत्यादि के नाम से विख्यात हैं। सूर्य का विष्णु नाम पुराणों में विख्यात हुआ। आगे ये बारहों आदित्य कुल "देवकुल" कहलाए। चतुरसेन के अनुसार-इनके कुलों का संयुक्त नाम भी आदित्य कुल प्रसिद्ध हुआ। इनमें वरूण सबसे ज्येष्ठ थे और विवस्वान् सबसे छोटे। विवस्वान् का ही नाम सूर्य या विष्णु था। इन्हीं सूर्य के पुत्र वैवस्वत मनु थे। इन्हीं वैवस्वत मनु से मानव सूर्यवंश चला। अदिति के बारह पुत्रों में इन्द्र भी अत्यन्त पराक्रमी थे। अदिति के पुत्रों की कीर्तिकथा का वर्णन ऋग्वेद (10. 72. 5) के अनुसार-ऐ दक्ष, तेरी दुहिता अदिति ने उन देवों को जन्म दिया है जो भद्र और अमृत बन्धु हैं, उनकी बन्धुता कभी नष्ट होने वाली नहीं है, वे अमर हैं।

महर्षि कश्यप एक महान विचारक, वक्ता, वैज्ञानिक, विद्वान, कलाकार, साहित्यकार, कवि और अत्यन्त कुशल कृषिकार थे। वे सफल साधक और महान समाजसेवी थे। वे महान तपस्वी और त्यागी थे। सद्गृहस्थ होने के साथ-साथ उन्होंने जनहित के लिए अपने जीवन को तपा-तपा कर अन्यन्त निर्मल और दीप्तिमान कर लिया था। किसी भी प्रकार का दोष उनमें शेष नहीं बचा था। महर्षि कूर्म ने कृषि और औषधियों के सम्बन्ध में वैज्ञानिक प्रयोग करके उसकी प्रगति के लिए अनेक प्रयास किये। इस दिशा में उन्हें सफलता भी मिली। उन्होंने कृषि के विकास के लिए जल में डूबी हुई भूमि को जल से बाहर निकालने का भी पुरूषार्थ किया। अपने पराक्रम और चतुराई से उन्होंने एक विशाल भूभाग पर अपना स्थायी आधिपत्य स्थापित कर लिया था। कश्यप द्वीप के नाम से उन्होंने मध्य एशिया में अपना उपनिवेश स्थापित किया था (महाभारत, भीष्म पर्व, 6. 11)। कश्यप सागर (वर्तमान कैस्पियन सी) उनकी

सीमा के भीतर था (हिस्ट्री आफ पर्सिया, खण्ड-1, पृष्ठ-28)। कश्यप सागर वर्तमान समय में ईरान के काश्यपी प्रदेश में है।

महर्षि कश्यप ने कश्यप सागर के किनारे अनेक विकास कार्य समपन्न किये। इसी कश्यप सागर में ही पौराणिक समुद्र-मन्थन हुआ था। समुद्र मन्थन से लक्ष्मी की उपलब्धि हुई थी। इस आख्यान का तात्पर्य यही है कि महर्षि कश्यप के निर्देश में आर्यजनों ने मध्य एशिया में अपने श्रम, चातुर्य और पराक्रम के सहारे सोने की खानों का पता लगाया और खोदाई करके बड़ी मात्रा में सोना प्राप्त किया (कूर्म पुराण, पूर्व भाग, 1. 27-29)। समुद्री प्रदेश के चारों ओर धनधान्य की खोज के लिए उन्होंने सारी भूमि को छान डाला और अन्य कई दुर्लभ वस्तुओं की खोज कर डाली। उन्होंने कृषि के विकास के लिए अथक प्रयास करके पर्याप्त समृद्धि प्राप्त की। इसे ही कल्पनाशील कवि हृदय आर्यजनों ने समुद्र मंन्थन का नाम दिया था जो ईश्वर के दूसरे अवतार-कूर्मावतार की कथा से जुड़ा हुआ है। कश्यपों के द्वारा ही कश्मीर बसाया गया था। हिमालय के उत्तरी-पश्चिमी कोने पर सर्वाधिक ऊँचाई वाले पहाड़ी का जो कोण बनता है उसकी एक भुजा कराकुर्रम पर्वत और दूसरी भुजा हिन्दुकुश पर्वत है। कराकुर्रम पर्वत कूर्म के ही अधिकार में था। अफगानिस्तान की ओर से आने वाली और कुर्रम दर्रे से होकर बन्नू जिले में होती हुई सिन्धु नदी में मिल जाने वाली सुप्रसिद्ध कुर्रम नदी महर्षि कूर्म की ही अधिकारिक सीमा में थी। काश्यप पर्वत, जिसे आजकल काकेशश पर्वत कहा जाता है, की चोटी पर महर्षि कश्यप कठिन साधनाएँ और तपस्या किया करते थे। उन्हीं की किर्ति को अमर रखते हुए उसे आजकल कश्यपतुंग के नाम से जाना जाता है। बौधायन धर्मसूत्र में धर्म पर लिखने वाले कतिपय आचार्यों के प्रमाण दिये गये हैं। इनमें कश्यप, कात्य, गौतम, प्रजापति, मनु हारित और मौद्गल्य प्रमुख हैं। महर्षि कश्यप वैदिक मंत्र द्दष्टा थे। ऋग्वेद के प्रथम मंडल के सूक्त 99 की रचना महर्षि कश्यप द्वारा ही की गई है। वर्तमान में कश्यप के 72 मंत्र ही ऋग्वेद में मिलते हैं। आज भी उनके नाम पर विख्यात कश्यप सागर (कैस्पियन सी), क्रुमु नदी, कुर्रम पर्वत और कूर्माचंल प्रदेश आदि उनकी यशस्वी कीर्तिकथा का उदघोष करते हैं। आज के कूर्मवंशी क्षत्रिय उन्हीं की वंशज हैं।

कुमाऊँ शब्द की व्युत्पति के सम्बन्ध में विभिन्न मत प्रचलित रहें हैं। भाषिक द्दष्टि से यही उचित जान पड़ता है कि यह शब्द मूलतः संस्कृत में कूर्म है। चम्पावत के समीप 2196 मीटर ऊँचा कांतेश्वर पर्वत है जिसे सम्बन्ध में मान्यता है कि भगवान विष्णु अपने द्वितीय अवतार-कूर्मावतार में इस पर्वत पर तीन वर्ष तक रहे। तब से यह पर्वत कांतेश्वर के स्थान पर कूर्म-अंचल अर्थात् कूर्मांचल नाम से जाना जाने लगा। इस पर्वत की आकृति कच्छप की पीठ जैसी जान पड़ती है। सम्भवतः इसी कारण इस क्षेत्र का नाम कूर्मांचल पड़ा होगा। पहले शायद कूर्म शब्द प्रयोग में आता होगा क्योंकि कूर्म शब्द का प्रयोग स्थानीय भाषा में बहुतायत से मिलता है। कुमाऊँ का अस्तित्व भी वैदिक काल से है। स्कन्दपुराण के मानस खण्ड व अन्य पौराणिक साहित्य में मानस खण्ड के नाम से वर्णित क्षेत्र कुमाऊँ मण्डल ही है। इस क्षेत्र में अनेक प्राचीन मन्दिर और तीर्थ स्थल हैं।

क्षत्रिय और कूर्म क्षत्रिय

कृषि के आविष्कार के साथ ही कुटुम्ब या परिवार नामक संस्था का आविर्भाव और विकास हुआ जो आज भी सामाजिक जीवन की महत्वपूर्ण इकाई के रूप में स्थापित है। कुटुम्ब के सदस्य को कुटुम्बिक कहा जाता था। धीरे-धीरे बोलचाल की भाषा में जिस प्रकार ब्राह्मण से बाभन, बम्भन, बरहमन आदि शब्द बनते गये, लक्ष्मण से लखन, स्वर्णकार से सोनार, कुम्भकार से कुम्हार शब्द बन गये वैसे ही लोक प्रचलन में कुटुम्बी का टु गायब हो गया और कुम्बी, कुरमी, कुणबी, कणवी आदि शब्द प्रचलन में आने लगे। कुटुम्ब को कुल भी कहा जाता था। कुल से कुलम्बी, कुलवदी, कुलमी, कुरमी, कूर्मा, कापू, कम्मा, कूर्मि क्षत्रिय आदि शब्द भारत के विभिन्न प्रदेशों में उच्चारण और प्रयोग भेद से प्रचलित होते गये। महर्षि पंतजलि ने व्याकरण महाभाष्य (1. 1. 1) में "गौ" शब्द का उदाहरण देकर बतलाया है कि किस प्रकार एक मूल शब्द अपभ्रंश के कारण अनेक रूप धारण कर लेता है। मूलतः यह कूर्मि क्षत्रिय जाति उस सभ्यता की जनक है जिसने कृषि का आविष्कार करके उसकी प्रगति की और आर्यों को यायावर (घुमक्कड़) जीवन की अवस्था से स्थिर जीवन शैली वाली श्रेष्ठ और सुसंस्कृत जाति के रूप में परिणत

किया। आर्यों के पूज्यतम देवराज इन्द्र थे, जिन्हें अनेक वैदिक मंत्रों में "तुवि कूर्मि" अर्थात् महान पराक्रमी कर्मयोगी कहा गया है (ऋग्वेद, 3. 10. 3)। कूर्मि का शाब्दिक अर्थ है-कर्मशील, पराक्रमी। तुवि कूर्मि का अर्थ है-अत्यन्त कार्यकुशल, महान पराक्रमी, महान कर्मयोगी। महान कूर्मि कर्मयोगी है और वह स्तुति, सत्कार तथा आह्वान के योग्य है। वह सत्यस्वरूप और महाबली है। वह अकेले भी विघ्नबाधाओं और शत्रुसमूहों से कभी भी पराजित नहीं होता, सदैव विजयी होता है (ऋग्वेद, 8. 16. 8)। वैदिक कालीन सुप्रसिद्ध मनीषी महर्षि कूर्म की वंशधर कूर्मवंशी क्षत्रिय जाति भारत की ही नहीं अपितु विश्व की प्राचीनतम विशुद्ध क्षत्रिय जाति है। कुरमी का शाब्दिक अर्थ भी सार्थक है। कु अर्थात् पृथ्वी, रमी अर्थात् रमी हुई या संलग्न। कुरमी अर्थात् वह व्यक्ति या जाति जिसका कर्मक्षेत्र भूमि है।

ऐतिहासिक प्रमाणों से यह तथ्य उजागर होता है कि कूर्मि जाति के पूर्वज उच्च कोटि के विशुद्ध पराक्रमी तथा शूरवीर क्षत्रिय थे। कूर्मि जाति विशुद्ध क्षत्रिय वर्ण की है, इसके अतिरिक्त कुछ भी नहीं है। कूर्मि जाति के आदि पूर्वज महर्षि कूर्म क्षत्रिय थे। अतः उनके वंशजों का क्षत्रित्व स्वयं सिद्ध है (लघु नारदीय उपपुराण, चन्द्रवंशीय राजर्षि वर्णन, श्लोक 41 और 56)। यह अप्रतीम, अद्वितीय एवं वज्रबाहु महान कूर्मि सनातन काल से जगत को जीवनोपयोगी पदार्थ निश्चित तथा निर्बाध रूप से प्रदान करता आ रहा है (ऋग्वेद, 8. 2. 31)। कूर्मि का जीवन कर्मशीलता, साहस, संग्राम, संघर्ष, आशा, उत्साह, उमंग तथा उल्लास का होता है। वह साहस के साथ संकटों का सामना करता है। वह संसार में परिस्थितियों का कभी दास नहीं बनता, अपितु उनका स्वामी बनकर जीवन को ज्योतिर्मय बना लेने में समर्थ होता है। वह मंगलमयी, आशामयी, उदात्त भावनाओं का केन्द्र है। वह अपने चारों ओर, न केवल अपनी जाति में, न केवल अपने देश या राष्ट्र में, न केवल पृथ्वी पर, अपितु समस्त विश्व में सुख, शान्ति, सौमनस्य, सौहार्द तथा प्रकाश का साम्राज्य चाहता है। उसका दृष्टिकोण अत्यधिक विशाल होता है (ऋग्वेद, 6. 52. 5)।

बृहत् हिन्दी कोश (सम्पादक कालिका प्रसाद, ज्ञानमण्डल, वाराणसी, पृष्ठ-303) में कूर्म शब्द के अर्थ हैं-कूर्म-विष्णु के दस अवतारों में से दूसरा कच्छपावतार, कूर्मक्षेत्र-एक हिन्दू तीर्थ, कूर्म पुराण-18 पुराणों में से एक, जिसमें कूर्मावतार की कथा है। कूर्म कश्यप चूँकि प्रजापालक और सृष्टा थे, अतः उन्हें प्रजापति भी कहा गया है (शतपथ ब्राह्मण, 7. 5. 1. 5)। कूर्म शब्द इतना व्यापक हुआ कि आकाश और पृथ्वी का नाम ही कूर्म पड़ गया (यजुर्वेद, 24. 34 और शतपथ ब्राह्मण, 7. 5. 1. 5)। कूर्मि-कु अर्थात् पृथ्वी और उर्मि अर्थात् गोद। इस प्रकार कूर्मि शब्द से तात्पर्य है पृथ्वी की गोद में पलने वाला या पृथ्वीपुत्र। कहा भी गया है-भूमि मेरी माता है और मैं उसका पुत्र हूँ। कूरम-कु अर्थात् पृथ्वी और रम अर्थात् पति या बल्लभ। अतः कूरम शब्द का अर्थ है भूपति या पृथ्वीपति जो कि क्षत्रिय शब्द का पर्यायवाची है। कहा गया है-क्षेत्रात् रमेत सः क्षत्रियः।

इन्साइक्लोपीडिया ब्रिटेनिका (चौदहवां संस्करण, 1768 ई. जिल्द-13, पृष्ठ-517) में कुनबी जाति के बारे में कहा गया है-कुनबी, महान हिन्दू कृषक जाति है, जो मुख्यतः पश्चिमी भारत में पायी जाती है। यह मद्रास के तेलगू प्रदेश के कापू, बेलगाम के कुलबी, दक्षिण के कुलम्बी, दक्षिणी कोकण के कुलवदी, गुजरात के कणबी तथा भड़ोच के पाटीदारों के समरूप है। कुनबियों में विधवा पुनर्विवाह तथा बहुपत्नी प्रथा को सामाजिक स्वीकृति है किन्तु बहुपत्नी प्रथा बहुत कम व्यवहार में है। वर्षाऋतु के मध्य में मनाया जाने वाला "पोला" उनका प्रमुख त्योहार है। इसमें वे हल-बैलों का जुलुस निकालते हैं। नृवंशीय दृष्टि से महरट्टा (मराठा) तथा कृषिकर्मी कुनबी समान हैं। दोनों में ही विशिष्ट मौलिक पैतृक गुण हैं। कुनबी (गृहस्थ वैदिकोत्तर संस्कृत कुटुम्बिक जो आदिम शब्द का संस्कृत रूप हो सकता है) पश्चिमी भारत की महान कृषक जाति है। उत्तर में, जहाँ गंगा के अगल-बगल तथा उसके दक्षिण में यह जाति अधिक संख्या में है, कुनबी नाम कुरमी हो जाता है।

वेदों के भाष्यकार सायणाचार्य "कूर्म" तथा "कूर्मि" शब्दों की व्याकरण सम्मत व्याख्या करते हुए लिखते है-कूर्मः (रसो वीर्य तेजो वा) अस्ति अस्य इति कूर्मी अर्थात् रसवान, वीर्यवान, तेजवान कूर्मी। जिसके पास जीवनरस, वीर्यबल तथा तेजस्विता रहती है, वही कूर्मि है। कूर्मः (प्राणी बलं क्षत्रं राष्ट्रं वा) अस्ति अस्य इति कूर्मी अर्थात् प्राणवान, बलवान, क्षत्री (क्षत्रपति), राष्ट्री (राष्ट्रपति) कूर्मी। जिसके अधिपत्य में प्राण, बल, क्षत्र (क्षत्रियत्व अथवा

राष्ट्रपतित्व) है, वही कूर्मि है। कूर्मः (भारतवर्ष देशो) अस्ति अस्य इति कूर्मी अर्थात् कूर्म नामक भारतवर्ष जिसके आधिपत्य में है, वही कूर्मि है।

कर्मशीलता और दूरदर्शिता के बल पर ही परमात्मा ने इस सृष्टि की रचना की, इसलिए उसे "कूर्म" और "कश्यप" कहा जाता है। "कूर्म" का शाब्दिक अर्थ "कर्मशील" और "कश्यप" का शाब्दिक अर्थ "द्दष्टा" है। कर्म और ज्ञान दोनों की समन्वित शक्तियों के बल पर अभी भी सृष्टि का विकास हो रहा है। सृष्टिकर्ता को कूर्म कहा जाता है क्योंकि उसमें श्रेष्ठ कर्मशीलता और पराक्रम है। साथ ही वह महान ज्ञानी, सर्वद्दष्टा और सूक्ष्मदर्शी है, इसलिए उसे कश्यप भी कहा जाता है। इस प्रकार कूर्म और कश्यप दोनों एक ही शक्ति के दो पहलू हैं। यह सारा जगत परमेश्वर द्वारा रचा गया है, इसलिए उसकी संबा कूर्म है। कश्यप ही कूर्म है। परमेश्वर का ही नाम कश्यप है (ऋग्वेदादि भाष्य भूमिका, पृष्ठ-315)। कश्यप, पश्यक अर्थात् सर्वद्रष्टा होता है क्योंकि वह सब कुछ सूक्ष्मता के साथ देख लेता है (तैत्तिरीय अरण्यक, 1. 8. 8)। उस सृष्टिकर्ता का नाम कूर्म है। कूर्म का रूप धारण करके ही प्रजापति ने सम्पूर्ण प्रजाओं का सृजन किया। सृष्टि का सृजन करने के कारण ही उसे कूर्म कहा जाता है। कश्यप ही कूर्म है। इसी कारण समस्त प्रजाएँ काश्यप्य अर्थात् कश्यप से उत्पन्न कही जाती है (शतपथ ब्राह्मण, 7. 5. 1. 5)। सृष्टि और प्रजा का पालनकर्ता होने के कारण ही कूर्म को प्रजापति कहा गया है। कूर्म के अत्यन्त तेजस्वी होने के कारण उस आदित्य अर्थात् सूर्य भी कहा गया है (शतपथ ब्राह्मण, 7. 5. 1. 6)। कूर्म-कश्यप, मानव जाति का आदि पुरूष था। सम्पूर्ण प्रजाएँ कूर्म-कश्यप से ही उत्पन्न हुईं (महाभारत, आदिपर्व, 65.11)। यजुर्वेद में भी उसे प्रजापति और आदित्य दोनों कहा गया है (यजुर्वेद, 13. 30 का महीधर भाष्य)। राजर्षि कूर्म सुप्रसिद्ध वैदिक ऋषि गृत्समद के पुत्र थे (ऋग्वेद, 1. 27)। अति प्राचीन काल में उसी महान ऋषि कूर्म के वंशज कूर्मवंशी कहलाये। चूँकि कूर्म और सूर्य अर्थात् आदित्य एक हैं इसलिए उन्हें सूर्यवंशी भी कहा जाता है। संसार की सारी जातियाँ कूर्म-कश्यप से उत्पन्न हुईं हैं परन्तु वे अपने मूल पुरूष को भूल गईं हैं। महान गोत्र प्रवर्तक के रूप में कूर्म-कश्यप की किर्ति अमर है। आरम्भ में अंगिरा, कश्यप, वशिष्ठ और भृगु नामक चार ऋषि ही मूल गोत्र प्रवर्तक थे और शेष गोत्रों के प्रवर्तक बाद में हुए। गोत्र प्रवर्तकों की तपस्या और साधना से साधु समाज में उनके नाम सम्मानित और प्रचलित हुए (महाभारत, शान्ति पर्व, 296. 17 और 18)। कश्यप चूँकि सम्पूर्ण मानव जाति के आदि पुरूष थे इसलिए उनका गोत्र सर्वाधिक लोकप्रिय और बड़ा है। जिस व्यक्ति को अपने गोत्र का ज्ञान नहीं होता, वह कश्यप को ही अपना गोत्र प्रवर्तक मानकर कश्यप गोत्र रख लेता है। कूर्म-कश्यप की सन्तान कूर्मि जाति उस आदि पूर्वज के नाम पर स्वयं को कूर्मवंशी, कूर्मि, काश्यप, कश्यप गोत्री आदि मानती और कहती है।

"स यः स कूर्मो सौ स आदित्यः" के अनुसार आदित्य (सूर्‌य) का नाम कूर्म है। अतः सूर्यवंश, कूर्मवंश का ही नामान्तरण है। उपरोक्त वंश संरचना से स्पष्ट है कि वैवस्वत मन्वन्तर के आद्य त्रेता युग के प्रारम्भ में मारीचि कश्यप हुए हैं (वायु पुराण, 6. 43)। सम्पूर्ण मानव जाति के आदि पुरूष कूर्म कश्यप अत्यन्त पुरातन काल में विद्यमान थे। महर्षि कश्यप की पत्नी मनुर्भरतवंश के 45वीं पीढ़ी में उत्तानपाद शाखा के प्रजापति दक्ष की पुत्री अदिति थी (बृहद्वेता, 3. 57)। इनसे 12 आदित्यों का जन्म हुआ। सबसे बड़े आदित्य वरूण तथा सबसे छोटे आदित्य विवस्वान (सूर्य) थे। इन्हीं विवस्वान या सूर्‌य से सूर्यवंश चला। विवस्वान के पुत्र मनु, वैवस्वत मनु जिनका मन्वन्तर चल रहा है, हुए।

सूर्यवंश या कूर्मवंश ही प्रमुख क्षत्रिय वंश है। समूचे भारत में इसके अनेक कुल और वंश आज कूर्मि जाति के कुलों और वंशों के रूप में मिलते हैं। कालान्तर में किसी प्रसिद्ध राजा या ऋषि आदि के नाम पर भी कुछ कूर्मि लोग अपनी वंश परम्परा मानते हैं किन्तु समस्त कूर्मि जाति का उद्भव मुख्य रूप से कूर्मवंश या सूर्यवंश से होने के कारण कूर्मि जाति अपने को कूर्मवंशी कहती है। जिस प्रकार कुरू के वंशज कौरव, पाण्डु के वंशज पाण्डव तथा यदु के वंशज यादव कहलाये, उसी प्रकार महर्षि कूर्म के वंशज कौर्मि के नाम से विख्यात हुए। वर्तमान समय में कूर्मि, कुटुम्बी, कुनबी, कुलंबी आदि उसी के ही अपभ्रंस रूप हैं। महर्षि कूर्म के वंशज कूर्मवंशीय क्षत्रिय के नाम से जाने जाते हैं। बाम्बे गजेटियर बेलगाम जिल्द-21 के अनुसार कुनबी (कुर्मी) लोगों के कुल सम्बन्धी नाम

292 हैं। सम्पूर्ण संख्या में से 102 की उत्पत्ति चन्द्र वंश से, 78 की उत्पत्ति सूर्य वंश से तथा 81 की उत्पत्ति ब्रह्म वंश से मानी जाती है। शेष 31 कुलों के सम्बन्ध में कहा जाता है कि उनका सम्बन्ध विविध वंशों से है।

त्रेता युग के प्रारम्भ में ब्रह्मा के मारीचि नामक पुत्र के प्रथम पुत्र कश्यप (द्वितीय पुत्र अत्रि) हुए (वायु पुराण, 6. 43)। दक्ष वंश की 60 कन्याओं में से 10 कन्याओं का विवाह धर्म के साथ, 13 कन्याओं का विवाह महर्षि कश्यप के साथ, 27 कन्याओं का विवाह चन्द्रमा के साथ, 2 कन्याओं का विवाह भूत के साथ, 2 कन्याओं का विवाह अंगीरा के साथ, 2 कन्याओं (पुलोमा और कालका, इनसे पौलोम और कालकेय नाम के साठ हजार रणवीर दानवों का जन्म हुआ जो कि कालान्तर में निवातकवच के नाम से विख्यात हुए।) का विवाह कश्यप के साथ और शेष 4 कन्याओं (विनता, कद्रु, पतंगी व यामिनी) का विवाह भी तार्कष्यधारी कश्यप के साथ ही कर दिया। महर्षि कश्यप की पत्नी विनता के गर्भ से गरूड़ (भगवान विष्णु का वाहन) और वरूण (सूर्य का सारथि) पैदा किए। कद्रू की कोख से अनेक नागों का जन्म हुआ। रानी पतंगी से पक्षियों का जन्म हुआ। यामिनी के गर्भ से शलभों (पतिंगों) का जन्म हुआ।

भागवत पुराण, मार्कण्डेय पुराण के अनुसार महर्षि कश्यप का विवाह दक्ष वंश की 13 कन्याओं से हुआ जिनके नाम हैं-1. दिति, 2. दनु, 3. क्रोधवशा, 4. ताम्रा, 5. काष्ठा, 6. अरिष्ठा, 7. सुरसा, 8. इला, 9. मुनी, 10. सुरभि, 11. शरमा और 12. तिमिय 13. अदिति। इन 13 स्त्रीयों से 13 मानव जातियाँ बनीं और इनसे इस वंश का विस्तार होता गया। ये वंश ईरान तथा मध्य ऐशिया में अपना राज्य कायम किये हुए थे। कश्यप एक गोत्र का भी नाम है। यह बहुत व्यापक गोत्र है। जिसका गोत्र नहीं मिलता उसके लिए कश्यप गोत्र की कल्पना कर ली जाती है, क्योंकि एक परम्परा के अनुसार सभी जीवधारियों की उत्पत्ति कश्यप से हुई। इन्ही से ही सृष्टि का सृजन हुआ और जिसके परिणामस्वरूप महर्षि कश्यप जी "सृष्टि के सृजक" कहलाए। जिनमें से कुछ का विवरण इस प्रकार हैं-

कश्यप की 1. दिति नामक स्त्री के ज्येष्ठ पुत्र देव से देव जाति की स्थापना देवराज इन्द्र ने अपने पिता देव के नाम पर किया था। वैदिक काल से सुर और असुर एक ही थे। बाद में इनको अलग-अलग किया गया। देवों के राजा इन्द्र वैकुण्ठपुरी के स्वामी बन बैठे और गद्दी का नाम इन्द्रासन रख दिया। इस पर बैठने वाले इन्द्र कहे जाने लगे। तिब्बत में या तिब्बत के पास इन्द्रलोक था जो कैलाश पर्वत के ऊपर स्वर्ग लोक में है। देवों के गुरू बृहस्पति थे जो हिन्दू धर्म के संस्थापक 4 ऋषियों में से एक अंगिरा के पुत्र हैं। बृहस्पति के पुत्र कच थे जिन्होंने दैत्यों के गुरू शुक्राचार्य से संजीवनी विद्या सीखी थी।

कश्यप की 1. दिति नामक स्त्री के दूसरे पुत्र दैत्य से दैत्य जाति की स्थापना हुई। दैत्यों की एक शाखा मय सभ्यता के रूप में जानी जाती थी। मय का राज्य मयेरिका जाना जाता था जिसकी राजधानी मयसिको तथा वर्तमान नाम अमेरिका हो गया। दूसरी शाखा मेसोपोटामिया तथा तीसरी शाखा बेबीलोन में थी। जो असुर सभ्यता के नाम से जानी जाती थी। असुरों की राजधानी असीरिया थी। दिति के गर्भ से परम दुर्जय हिरण्यकश्यपु और हिरण्याक्ष नामक दो पुत्र एवं सिंहिका नामक एक पुत्री पैदा की। श्रीमद्भागवत् के अनुसार इन तीन संतानों के अलावा दिति के गर्भ से कश्यप के 49 अन्य पुत्रों का जन्म भी हुआ, जोकि मरून्दण कहलाए। कश्यप के ये पुत्र निःसंतान रहे। देवराज इन्द्र ने इन्हें अपने समान ही देवता बना लिया। जबकि हिरण्याकश्यपु को चार पुत्रों अनुहल्लाद, हल्लाद, परम भक्त प्रहल्लाद, संहल्लाद आदि की प्राप्ति हुई। इसी वंश में राजा बलि, बाणासुर, कुंभ, निकुंभ थे। राजा बलि, प्रहल्लाद के पुत्र विरोचन के पुत्र थे और बलि के पुत्र का नाम वाणासुर था। बलि का राज्य वर्तमान केरल प्रदेश में था जिसे पाताल लोक कहा गया है। इसी वंश के सुमाली की चार कन्याओं का विवाह पुलस्त्य (ब्रह्मा के 10 मानस पुत्रों में से 4. कान से पुलस्त्य) के पुत्र विश्रवा से हुआ था जिनकी 1. कैकसी रानी से रावण, 2. कुम्भीनसी रानी से कुम्भकर्ण, 3. राका रानी से विभीषण और 4. पुष्पोत्कटा रानी से सूपर्णखा का जन्म हुआ था। इस प्रकार रावण के पिता शुद्ध आर्य वंश और माता शुद्ध दैत्य वंश की थी। भृगु ऋषि तथा हिरण्यकश्यपु की पुत्री दिव्या के पुत्र शुक्राचार्य दैत्यों के गुरू थे। शुक्राचार्य की पुत्री का नाम देवयानी व पुत्र शंद और अर्मक थे। देवयानी का विवाह चन्द्रवंशी राजा ययाति से हुआ था।

कश्यप की 2. दनु नामक स्त्री से उत्पन्न वंश दानव वंश कहा गया। पत्नी दनु के गर्भ से द्विमुर्धा, शम्बर, अरिष्ट, हयग्रीव, विभावसु, अरूण, अनुतापन, धुम्रकेश, विरूपाक्ष, दुर्जय, अयोमुख, शंकुशिरा, कपिल, शंकर, एकचक्र, महाबाहु, तारक, महाबल, स्वर्भानु, वृषपर्वा, महाबली पुलोम और विप्रचिति आदि 61 महान पुत्रों की प्राप्ति हुई। दनु की पुत्री पुलोमी से पुलोमा जाति की उत्पत्ति हुई। इसी पुलोमा वंश की कन्या शची की शादी इन्द्र से हुयी थी। प्रहलाद की बहन की भी शादी इसी वंश में हुयी थी। दानव वंश के लोगों द्वारा मय सभ्यता का प्रचार-प्रसार मयेरिका (वर्तमान अमेरिका) में किया गया।

कश्यप की 3. क्रोधवसा नामक स्त्री से उत्पन्न पुत्र का नाम नाग था और इनके वंशज नागवंशी कहलाये। इनका साम्राज्य वर्तमान तुर्किस्तान में था जिसे प्राचीन समय में नागलोक कहा जाता था। इनके राज्य की उत्तरी सीमा अराल सागर थी जहाँ का प्रतापी राजा शेष नाग था। नागवंशीयों की मूलतः 7 शाखाएँ हुयीं जिनमें मुख्यतः कारकोटक, नाग, वासुकि, कश्यपनाग, कन्दर्प महानाग तथा शेषनाग हैं। पत्नी से साँप, बिच्छु आदि विषैले जन्तु पैदा किए। नागवंशीयों के आसपास गरूण वंश का राज्य था। कारकोटक नाग वंश की कन्या उलूपी की शादी, चन्द्रवंशी-पाण्डुवंशी अर्जुन से हुई थी। इन्हीं नागवंशियों की एक शाखा भारशिव नागों की थी। ये कुषाण वंश के पतन के बाद मथुरा, कान्तिपुरी (मिर्जापुर) राज्यों के शासक रहे। इन भारशिव नागों ने वाराणसी पर भी अधिकार करके अपना राज्य स्थापित किया था। महाकवि भारशिव, नागवंशियों के महान लेखक व कवि हुए थे। इन्होंने भारशिव नागों को "भर" शब्द से प्रयुक्त किया। भारशिव का समय 592 से 661 ई0 के आस-पास था। भार जाति के लोग राज्य शासन में होने के कारण "राजभर" कहलाये। जिनमें राजा बिहारीमल, राजा सुहेलदेव जिन्होंने गोण्डा (उत्तर प्रदेश) में देवी पाटन का निर्माण कराया। राजा सुहेलदेव की 5वीं पीढ़ी में राजा सूर्यमल हुये, इनके पुत्र कुमार नागुल गुरू गोरखनाथ के शिष्य गुरू रत्ननाथ के शरण में चले गये और 1354 ई0 में गुरू रत्ननाथ की मदद से कुमार नागुल ने देवी पाटन पर पुनः अधिकार कर लिया। राजा सूर्यमल की 6 पुत्रीयों का विवाह गुरू रत्ननाथ की मदद से क्षत्रिय कुलों में की गई। राजा मानिक 1092 से 1134 ई0 तक श्रावस्ती के राजा रहे। राजा कर्ण मिर्जापुर जिले में कर्ण (कान्तित) क्षेत्र के राजा थे और यहीं से भदोही क्षेत्र भी इनके शासन में था। सन् 1751 ई0 में वाराणसी के राजा बलवन्त सिंह ने कान्तित और भदोही को अपने अधिकार में कर लिये। राजा हरदेव 1168 ई0 से 1213 ई0 तक शासन में रहे और इन्होने अपने नाम से हरदोई नामक नगर बसाया। राजा डलदेव ने अपनी राजधानी गंगा किनारे डलमऊ नाम से बसाये। इनके सगे भाई राजा बलदेव ने अपनी राजधानी राजबरेली वर्तमान रायबरेली नाम से बसाया। इन दोनों भाईयों का शासन काल 1400 से 1413 ई0 तक रहा।

कश्यप की 4. ताम्रा नामक स्त्री से उत्पन्न वंश का नाम जटायुवंश और गरूणवंश था। इस वंश के लोग विष्णुवंशीयों से पराजित होकर यत्र-तत्र बिखर गये। इसी वंश की शाखा भारत के दक्षिणी समुद्री किनारे पर बसी, जो जटायु वंश के नाम से प्रसिद्ध हुयी, जिनका वर्णन राम काल में आता है। पत्नी से बाज, गीद्ध आदि शिकारी पक्षियों को अपनी संतान के रूप में जन्म दिया।

प्राचीन समय में देव, दैत्य, दानव, आर्य इन सभी जातियों का आपस में विवाह सम्बन्ध होते थे। देव और दैत्य को सुर और असुर भी कहा जाता था। दोनों की राज्य सीमा परस्पर मिली हुई थी। देवों के राजा इन्द्र और असुर राजाओं के युद्ध को देवासुर संग्राम का नाम दिया गया। ये संग्राम पुराणों में देवासुर संग्राम के नाम से विख्यात है। समय-समय पर हिरण्यकशिपु से लेकर नहुष के भाई तक या बाणासुर तक 12 देवासुर संग्राम लगभग 300 वर्षों में हुए। युद्ध का कारण दो धर्म गुरूओं की वैमनस्यता थी। देवों के गुरू बृहस्पति व दैत्यों के गुरू शुक्राचार्य थे। सुर और असुर जाति थी न कि देवता एवं राक्षस। इस युद्ध को नहुष पुत्र रजि ने समाप्त किया। इस संग्राम से अनेक गम्भीर राजनीतिक प्रभाव हुए। सबसे अधिक यह कि भारत में आर्यावर्त की स्थापना हुई।

कश्यप की 5. काष्ठा नामक स्त्री से घोड़े आदि एक खुर वाले पशु उत्पन्न हुए।

कश्यप की 6. अरिष्ठा नामक स्त्री से से गन्धर्व का जन्म हुआ।

कश्यप की 7. सुरसा नामक स्त्री से यातुधान (राक्षस) उत्पन्न हुए।

कश्यप की 8. इला नामक स्त्री से वृक्ष, लता आदि पृथ्वी में उत्पन्न होने वाली वनस्पतियों का जन्म हुआ।

कश्यप की 9. मुनी नामक स्त्री से अप्सरागण का जन्म हुआ।

कश्यप की 10. सुरभि नामक स्त्री से भैंस, गाय तथा दो खुर वाले पशुओं की उत्पति की।

कश्यप की 11. शरमा नामक स्त्री से बाघ आदि हिंसक जीवों को पैदा किया।

कश्यप की 12. तिमिय नामक स्त्री से जलचर जन्तुओं को अपनी संतान के रूप में उत्पन्न किया।

कश्यप की 13. अदिति नामक स्त्री से आदित्य (सूर्य) उत्पन्न हुए। अदिति, मनुर्भरतवंश के 45वीं पीढ़ी में उत्तानपाद शाखा के प्रजापति दक्ष की पुत्री थी (बृहद्वेता, 3. 57)। प्राचीन विश्व में प्रमुख 2 वंश 1. सूर्य वंश और 2. ब्रह्म वंश इन्हीं की सन्तानों से विकसित हुए।

वंश-ब. ऐतिहासिक वंश
1. सूर्य वंश

प्राचीन विश्व में 2 वंश ही प्रमुख रूप से प्रचलित रहें हैं-1. सूर्य वंश और 2. चन्द्र वंश। सूर्यवंश (सूर्य उपासक) और चन्द्रवंश (चन्द्र उपासक), इन दो वंशों से ही क्षत्रियों की उत्पत्ति हुई है। सूर्यवंश के मूल पुरूष सूर्य तथा चन्द्रवंश के प्रथम पुरूष बुध दोनों के नाना मनुर्भरत दक्ष प्रजापति थे। ये दोनों आपस में मौसेरे भाई थे। इन वंशों के बीच आपस में वैवाहिक सम्बन्ध होते थे।

कश्यप-अदिति के आदित्य (सूर्य)-इनकी चार पत्नीयाँ 1. तपसी 2. संज्ञा, 3. बडवा और 4. छाया थी। चारो पत्नीयों से कुल 16 पुत्र (पत्नी संज्ञा से एक यम, पत्नी बडवा से बारह पुत्र, पत्नी तपसी से एक और पत्नी छाया से दो पुत्र) हुये।

सूर्य की पत्नी 1. तपसी से एक पुत्र तपन सन्यासी हो गये।

सूर्य की पत्नी 2. संज्ञा से यम नामक पुत्र और यमी नामक पुत्री थी। यम की दो पत्नीयाँ 1. संध्या और 2. वसु थी। यम की पहली पत्नी संध्या से सांध्य (सीदीयन जाति) पुत्र हुये जिनके तीन पुत्र 1. हंस (जर्मन जाति) 2. नीप (नेपियन जाति) 3. पाल (पलास जाति)। यम की दूसरी पत्नी वसु से 8 पुत्र 1. धर 2. धुन 3. सोम 4. अह 5. अनिल 6. अनल 7. प्रत्यूष और 8. प्रभाष पैदा हुये जो अष्टवसु कहलाये। अष्टवसु धर की पत्नी उमा से महाप्रतापी पुरूष त्रयम्बक रूद्र पुत्र उत्पन्न हुए थे जिन्हें शिव की उपाधि मिली। यही रूद्र शिव शिवदान (वर्तमान सूडान) प्रदेश के राजा थे जिन्हें दक्ष ने अपनी पुत्री उमा के विवाह में दान में दिया था। यही उमा अपने पति का अपमान न सहन कर सकने के कारण अपने पिता के यज्ञ कुण्ड में कूदकर आत्मदाह कर लिया था। इस पर क्रुद्ध होकर शिव ने इस वंश का नाश ही कर दिया था और यहीं से उमा का नाम सती हो गया।

शिव गद्दी पर बैठने वाले सभी राजा शिव कहलायें। इस वंश में 12 चक्रवर्ती राजा हुये। शेष अन्य छोटे राजा थे। इस प्रकार कुल 52 साम्राज्य शिव वंश के थे। शिव वंश का साम्राज्य वर्तमान भारत का शैव पीठ, ईरान का रूद्रवर क्षेत्र, वर्तमान अफ्रीका के सूडान (शिवदान), वर्तमान उमा प्रदेश (उर्मिया झील के आस-पास का क्षेत्र), बगदाद का उत्तरी हिस्सा, कुर्दिस्तान का दक्षिणी भाग, अरब के काव्य क्षेत्र काबा तक स्थापित था। इसके अतिरिक्त एशिया माइनर सरवन प्रदेश तथा वाणासुर की राजधानी "वन" में रूद्र शिव का निवास रहा। रूद्र शिव से 11 कुल चले जिनसे द्रविण और हूण जाति का विकास हुआ।

अन्य अष्टवसुओं से विभिन्न वंश व कुल चले जिसमें देवल ऋषि, रेविण्डस जाति आदि हुये।

यम ने अपने नाम पर यमपुरी बसाया जो वैवस्वत मनु के वैमात्रिक (सूर्य के चार पत्नीयों से उत्पन्न 16 पुत्रों में से एक) भाई थे। हिस्ट्री आफ परसिया के प्रथम भाग पृष्ठ सं0 117 से 123 के अनुसार-प्राचीन काल में जल प्लावन के कारण ईरान का कुछ भू-भाग जलमग्न हो गया था ज्वालामुखी के उद्गार के कारण समुद्र का जल प्लावित होकर स्थल भाग में आ गया और वहाँ के समस्त जीवधारी नष्ट हो गये, जिससे नारकीय स्थिति उत्पन्न हो गयी और मृत्यु लोक जैसा लगने लगा। कालान्तर में जब जल सूख गया तब सूर्य के पुत्र यम और वरूण ने वहाँ नगरी बसायी। यम द्वारा बसायी नगरी को यमपुरी या नरकपुरी और वरूण द्वारा बसायी नगरी को वैकुण्ठपुरी कहा गया। जो वर्तमान में भी सुशानगर अथवा ईरानियन पैराडाइज (चाल्डिया) के नाम से जाना जाता है। यमपुरी और वैकुण्ठपुरी के बीच दजला, फरात और टिपरीस नदी बहती है जिसका जल आज भी लाल, पीला व धवल है। उस समय इन नदीयों को पार करने का कोई साधन नहीं था इसलिए लोग गाय, बैल एवं अन्य जानवरों की पूँछ पकड़ तैरकर पार करते थे और यमपुरी और वैकुण्ठपुरी के बीच आते-जाते थे। इसी को वर्तमान में मरणोपरान्त वैतरणी नदी पार करने की कथा से जोड़ कर कहा जाता है।

सूर्य की पत्नी 3. बडवा से जन्में पुत्रों को जहाँ वेदों में आदित्य कहा गया वहीं सूर्य को भी आदित्य कहा गया है। वैदिक या आर्य लोग दोनों की ही स्तुति करते थे। इसका यह अर्थ नहीं कि आदित्य ही सूर्य हैं या सूर्य ही

आदित्य हैं। हालांकि आदित्यों को सौर-देवताओं में शामिल किया गया है और उन्हें सौर मण्डल का कार्य सौंपा गया है।

12 आदित्य के नाम पुराणों और अन्य शास्त्रों में निम्नलिखित प्रकार से हैं-

12 आदित्य	**पुराणों में**	**अन्य जगह**
01. वरूण (ब्रह्मवंश)	01. वरूण (ब्रह्मवंश)	01. वरूण (ब्रह्मवंश)
02. अर्यमा	02. अर्यमा	02. अर्यमा
03. पूषा	03. पूषा	03. पूषा
04. त्वष्टा	04. त्वष्टा	04. त्वष्टा
05. सविता	05. सविता	05. इन्द्र
06. भग	06. भग	06. भग
07. धाता	07. धाता	07. धाता
08. विधाता	08. विष्णु	08. विष्णु
09. मित्र	09. मित्र	09. मित्र
10. शुक्र	10. शुक्र	10. पर्जन्य
11. अस्मक	11. अंशुमान	11. अंशुमान
12. विवस्वान (सूर्यवंश)	12. विवस्वान (सूर्यवंश)	12. विवस्वान (सूर्यवंश)

सूर्य की पत्नी 3. बड़वा के सबसे बड़े आदित्य वरूण से ही ब्रह्मवंश चला जिसका विवरण आगे हैं।

सूर्य की पत्नी 3. बड़वा के पुत्र अर्यमा की दो पत्नीयाँ थी। पहली पत्नी से दो पुत्र अग्निवेष (अग्निवंशीय) तथा विश्वसन हुये। दूसरी पत्नी पादुका से तीन पुत्र आर्यक, आर्यब और आर्यन हुये जिनके नाम से तीन राज्य अरब, इराक और ईरान स्थापित हुये। तत्कालीन समय में सूर्यवंश व चन्द्रवंश दोनों का साम्राज्य मध्य एशिया और उसके आसपास था जो जम्बूद्वीप (एशिया) में था। इसलिए दोनों वंशों का संयुक्त नाम आर्यमा कहलाया, और आर्यमा का मूल भी सूरय थे इसलिए सभी मिलकर आर्य संस्कृति में संगठित हो गये तथा आर्य कहलाये। इतिहासकारों ने आर्यों के मूल निवास के जिस स्थान का वर्णन किया है वह समस्त भारत, अफगानिस्तान, फारस, ईरान, इराक, अरब एवं कैस्पियन सागर के आस-पास के क्षेत्र थे।

सूर्य की पत्नी 3. बड़वा के सबसे छोटे आदित्य विवस्वान से 7वें मनु-वैवस्वत मनु हुये। महाराज मनु के दूसरी पीढ़ी में कुल 10 सन्तानें 1. इक्ष्वाकु, 2. नाभागारिष्ट, 3. कारूष, 4. धृष्ट, 5. नाभाग या नृग, 6. नरिश्यन्त, 7. धृषध, 8. प्रान्शु या कुशनाभ, 9. शर्याति और 10. पुत्री इला (इनका विवाह चन्द्र के पुत्र बुध से हुआ) हुयीं। महाराज मनु के तीसरी पीढ़ी में विकुक्षि या शशाद, दण्ड (98 पुत्र)। दण्ड ने दण्डक राज्य के स्वामी बने उन्होंने शुक्राचार्य के वंशजों को अपना गुरू बनाया। दण्ड द्वारा अपने पुरोहित की पुत्री अजा के साथ बालात्कार करने के कारण पुरोहित ने दण्ड के राज्य का नाश कर दिया और उस स्थान पर जो पहला नगर बसा उसका नाम नासिक पड़ा जो आज भी नासिक नाम से प्रसिद्ध है।

चौथी पीढ़ी में पुरंजय (काकुत्स्थ या इन्द्रबाहु), पाँचवीं पीढ़ी में अनेनस या अनरण्य, छठीं पीढ़ी में पृथु, सातवीं पीढ़ी में विप्राश्व या विश्वगश्व, आठवीं पीढ़ी में आद्रर या चन्द्र, नवीं पीढ़ी में युवनाश्व-1, दसवीं पीढ़ी में श्रावस्त, ग्यारहवीं पीढ़ी में व्रहदश्व, बारहवीं पीढ़ी में कुवलयाश्व या धुन्धमार के तीन पुत्र, तेरहवीं पीढ़ी में द्दढ़ाश्व, चन्द्राश्व, कपिलाश्व, चौदहवीं पीढ़ी में प्रमोद (के दो पुत्र), पंन्द्रहवीं पीढ़ी हर्यांश्व-1 निमि (मैथिल राजवंश के संस्थापक), सोलहवीं पीढ़ी निकुम्भ, सत्रहवीं पीढ़ी बर्हणाश्व या वर्हयाश्व (दो पुत्र एक पुत्री), अठ्ठारहवीं पीढ़ी अकृषाश्व, कृशाश्व, हेमवती पुत्री, उन्नीसवीं पीढ़ी सेनजीत (दो पुत्र), बीसवीं पीढ़ी युवनाश्व-2, हर्यांश्व-2, इक्कीसवीं पीढ़ी मान्धाता (तीन पुत्र), बाइसवीं पीढ़ी पुरूकुत्स्थ, मुचुकचन्द, अम्बरीष-1, तेईसवीं पीढ़ी त्रसदस्यु, पुरूकुत्स, चौबीसवीं पीढ़ी सुंभूत तृक्षिवेद या विजय या संभृत्य इत्यादि हुये। इसी क्रम में सत्यव्रत (तीन गम्भीर अपराध करने के कारण इनका नाम त्रिशंकु पड़ा था), हरिश्चन्द्र, रोहित, सगर (इनके 60 हजार पुत्र थे जो कपिल मुनि के श्राप से भस्म हो गये थे), भगीरथ

(जो गंगा को लाये थे), रघु, दिलीप, अज, दशरथ, चालीसवीं पीढ़ी में राम, लक्ष्मण, भरत, शत्रुध्न इत्यादि हुए। इकतालीसवीं पीढ़ी में राम के दो पुत्र (कुश, लव), लक्ष्मण के दो पुत्र (अंगद, चन्द्रकेतु), भरत के दो पुत्र (तक्ष, पुष्कल) व शत्रुध्न के दो पुत्र (सुबाहु, श्रुतसेन) हुये।

सम्पूर्ण भारत में सूर्यवंशियों की उस समय निम्न शाखाएँ थी-

राज्य	**सीमायें**
1. उत्तर कौसल राजवंश	घाघरा से गंगा तक अर्थात् सरयू नदी के इस पार से उस पार तक
2. दक्षिण कौसल राजवंश	विलासपुर, सम्भलपुर तथा रायपुर के आस-पास (मध्य प्रदेश)
3. मैथिल राजवंश	वर्तमान मिथिला क्षेत्र
4. शर्याति या आनर्त राजवंश	सौराष्ट्र या गुजरात का क्षेत्र
5. वैशाली राजवंश	वर्तमान वैशाली क्षेत्र
6. घाष्ट्रक राजवंश	वाह्लीक वर्तमान वलक बुखारा तथा अफगानिस्तान
7. नारिष्यन्त राजवंश	वर्तमान रीवा से सोन बिहार राज्य
8. नाभाग या नृगवंश	ईरान का गिरगेशिया प्रदेश

मनु के 9 पुत्रों से 9 क्षत्रिय वंश चले जो भारतवर्ष के भिन्न-भिन्न क्षेत्रों में स्थापित हुए। यह वंश सूर्य से राजा रामचन्द्र एवं इसके आगे तक चला। श्री रामचन्द्र जी अपने जीवन काल में ही अपने साम्राज्य का बँटवारा अपने पुत्रों-भतीजों में निम्न प्रकार कर दिये-

(क) राम के पुत्र कुश

राम के पुत्र कुश को कुशावती राज्य दिया गया था परन्तु अपने पिता राम के स्वर्गारोहण के कुछ दिनों बाद कुश अयोध्या चले गये थे (कालिदास कृत रघुवंश, सर्ग 16, श्लोक 4-42)। कालिदास कृत रघुवंश में कुश शाखा का वर्णन राजा अग्निवर्ण तक ही मिलता है किन्तु वंश आगे भी चला और उसकी शाखाएँ-प्रशाखाएँ भारत में आज भी मिलती हैं। स्कन्दपुराण के अन्तर्गत सह्याद्रिखण्ड में वर्णन आता है कि अग्निवर्ण के वंश में अश्वपति नामक राजा हुए उन्होंने पुत्रेष्टि यज्ञ कराया जिसके फलस्वरूप उनके 12 पुत्र, अनुज, देवक, पृथ, ऋतुपर्ण, जय, सुषिध्रु, सौदाम, सुमन्तु, कौडिन, मण्डूक, कुषिक एवं मार्तण्ड हुए। इनमें से प्रत्येक अलग-अलग कुल का वर्द्धक हुआ। आज भी कुशवंशोद्भव कूर्मि गुजरात, उत्तर प्रदेश तथा मध्य प्रदेश के कुछ जिलों (खरगोन, धार आदि में) पाये जाते हैं। इसी कुशवंश के कूर्मि कड़वा नाम से जाने जाते हैं। कुश से कुशवाहा या कछवाहा वंश चला जिनकी राजधानी कुशावती या कुशस्थली वर्तमान द्वारिका क्षेत्र में रही। इसी वंश में राजा नल तथा शाक्य के पुत्र गौतम बुद्ध पैदा हुए। सेंगर क्षत्रिय भी इसी वंश की शाखा हैं। कुश वंश में ही मीरजा राजा जय सिंह के पुत्र कीरत सिंह के वंशज मौन सिंह ने मौन वंश की स्थापना की। सवाई जय सिंह ने अपनी राजधानी जयपुर में बसाया और इसी वंश की एक शाखा रोहतास तथा दूसरी ने राजस्थान के नरवर, आमेर तथा जयपुर क्षेत्र में अपना राज्य स्थापित किया।

(ख) राम के पुत्र लव

श्रीराम के पुत्र लव को उत्तर कौशल का भू-भाग जहाँ श्रावस्ती (वर्तमान नाम सहेत-समेंत)-अवन्तिका राज्य दिया गया। इनके आगे राजा प्रसेनजित, वृहद्वल इत्यादि हुए। बाद में लव ने पश्चिमी पंजाब के बहुत बड़े भू-भाग क्षेत्र पर अधिकार कर लिया जहाँ पर उन्होंने अपने नाम पर लव कोट अर्थात् वर्तमान लाहौर नगर बसाया जहाँ पर उनकी राजधानी थी। लववंशी राजा शिलादित्य ने गायनी वर्तमान गजनी में अपना छोटा सा राज्य स्थापित किया। बाद में उनकी हत्या पारसियों द्वारा कर दी गयी। उनकी रानी पुष्पावती से एक पुत्र गोहदेव या गुहादित्य था जिनसे गहलोत वंश प्रसिद्ध हुआ। इस वंश की दो रावल और राणा शाखा है। प्रचलित कथा के अनुसार गुजरात के कूर्मि अयोध्या से बहिष्कृत होकर मथुरा में बसे थे। फिर वहाँ से विवश होकर हटे और मारवाड़ होते हुये गुजरात के सौराष्ट्र प्रदेश में आये। राजस्थान में ये चित्तौड़, मेवाड़, बूँदी, बीकानेर, कोटा आदि क्षेत्र में हैं। इसी वंश में महाराणा

प्रताप का जन्म हुआ था। वर्तमान समय में महाराणा महेन्द्र इसी वंश के हैं। गुजरात में वे लव्वा कणवी कहे जाते हैं। गुजरात में कूर्मियों की मुख्य शाखाएँ है-कड़वा, लेवा, आंजन और मतिया। लवा के दो भेद हैं-1. पाटीदार और 2. कृषक। नेपाल के महाराजाधिराज जयप्रताप मल्ल ने स्वरचित नेपालक्षितिपाल वंशावली में नेपाल के नरेशों को लववंशज बताया है (इन्स्क्रिप्सन फ्राम नेपाल, पृष्ठ-29-31)।

(ग) लक्ष्मण के पुत्र अंगद

लक्ष्मण के पुत्र अंगद को हिमालय की तलहटी का क्षेत्र मिला जहाँ उन्होंने अपनी अपनी राजधानी अंगद नगर के नाम से बनाया।

(घ) लक्ष्मण के पुत्र चन्द्रकेतु

लक्ष्मण के पुत्र चन्द्रकेतु को हिमालय की तलहटी के आस-पास का क्षेत्र मिला जहाँ उन्होंने अपनी अपनी राजधानी चन्द्रवक के नाम से बनाया। इन्हें मल्ल की उपाधि मिली। आज भी इस क्षेत्र में क्षत्रियवंश मल्ल हैं।

(च) भरत के पुत्र तक्ष-

भरत के पुत्र तक्ष को रावलपिण्डी के आस-पास कैकेय देश का राज्य मिला जिन्होने अपने नाम पर तक्षशिला को राजधानी बनाया। तक्ष के नाम से तक्षकवंश चला।

(छ) भरत के पुत्र पुष्कल

भरत के पुत्र पुष्कल को भी रावलपिण्डी के कैकेय देश एवं आस-पास का राज्य मिला उन्होंने अपनी राजधानी पुष्कलावती में बनायी जिसे वर्तमान में पेशावर कहा जाता है। इस वंश का ज्यादा निवास गांधार राज्य में था। इनके वंशज अब इस्लाम धर्म ग्रहण कर लिये हैं।

(ज) शत्रुध्न के पुत्र सुबाहु

शत्रुध्न के पुत्र सुबाहु को विदिशा क्षेत्र का राज्य दिया गया।

(झ) शत्रुध्न के पुत्र श्रुतसेन

शत्रुध्न के पुत्र श्रुतसेन को मथुरा का राज्य मिला। जहाँ उन्होंने अपनी राजधानी बनायी।

इस प्रकार इच्छवाकु से लेकर रामचन्द्र के वंशजों से सूर्यवंश का साम्राज्य बढ़ा जिनका सम्पूर्ण भारत में फैलाव होता गया। वर्तमान में इस सूर्यवंश की अनेक शाखा-प्रशाखा हो चुकी हैं जैसे हक्ष्वाकुवंश, दण्डकवंश, काकुत्सवंश, सगरवंश, श्रावस्तवंश, सूर्यवंश, सोनखरीवंश, कुशवाहा या कछवाहा वंश, शाक्य या गौतम वंश, मौनसवंश, पुण्डीरवंश, कलूवालवंश, नंदवक वंश, कुशभवनियाँ वंश, करौनी वंश, पहाड़ी सूर्यवंशी कछवाहे, जशावत, झुटियाड़, घोड़ावाहा, आसव, गहलौत, महथानवंश, चामियालवंश, मडियार वंश, गोहिल वंश, भोसले वंश, सिकरवार, निकुंभ वंश, सिरनेत वंश, नरौनी वंश, कटहरिया वंश, रघुवंश, बडगूजर वंश, मडाढ वंश, लोहतमिया लोहथम्म वंश, गौड या गौर वंश, निमिवंश, निमुडीवंश, निशानवंश, गौतमिया वंश, अण्टैया वंश, कंडवार वंश, पुष्कलवंश, दीक्षित या दीखित वंश, नेतवनीवंश, किनवार वंश, गायकवाड वंश, मल्लवंश, विश्वेन वंश, वटमेला वंश, गाई वंश, दागी या डांगी वंश, बम्बवार वंश, अवकहो वंश, तवकहो वंश, दोनवार वंश, वैसवंश, भाले सुल्तान वंश, चन्दौसिया वंश, रावत वंश, राठौर वंश, रैकवार वंश, जायस वंश, कैलवाड़ वंश, शूरवार वंश, विलसडिया वंश, खोरिया वंश, दहिया वंश, मौर्य वंश, कछनियाँ वंश, काकन वंश, धाकर वंश, उदमतिया वंश, सिंघेल वंश, काकतीय वंश, लिच्छवि वंश, गर्ग वंश, ठाकरिया या ठकुराई वंश, जोतियाना या झोतियाना वंश, शुंग वंश, नागवंश, दुर्ग वंश, श्री पर्वत वंश, भतिहाल वंश, सिंगोहिया वंश, केशरी वंश, जेठवा वंश, बडनर वंश, कमरी वंश, वल्ला वंश, काठी वंश, तक्षक वंश, गोरखा वंश, राजपाली वंश, पाल वंश, वाकाटक वंश, खाती वंश, चककाहन वंश, जमुवाल वंश, ज्ञात वंश, वेदी वंश, गुप्त वंश, जनकरा वंश, वज्जि वंश, सुरवइया वंश, कोलिय वंश, काशिब वंश, बंधलगोत्री वंश, सूरजवंशी राजपूत, अगस्तवार, बुलिवंश, वाकला वंश, रघेल वंश, ग्रहवार या गृहवार वंश, दाहिमा वंश, बहरेलिया वंश, डोगरा वंश, शाही वंश, शिन्दे या सिन्धिया वंश, महरवार वंश, चालुक्य वंश।

अग्रवाल के पूर्वज सूर्यवंशी ही थे। सूर्यवंशी राजा मान्धाता के पुत्र अम्बरीष की 50वीं पीढ़ी बाद राजा महीधर हुये जिनकी राजधानी चन्द्रावती वर्तमान चम्पारण में थी। इनका विवाह महेन्द्रसुर वर्तमान मन्दसौर नगर

(मध्य प्रदेश) के राजा महेन्द्र की पुत्री मेघावती से हुआ था, इनसे ही महाराजा अग्रसेन का जन्म हुआ था। अग्रसेन ने अपनी राजधानी अग्रोहा बनायी। जैनधर्म स्वीकार करने के बाद ये हिंसा से मुक्त होकर वैश्य कर्म में आ गये। इनके साथ 18 राजकुमार भी सम्मिलित हुये। 18 राजकुमारों से 18 जातियाँ बनी। 1. गुलाब देव से गर्ग, 2. गेदूमल से गोहिल, 3. करण से कछल, 4. मणिपाल से कंसल, 5. मृगदेव से विन्दल, 6. द्रावक देव से ढोलन, 7. सिंधुपाल से सिंघल, 8. जैत्रसंघ से जिन्दल, 9. मंत्रीपति से मित्तल, 10. तम्बोलकर्ण से तिंगल, 11. ताराचन्द से तायल, 12. वीरभान से बंसल, 13. वसुदेव से देरण, 14. नारसेन से नागिल, 15. अमृतसेन से मंगल, 16. इन्द्रसेन से ऐरन, 17. माधवसेन से मधुकुल, 18. गोधर से गोहन।

सूर्य की पत्नी 4. छाया से दो पुत्र 1. 8वें मनु-सावर्णि मनु व 2. शनिश्चर हुये। सबसे प्राचीन वंश स्वायंभुव मनु के पुत्र उत्तानपाद शाखा में ब्रह्मा के 10 मानस पुत्रों में से मन से मरीचि व पत्नी कला के पुत्र कश्यप व पत्नी अदिति के पुत्र आदित्य (सूर्य) की चौथी पत्नी छाया से दो पुत्रों में से एक 8वें मनु-सावर्णि मनु होंगे जिनसे ही वर्तमान मनवन्तर 7वें वैवस्वत मनु की समाप्ति होगी। ध्यान रहे कि 8वें मनु-सावर्णि मनु, सूर्य पुत्र हैं। सावर्णि मनु के गुण अवतार "सार्वभौम" हैं ऐसा शास्त्र में दिया गया है।

वंश-ब. ऐतिहासिक वंश
2. ब्रह्म वंश

कश्यप-अदिति के आदित्य (सूर्य) की चार पत्नीयाँ 1. तपसी 2. संज्ञा, 3. बडवा और 4. छाया थी। सूर्य की पत्नी 3. बड़वा के सबसे बड़े आदित्य वरूण से ही ब्रह्मवंश चला। वरूण की प्रथम पत्नी दैत्यराज हिरण्यकशिपु की पुत्री दिव्या थी और द्वितीय पत्नी दानव राज पुलोमा की पुत्री थी। सूर्य के पुत्र वरूण हिन्दू धर्म के एक प्रमुख देवता हैं। प्राचीन वैदिक धर्म में उनका स्थान बहुत ही महत्त्वपूर्ण था, परन्तु वेदों में उसका रूप इतना अमूर्त है कि उसका प्राकृतिक चित्रण मुश्किल है। माना जाता है कि वरुण की स्थिति अन्य वैदिक देवताओं की अपेक्षा प्राचीन है, इसीलिए वैदिक युग में वरुण किसी प्राकृतिक उपादान का वाचक नहीं है। अग्नि व इंद्र की अपेक्षा वरुण को संबोधित सूक्तों की मात्रा बहुत कम है फिर भी उसका महत्व कम नहीं है। इंद्र को महान योद्धा के रूप में जाना जाता है तो वरुण को नैतिक शक्ति का महान पोषक माना गया है, वह ऋत (सत्य) का पोषक है। अधिकतर सूक्तों में वरूण के प्रति उदात्त भक्ति की भावना दिखाई देती है। ऋग्वेद के अधिकतर सूक्तों में वरुण से किए गए पापों के लिए क्षमा प्रार्थना की गई हैं। वरुण को अन्य देवताओं जैसे इंद्र आदि के साथ भी वर्णित किया गया है। वरुण से संबंधित प्रार्थनाओं में भक्ति भावना की पराकाष्ठा दिखाई देती है। उदाहरण के लिए ऋग्वेद के सातवें मंडल में वरूण के लिए सुंदर प्रार्थना गीत मिलते हैं। उनको "असुर" की उपाधि दी गयी थी, मतलब की वो "देव" देवताओं के समूह से अलग थे। उनके पास जादुई शक्ति मानी जाती थी, जिसका नाम था माया। उनको इतिहासकार मानते हैं कि असुर वरुण ही पारसी धर्म में "अहुरामज्दा" कहलाए। बाद की पौराणिक कथाओं में वरुण को मामूली जल-देव बना दिया गया। इसी ब्रह्म वंश में ही अंगिरा, भृगु उनके बाद बृहस्पति, शुक्र हुये। इनके वंश में ही दधीचि, सारस्वत, उर्व, जमदग्नि, परशुराम इत्यादि हुए।

वंश-ब. ऐतिहासिक वंश

3. चन्द्र वंश

ब्रह्मा के 10 मानस पुत्रों 1. मन से मरीचि, 2. नेत्रों से अत्रि, 3. मुख से अंगिरा, 4. कान से पुलस्त्य, 5. नाभि से पुलह, 6. हाथ से कृतु, 7. त्वचा से भृगु, 8. प्राण से वशिष्ठ, 9. अँगूठे से दक्ष तथा 10. गोद से नारद उत्पन्न हुये। मरीचि ऋषि, जिन्हें "अरिष्टनेमि" के नाम से भी जाना जाता है, का विवाह देवी कला से हुआ। संसार के सर्वप्रथम मनु-स्वायंभुव मनु की पुत्री देवहूति से कर्दम ऋषि का विवाह हुआ था। देवी कला कर्दम ऋषि की पुत्री और विश्व का प्राचीन और प्रथम सांख्य दर्शन को देने वाले कपिल देव की बहन थी। मरीचि ऋषि द्वारा देवी कला की कोख से महातेजस्वी दो पुत्र 1. कश्यप और 2. अत्रि हुये। 1. कश्यप से सूर्य वंश और ब्रह्म वंश तथा 2. अत्रि से चन्द्र वंश का आगे चलकर विकास हुआ।

अत्रि के पुत्र चन्द्र (ऐल)-त्रेता युग के प्रारम्भ में ब्रह्मा के मारीचि नामक पुत्र के द्वितीय पुत्र अत्रि (चित्रकूट के अनसूइया के पति अत्रि नहीं) हुए। अत्रि के पुत्र चन्द्र हुये, यह महाभारत से भी प्रमाणित है।

अत्रे पुत्रो अभवत् सोमः सोमस्य तु बुद्धः स्मृत।
बुद्धस्य तु महेन्द्राभः पुत्रो आसीत् पुरूखा।

(महाभारत, अध्याय 44, श्लोक 4-18)

मनुर्भरतवंश के 45वीं पीढ़ी में उत्तानपाद शाखा के प्रजापति दक्ष की 60 कन्याओं में से 27 कन्याओं का विवाह चन्द्र से हुआ था। इन 27 कन्याओं के नाम से 27 नक्षत्रों (1. अश्विनी 2. भरणी 3. कृत्तिका 4. रोहिणी 5. मृगशिरा 6. आद्रा 7. पुनर्वसु 8. पुष्य 9. आश्लेषा 10. मघा 11. पूर्वा फाल्गुनी 12. उत्तरा फाल्गुनी 13. हस्ति 14. चित्रा 15. स्वाति 16. विशाखा 17. अनुराधा 18. ज्येष्ठा 19. मूल 20. पूर्वाषाढ़ 21. उत्तराषाढ़ 22. श्रवण 23. घनिष्ठा 24. शतभिषा 25. पूर्वभाद्रपद 26. उत्तर भाद्रपद 27. रेवती) का नाम पड़ा जो आज तक प्रचलित है। चन्द्र के नाम पर चन्द्रवंश चला। चन्द्र बहुत ही विद्वान, भूगोलवेत्ता, सुन्दरतम व्यक्तित्व वाला तथा महान पराक्रमी था। साहित्यिक अभिलेखों के अनुसार सुन्दर होने के कारण देवगुरू वृहस्पति की पत्नी तारा इस पर आसक्त हो गई, जिसे चन्द्र ने पत्नी बना लिया। इस कारण भयानक तारकायम संग्राम हुआ। प्राचीन ग्रन्थों के अनुसार चन्द्र ने चन्द्रग्रह का पता लगाकर अपने नाम चन्द्र, बुध ग्रह का पता लगाकर अपने पुत्र बुध के नाम एवं तारागणों का पता लगाकर अपनी पत्नी तारा के नाम पर तारा और 27 पत्नीयों के नाम पर नक्षत्रों के नाम रखे। वर्तमान समय में भी इन नक्षत्रों के नाम पर वशंधर व जातियाँ मिलती हैं जैसे अश्विनी (अरब की अश्व व वाजस्व जाति), आश्लेषा (एरी व आस्यवियन जाति), मघा (जुल्डस जाति), अनुराधा (अरक्सीज जाति असीरियन), रेवती (रेविन्डस जाति) इत्यादि। चन्द्र वंशीयों का अधिकतर क्षेत्र ईरान एवं उसके आस-पास में था इसलिए अधिकांश चन्द्रवंशीयों के वंशधर कालान्तर में यहूदी, इसाई और इस्लाम धर्म ग्रहण कर लिए। आज भी चन्द्रवंशीयों के वंशधर अपने पूर्वज चन्द्र व उनकी पत्नी तारा की स्मृति में अपने झण्डे का प्रतीक चन्द्र व तारा रखे हैं।

चन्द्रवंश के प्रमुख राजवंश के अतिरिक्त इन कन्याओं से कई कुल उत्पन्न हुए। चन्द्र के पुत्र बुध हुये इनका विवाह सूर्य के पुत्र अर्यमा के पुत्र 7वें मनु-वैवस्वत मनु की पुत्री इला से हुआ। चन्द्रवंश यहीं से चला। इला के नाम पर इसे ऐल वंश भी कहा जाता है। सर्वप्रथम सूर्य की पत्नी 3. बड़वा के सबसे छोटे आदित्य 7वें मनु-वैवस्वत मनु अपने दामाद चन्द्र के पुत्र बुध के साथ ईरान के रास्ते हिन्दूकुश पर्वत पार करके भारत भूमि पर आये। वैवस्वत मनु ने अपने पूर्वज सूर्य के नाम पर सरयू नदी के किनारे सूर्य मण्डल की स्थापना किये और अपनी राजधानी अवध अर्थात् वर्तमान भारत के अयोध्या में बनायी जिसे सूर्य मण्डल कहा जाता है। इसी प्रकार बुध ने अपने पूर्वज के नाम से गंगा-यमुना के संगम के पास प्रतिष्ठानपुरी में चन्द्र मण्डल की स्थापना कर अपनी राजधानी बनायी जो वर्तमान में झूंसी-प्रयाग भारत के इलाहाबाद जनपद में है। सूर्य मण्डल और चन्द्र मण्डल का संयुक्त नाम "आर्यावर्त" विख्यात हुआ। आर्यों का आगमन काल ई. पूर्व 4584 से 4500 ई. पूर्व के बीच माना जाता है। इसी समय के बीच विश्व में नदी घाटी सभ्यता का अभ्युदय हुआ था। बुध के दो पुत्र सुद्युम्न और पुरूरवा हुये।

बुध के पुत्र सुद्‍युम्न के तीन पुत्र उत्कल, गयाश्व और शविनिताश्व हुए। उत्कल, उड़ीसा राज्य के स्थापक, गयाश्व गया राज्य के स्थापक हुये। शविनिताश्व, पश्चिम चले गये।

बुध के पुत्र पुरूरवा का विवाह इन्द्र द्वारा दी गई उर्वसी अप्सरा से हुआ। पुरूरवा महान प्रतापी हुए। उन्हें माता का इलावृत वर्ष भी मिला। इसी वंश में आयु, नहुष, क्षत्रवृद्धि, रजि, यति, ययाति, कैकेय इत्यादि हुये। ययाति की प्रथम पत्नी दैत्य गुरू शुक्राचार्य की पुत्री देवयानी थी तथा दूसरी पत्नी दैत्यराज वृषपर्वा की पुत्री शर्मिष्ठा थी।

चन्द्र वंश के राजा ययाति की प्रथम पत्नी देवयानी (दैत्य गुरू शुक्राचार्य की पुत्री) से दो पुत्र यदु (यदुवंश) और तुर्वसु (तुर्वसु) तथा दूसरी पत्नी शर्मिष्ठा (दानव वंश के वृषपर्वा की पुत्री) से तीन पुत्र पुरू (पुरू वंश), अनु (अनुवंश) और द्रह्यु (द्रह्यु वंश) हुये। इन पाँच पुत्रों से पाँच शाखाएँ चली।

यदुवंश से ही कोष्टु वंश, आवन्त वंश, अन्धक वंश, तैतिर वंश, वृष्णि वंश, भाटी वंश, जाडेजा वंश व जादौन वंश का विस्तार हुआ। इसी यदुवंश में दुर्योधन के मामा शकुनि, चन्देरी राज्य के संस्थापक शिशुपाल, जरासन्ध, सत्यजित, देवक, उग्रसेन, देवकी, कृष्ण के मामा कंस, शूरसेन, वसुदेव, कुन्ती, सात्यकी, सुभद्रा, बलराम इत्यादि हुये। यदुवंश के सात्वत के पुत्रों में भजमान से भजमान वंश चला। भजमान के 4 पुत्र विदूरथ, महाराजन, राजन तथा पुरंज्जय थे। बड़ा पुत्र होने के कारण विदूरथ राज्याधिकारी बना। शेष को केवल श्रेष्ठतानुसार गायें तथा एक-एक क्षेत्र का अधिपति बनाया गया। विदूरथ आमीरपल्ली का राज्याधिकारी बना। महाराजन को महानन्द की उपाधि मिली और इन्हें नन्द गाँव, राजन को उपनन्द की उपाधि और बरसाना गाँव तथा पुरंज्जय को नन्द महर की उपाधि व गोकुल का क्षेत्र दिया गया। बाद में इस वंश में श्रीकृष्ण, बलराम के वंशजों का भी बहुत अधिक विस्तार हुआ जिनके वंशज आज भी हैं। श्रीकृष्ण (पत्नीयाँ 1. रूक्मिणी 2. कालिन्दी 3. मित्रवृन्दा 4. सत्या 5. भद्रा 6. जाम्बवती 7. सुशीला 8. लक्ष्मणा) के 10 पुत्र 1. प्रद्‍युम्न 2. चारूदेण 3. सुवेष्ण 4. सुषेण 5. चारूगुप्त 6. चारू 7. चारूवाह 8. चारूविन्द 9. भद्रचारू 10. चारूक हुये। श्रीकृष्ण के बाद मथुरा के राजा ब्रजनाभ हुये।

इस प्रकार चन्द्र के वंशजों से चन्द्रवंश का साम्राज्य बढ़ा जिनका सम्पूर्ण भारत में फैलाव होता गया। वर्तमान में इस चन्द्रवंश की अनेक शाखाएँ है-चन्द्र, सोम या इन्दु वंश, यदुवंश, भट्टी या भाटी वंश, सिरमौरिया वंश, जाडेजा वंश, यादो या जादौन वंश, तुर्वसु वंश, पुरू वंश, कुरू वंश, हरिद्वार वंश, अनुवंश, दुहयु वंश, क्षत्रवृद्धि वंश, तंवर या तोमर वंश, वेरूआर वंश, विलदारिया वंश, खाति वंश, तिलौता वंश, पलिवार वंश, इन्दौरिया वंश, जनवार वंश, भारद्वाज वंश, पांचाल वंश, कण्व वंश, ऋषिवंशी, कौशिक वंश, हैहय वंश, कल्चुरी वंश, चन्देल वंश, सेंगर वंश, गहरवार वंश, चन्द्रवंशी राठौर, बुन्देला वंश, काठी वंश, झाला वंश, मकवाना वंश, गंगा वंश, कान्हवंश या कानपुरिया वंश, भनवग वंश, नागवंश चन्द्रवंशी, सिलार वंश, मौखरी वंश, जैसवार वंश, चैपट खम्भ वंश, कर्मवार वंश, सरनिहा वंश, भृगु वंश, धनवस्त वंश, कटोच वंश, पाण्डव वंश (पौरव शाखा से, इसमें ही पाण्डव व कौरव थे। महाभारत युद्ध में कौरवों का नाश हो गया जिसमें धृतराष्ट्र के एक मात्र शेष बचे पुत्र युयुत्स के वंशज कौरव वंश की परम्परा बनाये रखे हैं। पाण्डव वंश की शाखा अर्जुन के पौत्र परीक्षित से चली।), विझवनिया चन्देल वंश (विशवन क्षेत्र में आबाद होने के कारण विशवनिया या विझवनिया नाम पड़ा। इनकी एक शाखा विजयगढ़ क्षेत्र सोनभद्र, दूसरी जौनपुर जिले के सुजानगंज क्षेत्र के आस-पास 15 कि. मी. क्षेत्र में आबाद हैं। इनकी दो मुख्य तालुका खपड़हा और बनसफा जौनपुर में है। (इसी खपड़हा से श्री लव कुश सिंह "विश्वमानव " के पूर्वज नियामतपुर कलाँ, शेरपुर, बगही, चन्दापुर, चुनार क्षेत्र, मीरजापुर में गये थे। श्री लव कुश सिंह "विश्वमानव " उनके तेरहवें पीढ़ी के हैं।), रकसेल वंश, वेन वंश, जरौलिया वंश, क्रथ वंश, जसावट वंश, लंघिया वंश, खलोरिया वंश, अथरव वंश, वरहिया वंश, लोभपाद वंश, सेन वंश, चौहान वंश, परमार वंश, सोलंकी वंश, परिहार या प्रतिहार वंश, जाट वंश, गूजर वंश, लोध वंश, सैथवार, खत्री (हैहयवंशी की शाखा), पाल वंश। ओसवाल (ओसिया मरवाड़) और माहेश्वरी (इष्टदेव महेश्वर) पूर्व में चन्द्रवंशी क्षत्रिय थे।

चन्द्रवंश वंशावली बहुत ही वृहद है। इनमें से अनेक शाखाएँ-प्रशाखाएँ होती गई। इनमें से क्षत्रिय से ब्राह्मण भी हुए तथा बहुत से ऋषि भी हुए। चन्द्रवंशी क्षत्रियों में यदु तथा पुरूवंश का बहुत बड़ा विस्तार हुआ और अनेक शाखाएँ-प्रशाखाएँ भारतवर्ष में फैलती गई।

स. भविष्य के वंश

सूर्य की पत्नी 4. छाया से दो पुत्र 1. 8वें मनु-सावर्णि मनु व 2. शनिश्चर हुये। ये 8वें मनु-सावर्णि मनु के द्वारा ही मनवन्तर बदलेगा साथ ही युग भी बदलेगा। सावर्णि मनु के गुण अवतार "सार्वभौम " हैं ऐसा शास्त्र में दिया गया है। मेरा मानना है कि सामान्य व्यावहारिक रूप में भविष्य में जन्म लेने वाले किसी भी व्यक्ति का नाम निश्चित करना असम्भव है। अगर अवतार के उदाहरण में देखें तो सिर्फ उस समय की सामाजिक आवश्यकताओं के अनुसार उसके गुण की ही कल्पना की जा सकती है या उसके हो जाने के उपरान्त उसके नाम को सिद्ध करने की कोशिश की जा सकती है। इसलिए उस अवतार का जो भी नाम कल्पित है वह केवल गुण को ही निर्देश कर सकता है। इस प्रकार "कल्कि" जो "कल की" अर्थात् "भविष्य की" के अर्थों में रखा गया है। "मैं", उसके "सार्वभौम मैं" का गुण है। "अहमद", उसके अपने सार्वभौम सत्य-सिद्धान्त पर अतिविश्वास होने के कारण अंहकार का नशा अर्थात् अहंकार के मद से युक्त अहंकारी जैसा अनुभव करायेगा। उसका कोई गुरू नहीं होगा, वह स्वयं से प्रकाशित स्वयंभू होगा जिसके बारे में अथर्ववेद, काण्ड 20, सूक्त 115, मंत्र 1 में कहा गया है कि "ऋषि-वत्स, देवता इन्द्र, छन्द गायत्री। अहमिद्धि पितुष्परि मेधा मृतस्य जग्रभ। अहं सूर्य इवाजिनि।" अर्थात् "मैं परम पिता परमात्मा से सत्य ज्ञान की विधि को धारण करता हूँ और मैं तेजस्वी सूर्य के समान प्रकट हुआ हूँ।" जबकि सबसे प्राचीन वंश स्वायंभुव मनु के पुत्र उत्तानपाद शाखा में ब्रह्मा के 10 मानस पुत्रों में से मन से मरीचि व पत्नी कला के पुत्र कश्यप व पत्नी अदिति के पुत्र आदित्य (सूर्य) की चौथी पत्नी छाया से दो पुत्रों में से एक 8वें मनु-सावर्णि मनु होंगे जिनसे ही वर्तमान मनवन्तर 7वें वैवस्वत मनु की समाप्ति होगी ध्यान रहे कि 8वें मनु-सावर्णि मनु, सूर्य पुत्र हैं। शेष भविष्य के मनु निम्न होंगे-

मनु	अवतार	काल
09. दत्त सावर्णि मनु	रिषभ	भविष्य
10. ब्रह्म सावर्णि मनु	विश्वकसेन	भविष्य
11. धर्म सावर्णि मनु	धर्मसेतू	भविष्य
12, रूद्र सावर्णि मनु	सुदामा	भविष्य
13. दैव सावर्णि मनु	योगेश्वर	भविष्य
14. इन्द्र सावर्णि मनु	वृहद्भानु	भविष्य

2. गोत्र

मूलतः गोत्र निम्नलिखित आधार पर बनते रहे हैं-

1. गोत्र ऋषि- गोत्र ऋषि का तात्पर्य ऐसे ऋषि से है जो उस वंश का मूल पुरूष या संस्थापक हो।

2. प्रवर ऋषि- गोत्र के जितने प्रवर्तक ऋषि होते हैं उन्हें प्रवर ऋषि कहा जाता है चाहे वे मूल वंश के हो अथवा शिष्य परम्परागत हों।

गोत्र के सम्बन्ध में कई प्रकार के उदाहरण मिलते हैं तथा गोत्र विभाजन के भी अनेक उदाहरण हैं जिसके कारण निम्नलिखित हैं-

1. मूल वंश का गोत्र- यह गोत्र उनके मूल पुरूषों के नाम से बनता है। जैसे सूर्यवंश के मूल पुरूष "कश्यप" व चन्द्रवंश के मूल पुरूष "अत्रि" के नाम से गोत्र प्रचलित है।

2. वीर्यजन्य गोत्र- यह गोत्र भी मूल वंश की शाखा से प्रचलित होता है। जैसे चन्द्र वंश में कण्व शाखा वाला कण्व गोत्र धारण किये हैं और इसी प्रकार वत्स शाखा वालों का गोत्र वत्स है।

3. शब्द जन्य गोत्र- यह गोत्र मूल वंश को छोड़कर कुलगुरू के नाम से चलता है। जैसे सूर्यवंश का मूल गोत्र कश्यप है किन्तु इस वंष में गुरू वशिष्ठ के नाम से भी गोत्र चल रहा है।

4. उपाधिजन्य गोत्र- यह गोत्र दीक्षा लेने अथवा उपाधि ग्रहण करने के कारण प्रचलित है। जैसे सूर्यवंश का एक व्यक्ति दीक्षा प्राप्त करने के कारण दीक्षित की उपाधि ग्रहण कर लिया और उसका वंश दीक्षित गोत्र कहलाया। इसी प्रकार व्याध्रपद गोत्र भी उपाधिजन्य गोत्र है।

5. स्थानजन्य गोत्र- यह गोत्र स्थान के नाम पर चलता है जैसे कौशल गोत्र, मेढतिया गोत्र इत्यादि।

6. शिष्य परम्परागत गोत्र- यह गोत्र गुरू-शिष्य परम्परा के कारण शिष्य द्वारा गुरू के नाम पर गोत्र धारण करने से बनता है। एक ही गुरू के शिष्य होने के कारण ब्राह्मण और क्षत्रियों के गोत्र आपस में मिलते हैं।

कूर्मवंशीय क्षत्रियों का विश्व में वंश विस्तार निम्नलिखत संस्थाओं और परिस्थितियों द्वारा हुई।

1. कुल और वंश (पाणिनि अष्टाध्यायी, 2. 1. 19)

परिवार को कुल कहा जाता था। कई पीढ़ियों तक कोई कुल चलते रहने पर उसे वंश कहा जाता था। वंश रक्त सम्बन्ध से भी बनता था तथा विद्या सम्बन्ध से भी।

2. गोत्र (पाणिनि अष्टाध्यायी, 4. 1. 162-165)

रक्त समबन्ध पर आश्रित इकाई को गोत्र कहा जाता था। किसी एक वंश स्थापक से किसी वंश का विकास होता था। उदाहरणार्थ वत्स द्वारा संस्थापित वत्स गोत्र में उसके पुत्र को वात्स, पौत्र को वात्स्य तथा प्रपौत्र को वात्सल्य कहा जाता था। पितृ कुल के छः पूर्वज और उनके छः पीढ़ी तक के वंशज सपिण्ड कहलाते थे। पाणिनी द्वारा अत्रि, अंगिरा, भृगु आदि अनेक प्राचीन तथा प्रसिद्ध गोत्रों का उल्लेख किया गया है। कभी-कभी गोत्र के कोई अत्यन्त प्रसिद्ध वंशज अपने नाम से नया गोत्र स्थापित कर देते थे। उदाहरणार्थ अंगिरस गोत्रोत्पन्न कपि तथा बोध से नये गोत्र प्रारम्भ हो गये (पाणिनि अष्टाध्यायी, 4. 1. 107)। यदि पिता अज्ञात हो तो माता के नाम से भी गोत्र प्रारम्भ हो जाते थे (पाणिनि अष्टाध्यायी, 4. 1. 14)। कभी-कभी किसी प्रसिद्ध व्यक्ति के नाम से भी वंश चल पड़ने के उदाहरण मिलते हैं। यथा मुखर से मौखरि। इस प्रकार के लौकिक गोत्र को गोत्रावयव कहा जाता था (पाणिनि अष्टाध्यायी, 4. 1. 79)।

3. चरण (पाणिनि अष्टाध्यायी, 4. 3. 104)

वेद के विशिष्ट शाखाओं के अध्ययन के लिए जिन विद्यालयों की स्थापना की जाती थीं, उन्हें चरण कहा जाता था। उस शाखा का अध्यापन कराने वाले आचार्य के नाम से चरण का नाम पड़ता था। उनके शिष्य नये चरणों की स्थापना कर सकते थे। उदाहरणार्थ वेदव्यास के शिष्य आरूणि तथा कलापी द्वारा नये चरणों की स्थापना की गई थी।

4. संघ (पाणिनि अष्टाध्यायी, 3. 3. 86)

इनके दो मुख्य भेद थे। निकाय और गण।

(क)-निकाय (पाणिनि अष्टाध्यायी, 3. 3. 42)- इसमें जन्म के कारण छोटे-बड़े का भेदभाव नहीं माना जाता था। यह धार्मिक संघ था।

(ख)-गण (पाणिनि अष्टाध्यायी, 3. 3. 86)- राजनीतिक संघ को गण कहा जाता था। इसमें सभी जातियों के लोग सम्मिलित रहते थे। शासक क्षत्रियों के विशेष वर्ग को मूर्धाभिशिक्त राजन्य कहा जाता था (पाणिनि अष्टाध्यायी, 6. 2. 34)। संघ की शासन समिति के सदस्य केवल राज्य श्रेणी के क्षत्रिय ही हो सकते थे। संघ शासन में राजनीतिक दलों का भी अस्तित्व था, जिन्हें वर्ग (वग्र्य) कहा जाता था। उदाहरणार्थ अन्धक-वृष्णि संघ में अक्रूर वग्र्य अर्थात् अक्रूर दल के अनुयायी तथा वासुदेव वग्र्य अर्थात् वासुदेव वग्र्य के अनुयायी। गण से एक प्रजातंत्रात्मक इकाई का बोध होता था। ऐसी कई प्रजातंत्रात्मक इकाइयों के समुदाय को संघ कहा जाता था।

किसी संस्था के मुख्य व्यक्ति, व्यक्ति नहीं बल्कि संस्था होता है। उसका पद ही उसका पहचान होता है और उसके द्वारा की गई समस्त कार्यवाही व्यक्ति की नहीं बल्कि संस्था की होती है। व्यक्ति की मृत्यु हो जाती है परन्तु संस्थायें लम्बी अवधि तक चलती रहती है। उदाहरणस्वरूप वर्तमान समय में देश, संस्थायें और पीठ हैं। जैसे विदेशों में जाने पर जब किसी देश का मुख्य व्यक्ति कोई समझौता करता है तब वह देश होता है न कि व्यक्ति। प्राचीन समय में भी इसी प्रकार के अनेक पीठ थे और बनते चले गये जैसे-ब्राह्मण, परशुराम, विश्वामित्र, व्यास, वशिष्ठ, नारद, इन्द्र, गोरक्षपीठ (क्षत्रिय पीठ), शंकराचार्य पीठ (ब्राह्मण पीठ) इत्यादि। जब तक संस्था नहीं रहती तब तक व्यक्ति, व्यक्ति रहता है जब उसके द्वारा संस्था स्थापित हो जाती है तब व्यक्ति, व्यक्ति न रहकर संस्था हो जाता है। उस संस्थापक व्यक्ति के जीवन काल तक उसे साकार रूप में फिर उसके उपरान्त उसके निराकार रूप विचार का साकार रूप संस्था के रूप में समाज याद करता है। ऐसी स्थिति में जब संस्थापक व्यक्ति का नाम ही संस्था का नाम हो तब संस्था द्वारा किये गये समस्त कार्य एक भ्रमात्मक स्थिति को उत्पन्न करते हैं और एक लम्बे समय के उपरान्त यह नहीं समझ में आता कि वह संस्थापक व्यक्ति इतने लम्बे समय तक कैसे जिवित था? सत्य तो यह है कि शरीर मर जाता है लेकिन विचार या विचार पर किये गये कार्य नहीं मरते। इस सत्य के आधार की दृष्टि से यदि हम देखें तो स्थिति स्पष्ट हो जायेगी कि-

01. वशिष्ठ के सम्बन्ध में

सर्वप्रथम वशिष्ठ सूर्यवंश के प्रथम पुरूष महाराज इच्छवाकु के सामने पैदा होते हैं। दूसरी बार वशिष्ठ मैथिली वंश के यज्ञ में ऋत्विक कार्य सम्पन्न कराते हैं। इच्छवाकु से मैथिली वंश में चौथी पीढ़ी का अन्तर है। तीसरी बार वशिष्ठ राजा त्रिशंकु के समय में प्रकट होते हैं। चौथी बार वशिष्ठ राजा दिलीप के समय भी होते हैं पाँचवीं बार महाराजा दशरथ के समय उपस्थित होते हैं। छठवीं बार महाभारत काल में होते हैं जो आबू पर्वत पर अग्नि पैदा करके अग्नि से क्षत्रिय पैदा करते हैं।

02. नारद के सम्बन्ध में

युग कोई भी हो वहाँ नारद की उपस्थिति सदैव रहती है। नारद त्रेता के राम काल में भी हैं तो द्वापर के कृष्ण काल में भी और इनसे प्राचीन ब्रह्मा-विष्णु-महेश काल में भी।

03. विश्वामित्र के सम्बन्ध में

विश्वामित्र सूर्यवंश के 32वीं पीढ़ी के राजा हरिश्चन्द्र का राज्य दान में लेते हैं। फिर इसी वंश की 62वीं पीढ़ी में राजा दशरथ से यज्ञ रक्षार्थ उनके पुत्र राम और लक्ष्मण को साथ ले गये थे।

04. ब्राह्मण के सम्बन्ध में

यह एक विद्यापीठ था जो उस समय राजर्षि, ब्रह्मर्षि, देवऋषि इत्यादि उपाधियों को प्रदान करता था जैसे वर्तमान समय के शिक्षा संस्थान उपाधियाँ प्रदान कर रहीं हैं। संस्कृत विश्वविद्यालयों से आज भी शास्त्री, आचार्य, शिक्षा शास्त्री इत्यादि उपाधि उनको दी जा रहीं हैं जो इसके योग्य हैं। बिना कोई परीक्षा उत्तीर्ण किये विशेषज्ञता के आधार पर विश्वविद्यालय मानद उपाधि भी प्रदान करती हैं।

05. परशुराम के सम्बन्ध में

त्रेता युग में जनकपुरी में सीता स्वयंवर के समय परशुराम उपस्थित होते हैं और द्वापर युग में भीष्म और कर्ण को भी शिक्षा देते हैं। साथ ही भविष्य के एक मात्र शेष अन्तिम अवतार कल्कि के भी वे गुरू होंगे, ऐसा पुराण में है।

06. दुर्वासा के सम्बन्ध में

दुर्वासा ऋषि राम काल के थे जो अत्रि-अनुसूईया के पुत्र थे और राम वनवास समय में श्री राम से मिले भी थे। फिर दुर्वासा महाभारत काल में द्वापर के अन्त तक भी उपस्थित रहते हैं।

07. व्यास के सम्बन्ध में

समाज को एकात्म करने के लिए शास्त्र की रचना करना व उसका प्रचार-प्रसार करने के लिए व्यास सदैव हर युग में उपस्थित रहते हैं।

वैदिक काल में ऋषियों का वर्णन आया है। कुछ को छोड़कर सभी ऋषि परिवार वाले थे। वैदिक काल के ऋषि दार्शनिक, विद्वान, योद्धा एवं कृषक तीनों थे। ऋचाओं को लिखने वाले ऋषियों को देवर्षि की संज्ञा प्राप्त थी। प्राचीन ऋषियों में बहुत से ऋषि, राजर्षि से ब्रह्मर्षि हो गये तथा ब्रह्मर्षि से राजर्षि भी हुए लेकिन इनकी संख्या कम है। आरम्भ में ब्राह्मण कोई जाति नहीं थी बल्कि यह विद्यापीठ था। यही कारण है कि अनेक राजर्षि, ब्रह्मर्षि उपाधि प्राप्त किये। यही नहीं प्राचीन वंशावली में भी सूर्य के 12 पुत्रों में बहुत से अग्निहोत्र करने के कारण ब्राह्मण की उपाधि धारण किये। सूर्य के पुत्र वरूण से ही ब्रह्म वंश चला जिसमें भृगु, वशिष्ठ, वाल्मिकि, जमदग्नि, पुलस्त्य थे जबकि ब्रह्म वंशीय भी विशुद्ध सूर्यवंशीय ही है। केवल अग्निहोत्र करने के कारण ही ये ब्राह्मण कहलाये।

राजर्षि से ब्रह्मर्षि एवं वेदर्षि होने वाले

1. विश्वामित्र 2. गर्ग 3. भारद्वाज 4. पूर्तिमास 5. कौशिक 6. माण्डव्य 7. शाण्डिल्य 8. अत्रि 9. मुद्गल 10. याज्ञवल्क्य 11. पराशर 12. कण्व 13. शुक या सनत् कुमार 14. व्यास 15. लोमस 16. माल्यवन्त 17. बकदालक्य 18. हरित 19. कश्यप 20. अगस्त्य 21. गौतम 22. शौनक 23. कौण्डिल्य 24. विष्णु 25. कापल 26. दुर्वासा 27. कुर्म 28. भृगु 29. वशिष्ठ 30. वाल्मिकि 31. मान्धाता 32. गालव 33. मधुछन्दा 34. पुरूकुत्स 35. मेधातिथि 36. जेत 37. शुनदशेष 38. शव्य 39. नोघ 40. कुत्स 41. भृजस्व 42. कक्षिवन 43. पुरूक्षेत्र 44. दीघ्रतमस 45. होमहूति 46. ऋषभ 47. उत्कल 48. देवश्रवा 49. देवदूत 50. प्रजापति 51. बुध 52. गविष्ट 53. कुमार 54. ईस 55. सुतम्भरा 56. गरूण 57. पुरू 58. विश्वश्याम 59. ध्युम्र 60. विश्वचर्शा 61. वसुयु 62. विश्वनर 63. ब्रभु 64. अनस्यु 65. पृथु 66. वसु 67. प्रतिरथ 68. प्रतिभान 69. पुर्मीढ 70. गोपवन 71. सतबन्धु 72. विरूप 73. उष्ण 74. काव्य 75. कृष्णा 76. विश्वक 77. नृमेध्न 78. अपाला 79. सूतकक्ष 80. सुकक्ष 81. विन्दु 82. पूतदक्ष 83. जमदग्नि 84. नेमि 85. प्रस्कण्व 86. वित्त 87. पर्वत 88. नगद 89. त्रिशिरा 90. हर्विद्वान 91. अंगिरस 92. शंश 93. दमन 94. मथित 95. बिमद 96. वसुक 97. मौजवान 98. धानाक 99. आमतिपा 100. घोष 101. विश्वधारा 102. वत्सप्रि 103. सत्पक 104. वैकुण्ठ 105. वृहदुख्यो 106. गोपायन 107. मानव 108. पलात 109. वसुकर्मा 110. अयास्य 111. सुमित्र 112. वृहस्पति 113. गौरीकीर्ति 114. जणकर्ण 115. स्यूमिरम्भ 116. शौचिक 117. विश्वकर्मा 118. सूर्य 119. सानिमी 120. पायु 121. रेण 122. नारायण 123. अरूण 124. शर्याति 125. तान्व 126. अब्ररुद 127. भिषग 128. वरू 129. अष्टक 130. भूतांश 131. पण्योसुर 132. शरमा 133. अष्ट्राद्दष्ट 134. उपस्तुत 135. भिक्षु 136. बृहदियु 137. चित्रमहा 138. कुसिक 139. बृहव्य 140. सुकीर्ति 141. शंकपूत 142. अंग 143. श्रद्धा 144. कामायनी 145. यमी 146. शरविष्ट 147. केतुभुवन 148. ऐलुष 149. चक्षु 150. सवर्त 151. पुलोमि 152. रक्षोहा 153. कपोत 154. अनिल 155. शम्बर 156. सवर्त 157. ध्रुव 158. पतंग 159. अरिष्टनेमि 160. जयप्रथ 161. उलो 162. सुपर्ण 163. देवता 164. श्यावास्य 165. रहुगण 166. कर्णसुत 167. अम्बरीष 168. च्यवन 169. उर्वशी 170. द्रोण 171. राम 172. धर्म 173. राजहव्य 174. सुहोत्र 175. सुनहोत्र 176. नर 177. नाभण 178. भिशोभी 179. अश्वमेध।

सूर्यवंशी और चन्द्रवंशी क्षत्रियों के अनेक गोत्र अभी भी कूर्मवंशी क्षत्रियों और मराठों में प्रचलित हैं जैसे-1. कश्यप, 2. भारद्वाज, 3. शौनक, 4. जमदग्नि, 5. वशिष्ठ, 6. कौण्डिन्य, 7. विश्वामित्र, 8. गौतम, 9. ब्रह्म या ब्रह्मा

10. बकदालभ्य, 11. शाण्डिल्य, 12. कपिल, 13. गाग्र्य, 14. विश्वावसु, 15. माल्यवन्त 16. दुर्वासा, 17. सनत्कुमार, 18. गार्गायण, 19. सौतल्य, 20. कौशिक इत्यादि।

अ. स्कन्द पुराण, सह्याद्रि खण्ड के अनुसार

सूर्य वंश के अन्तर्गत 12 गोत्र और चन्द्र वंश के अन्तर्गत 59 गोत्र पाये जाते हैं।

सूर्य वंश के अन्तर्गत 12 गोत्र ये हैं-1. भारद्वाज, 2. पूतमाक्ष, 3. वशिष्ठ, 4. कश्यप, 5. हारीत, 6. विष्णु, 7. ब्रह्माजनार्दन, 8. सौवल अथवा सौतल्य, 9. कौटिम अथवा कौडिन, 10. माण्डव्य, 11. कौशिक और 12. विश्वामित्र।

चन्द्र वंश के अन्तर्गत 25 गोत्र ये हैं-1. पद्यमाक्ष, 2. नद, 3. गौतम, 4. कौण्डिन, 5. सौनल्प, 6. चम्पक, 7. वशिष्ठ, 8. कश्यप, 9. विश्वामित्र, 10. भृगु, 11. भारद्वाज, 12. अत्रि, 13. हिरण्य, 14. हारित, 15. देवराज, 16. मृकण्डु, 17. अंगिरा, 18. गर्ग, 19. माण्डव्य, 20. शौनक, 21. भद्र, 22. कृपायु, 23. शूलक, 24. शीलचामर 25. मार्तण्ड, 26. विश्वासू, 27. दाल्भ, 28. पूतिमाष, 29. जांबील, 30. गणक, 31. वैरूक्ष, 32. जगदग्नि, 33. भावन, 34. सौमन, 35. अभिदुन्दुभि, 36. द्राविण, 37. गोप, 38. कुमर, 39. मैत्रेय, 40. मंडन, 41. बकदालभ्य, 42. रोमारण, 43. कुमर, 44. भावनि, 45. मालिवन्त, 46. अग्रिक्ष, 47. मुद्गल, 48. पारिजात, 49. दामोदर, 50. साल्यन, 51. पार्थप, 52. चारणामाक्ष, 53. उग्र, 54. अम्बष्ठ, 55. ऋषिभावन, 56. सोमकान्त, 57. भीम, 58. चमक और 59. प्रात।

ब. महाराष्ट्र कुल वंशावली के अनुसार

सूर्य वंश के अन्तर्गत 12 गोत्र और चन्द्र वंश के अन्तर्गत 25 गोत्र पाये जाते हैं।

सूर्य वंश के अन्तर्गत 12 गोत्र ये हैं-1. भारद्वाज, 2. पूतमाक्ष, 3. वशिष्ठ, 4. कश्यप, 5. हारीत, 6. विष्णु, 7. ब्रह्माजनार्दन, 8. सौवल अथवा सौतल्य, 9. कौटिम अथवा कौडिन, 10. माण्डव्य, 11. कौशिक और 12. विश्वामित्र।

चन्द्र वंश के अन्तर्गत 25 गोत्र ये हैं-1. प्रह्लाद, 2. अत्रि, 3. वशिष्ठ, 4. शुक, 5. कण्व, 6. पराशर, 7. विश्वामित्र, 8. भरद्वाज, 9. कपिल, 10. शौनक, 11. याज्ञवलक्य, 12. जमदग्नि, 13. गौतम, 14. मुद्गल, 15. व्यास, 16. लोमष, 17. अगस्ति, 18. कौशिक, 19. वत्स, 20. पुलस्ति, 21. मकन, 22. दुर्वासा, 23. नारद, 24. कश्यप और 25. बकदालभ्य।

3. वसुधैव कुटुम्बकम्

आर्य

आर्य धर्म, प्राचीन आर्यों का धर्म और श्रेष्ठ धर्म दोनों समझे जाते हैं। प्राचीन आर्यों के धर्म में प्रथमतः प्राकृतिक देवमण्डल की कल्पना है जो भारत, ईरान, यूनान, रोम, जर्मनी आदि सभी देशों में पाई जाती है। इसमें आकाश और पृथ्वी के बीच में अनेक देवताओं की सृष्टि हुई है। भारतीय आर्यों का मूल धर्म ऋग्वेद में अभिव्यक्त है। ईरानीयों का अवेस्ता में, यूनानीयों का उलिसीज और ईलियाद में। देवमण्डल के साथ आर्यो में कर्मकाण्ड का विकास हुआ जिसमें मंत्र, यज्ञ, श्राद्ध, अतिथि सत्कार आदि मुख्यतः सम्मिलित थे। आर्य आध्यात्मिक दर्शन (ब्रह्म, आत्मा, विश्व, मोक्ष आदि) और आर्य नीति का विकास भी समानान्तर हुआ। शुद्ध नैतिक आधार पर अवलंबित परम्परा विरोधी सम्प्रदायों-बौद्ध, जैन आदि ने भी अपने धर्म को आर्य धर्म अथवा सद्धर्म कहा। सामाजिक अर्थ में "आर्य" का प्रयोग पहले "सम्पूर्ण मानव" के अर्थ में होता था। कभी-कभी इसका प्रयोग सामान्य जनता के लिए भी होता था। फिर अभिजात और श्रमिक वर्ग में अन्तर दिखाने के लिए आर्य वर्ण और शूद्र वर्ण का प्रयोग होने लगा। फिर आर्यों ने अपनी सामाजिक व्यवस्था का आधार वर्ण को बनाया और समाज चार वर्णों में वृत्ति और श्रम के आधार पर विभक्त हुआ। ऋक्संहिता में चारों वर्णों की उत्पत्ति और कार्य का उल्लेख इस प्रकार है

ब्राह्मणोस्य मुखमासीद् बाहू राजन्यः कृतः।
ऊरू तदस्य यद्वैश्यः पदभ्यां शूद्रोजायत।।

(ऋक्संहिता ,10. 90. 22)

अर्थात् - इस विराट पुरूष के मुँह से ब्राह्मण, बाहु से क्षत्रिय, ऊरू से वैश्य और पद से शूद्र उत्पन्न हुआ।

आजकल की भाषा में ये वर्ग बौद्धिक, प्रशासकीय, व्यावसायिक तथा श्रमिक थे। मूल में इनमें तरलता थी। एक ही परिवार में कई वर्ण के लोग रहते और परस्पर विवाहादि सम्बन्ध और भोजन-पान आदि होते थे। क्रमशः ये वर्ग परस्पर वर्जनशील होते गये। ये सामाजिक विभाजन आर्य परिवार की प्रायः सभी शाखाओं में पाए जाते हैं। यद्यपि इनके नामों और सामाजिक स्थिति में देशगत भेद मिलते हैं। प्रारम्भिक आर्य परिवार पितृसत्तात्मक था, यद्यपि आदित्य, अदिति से उत्पन्न। दैत्य, दिति से उत्पन्न आदि शब्दों में मातृसत्तात्मक ध्वनि वर्तमान है। दम्पति की कल्पना में पति-पत्नी का गृहस्थी के ऊपर समान अधिकार था। परिवार में पुत्रजन्म की कामना की जाती थी। दायित्व के कारण कन्या का जन्म परिवार को गम्भीर बना देता था, किन्तु उसकी उपेक्षा नहीं की जाती थी। घोषा, लोपामुद्रा, अपाला, विश्वारा आदि स्त्रियां मंत्रद्रष्टा ऋषिपद को प्राप्त हुईं थी। विवाह प्रायः युवावस्था में होता था। पति-पत्नी को परस्पर निर्वाचन का अधिकार था। विवाह धार्मिक कृत्यों के साथ सम्पन्न होता था जो परिवर्ती ब्राह्म विवाह से मिलता जुलता था।

प्रारम्भिक आर्य संस्कृति में विद्या, साहित्य और कला का ऊँचा स्थान है। भारोपीय भाषा, ज्ञान के सशक्त माध्यम के रूप में विकसित हुई। इसमें काव्य, धर्म, दर्शन आदि विभिन्न शास्त्रों का उदय हुआ। आर्यों का प्राचीनतम साहित्य वेद भाषा, काव्य और चिन्तन सभी दृष्टियों से महत्वपूर्ण है। ऋग्वेद में ब्रह्मचर्य और शिक्षण पद्धति के उल्लेख पाये जाते हैं जिससे पता लगता है कि शिक्षण व्यवस्था का संगठन आरम्भ हो गया था और मानव अभिव्यक्तियों ने शास्त्रीय रूप धारण करना शुरू कर दिया था। ऋग्वेद में कवि को ऋषि अर्थात् मन्त्र द्रष्टा माना गया है। वह अपनी अंतःदृष्टि से सम्पूर्ण विश्व का दर्शन करता था। उषा, सवितृ, अरण्यानी आदि के सूक्तों में प्रकृति निरीक्षण और मानव की सौन्दर्य प्रियता तथा रसानुभूति का सुन्दर चित्रण है। ऋग्वेदसंहिता में पुर और ग्राम आदि के उल्लेख भी पाए जाते हैं। लोहे के नगर, पत्थर की सैकड़ों पुरियाँ, सहस्रद्वार तथा सहस्रस्तंभ अट्टालिकाएं निर्मित होती थी। साथ ही सामान्य गृह और कुटी भी बनते थे। भवन निर्माण में इष्टका (ईंट) का उपयोग होता था। यातायात के लिए पथों को निर्माण और यान के रूप में कई प्रकार के रथों का उपयोग किया जाता था। गीत, नृत्य और वादित्र का संगीत के रूप में प्रयोग होता था। बाण, क्षोणी, कर्करि, प्रभृति वाद्यों के नाम पाए जाते हैं। पुत्रिका (पुत्तलिका,

पुतली) के नृत्य का भी उल्लेख मिलता है। अलंकरण की प्रथा विकसित थी। स्त्रियां निष्क, अज्जि, बासी, वक्, रूक्म आदि गहने पहनती थीं। विविध प्रकार के मनोविनोद में काव्य, संगीत, द्युत, घुड़दौड़, रथदौड़ आदि सम्मिलित थे।

नैतिक अर्थ में "आर्य" का प्रयोग महाकुल, कुलीन, सभ्य, सज्जन, साधु आदि के लिए पाया जाता है। सायणाचार्य ने अपने ऋग्भाष्य में आर्य का अर्‌थ विज्ञ, यज्ञ का अनुष्ठाता, विज्ञ स्तोता, विद्वान, आदरणीय अथवा सर्वत्र गंतव्य, उत्तम वर्ण, मनु, कर्मयुक्त और कर्मानुष्ठान से श्रेष्ठ आदि किया है। आदरणीय के अर्थ में तो संस्कृत साहित्य में आर्य का प्रयोग बहुत हुआ है। पत्नी, पति को आर्यपुत्र कहती थी। पितामह को आर्य (हिन्दी में आजा) और पितामही को आर्या (हिन्दी में आजी, ऐया, अइया) कहने की प्रथा रही है। नैतिक रूप से प्रकृत आचरण करने वाले को आर्य कहा गया है। प्रारम्भ में आर्य का प्रयोग प्रजाति अथवा वर्ण के अर्थ में भले ही होता रहा हो, आगे चलकर भारतीय इतिहास में इसका नैतिक अर्थ ही अधिक प्रचलित हुआ जिसके अनुसार किसी भी वर्ण अथवा जाति का व्यक्ति अपनी श्रेष्ठता अथवा सज्जनता के कारण आर्य कहा जाने लगा।

आर्य, भारतीयों विशेषकर उत्तर भारतीयों के वैदिक कालीन पूर्वजों को कहा जाता है। आर्य प्रजाति की आदिभूमि के सम्बन्ध में अभी तक विद्वानों में बहुत मतभेद है। भाषा वैज्ञानिक अध्ययन के प्रारम्भ में प्रायः भाषा और प्रजाति को अभिन्न मानकर एकोद्भव (मानोजेनिक) सिद्धान्त का प्रतिपादन किये। माना गया है कि भारोपीय भाषाओं को बोलने वाले के पूर्वज कहीं एक ही स्थान में रहते थे और वहीं से विभिन्न देशों में गये। भाषा वैज्ञानिक साक्ष्यों की अपूर्णता और अनिश्चितता के कारण यह आदिभूमि कभी एशिया, कभी पामीर-कश्मीर, कभी आस्ट्रिया-हंगरी, कभी जर्मनी, कभी स्वीडन-नार्वे और आज दक्षिण रूस के घास के मैदानों में ढूँढ़ी जाती है। आज आर्यों की विविध शाखाओं के बहुद्भव (पालिजेनिक) होने का सिद्धान्त भी प्रचलित होता जा रहा है जिसके अनुसार यह आवश्यक नहीं कि आर्य-भाषा-परिवार की सभी जातियाँ एक ही मानववंश की रही हों। भाषा का ग्रहण तो सम्पर्क और प्रभाव से भी होता आया है। कई जातियों ने तो अपनी मूल भाषा छोड़कर विजातीय भाषा को पूर्णतः अपना लिया है। जहाँ तक भारतीय आर्यों के उद्गम का प्रश्न है, भारतीय साहित्य में उनके बाहर से आने के सम्बन्ध में एक भी उल्लेख नहीं है। कुछ लोगों ने परम्परा और अनुश्रुति के अनुसार मध्यदेश तथा कंजगल और हिमालय तथा विन्ध्य के बीच का प्रदेश अथवा आर्यावर्‌त (उत्तर भारत) ही आर्यों की आदिभूमि माना है। पौराणिक परम्परा से विच्छिन्न केवल ऋग्वेद के आधार पर कुछ विद्वानों ने सप्तसिंधु (सीमांत एवं पंजाब) को आर्यों की आदिभूमि माना है। लोकमान्य बाल गंगाधर तिलक ने ऋग्वेद में वर्णित दीर्घ अहोरात्र, प्रलंबित उषा आदि के आधार पर आर्यों की मूलभूमि को ध्रुव प्रदेश में माना था। बहुत से यूरोपीय विद्वान और उनके अनुयायी भारतीय विद्वान, अब भी भारतीय आर्यों को बाहर से आया हुआ मानते हैं।

अब आर्यों के भारत के बाहर से आने का सिद्धान्त गलत सिद्ध कर दिया गया है। ऐसा माना जाता है कि इस सिद्धान्त का प्रतिपादन करके अंग्रेज और यूरोपीय लोग भारतीयों में यह भावना भरना चाहते थे कि भारतीय लोग पहले से गुलाम हैं। इसके अतिरिक्त अंग्रेज इसके द्वारा उत्तर भारतीय आर्यों तथा दक्षिण भारतीय द्रविड़ों में फूट डालना चाहते थे।

विज्ञान ने भी आर्य द्रविड़ के भेद को नकारा

नई दिल्ली 8 दिसंबर 2009। सदियों से भारतीय इतिहास पर छायी आर्य आक्रमण संबंधी झूठ की चादर को विज्ञान की खोज ने एक झटके में ही तार-तार कर दिया है। विज्ञान की आँखों ने जो देखा है उसके अनुसार तो सच यह है कि आर्य आक्रमण नाम की चीज न तो भारतीय इतिहास के किसी कालखण्ड में घटित हुई और न ही आर्य तथा द्रविड़ नामक दो पृथक मानव नस्लों का अस्तित्व ही कभी धरती पर रहा है। इतिहास और विज्ञान के मेल के आधार पर हुआ यह क्रांतिकारी जैव-रासायनिक डीएनए गुणसुत्र आधारित अनुसांधान फिनलैण्ड के तारतू विश्वविद्यालय, एस्टोनिया में हाल ही में सम्पन्न हुआ है। कैम्ब्रिज विश्वविद्यालय के प्रोफेसर डा0 कीवीसील्ड के निर्देशन में एस्टोनिया स्थित एस्टोनियन बायो सेंटर, तारतू विश्वविद्यालय के शोध छात्र ज्ञानेश्वर चौबे ने अपने अनुसंधान में यह सिद्ध किया है कि सारे भारतवासी जीन अर्थात् गुणसूत्रों के आधार पर एक ही पूर्वजों की संताने हैं,

आर्य और द्रविड़ का कोई भेद गुणसूत्रों के आधार पर नहीं मिलता है, और तो जो अनुवांशिक गुणसूत्र भारतवासियों में पाए जाते है। वे डीएनए गुणसूत्र दुनिया के किसी अन्य देश में नहीं पाए गए। शोधकार्य में अखण्ड भारत अर्थात् वर्तमान भारत, पाकिस्तान, बंगलादेश, श्रीलंका और नेपाल की जनसंख्या में विद्यमान लगभग सभी जातियों, उपजातियों, जनजातियों, में लगभग 13000 नमूनों के परीक्षण परिणामों का इस्तेमाल किया गया। इनके नमूनों के परीक्षण से प्राप्त परिणाम की तुलना मध्य एशिया यूरोप और जापान आदि देशों में रहने वाली मानव नस्लों के गुणसूत्र से की गई। इस तुलना में पाया गया कि सभी भारतीय चाहे वह किसी भी धर्म के मानने वाले है, 99 प्रतिशत समान पूर्वजों की संताने हैं। भारतीयों के पूर्वजों का डीएनए गुणसूत्र यूरोप, मध्य एशिया और चीन-जापान आदि देशों की नस्लों से बिलकुल अलग है। और इस अन्तर को स्पष्ट पहचाना जा सकता है।

जेनेटिक हिस्ट्री आफ साउथ एशिया

ज्ञानेश्वर चौबे को जिस बिन्दु पर शोध के लिए पीएच0 डी0 उपाधि स्वीकृत की गई है। उसका शीर्षक है-"डेमोग्राफिक हिस्ट्री आफ फ्राम साउथ एशिया: द प्रिवेलिंग जेनेटिक कांटिनिटी फ्राम प्रीहिस्टोरिक टाइम्स" अर्थात् "दक्षिण एशिया का जनसांख्यिक इतिहास: पूर्वऐतिहासिक काल से लेकर अब तक की अनुवांशिकी निरंतरता।" संपूर्ण शोध की उपकल्पना ज्ञानेश्वर के मन में उस समय जागी जब वह हैदराबाद स्थित "सेंटर फार सेल्यूलर एंड मोलेक्यूलर बायोलॉजी अर्थात् सीसीएमबी" में अंतर्राष्ट्रीय स्तर के ख्यातलब्ध भारतीय जैव वैज्ञानिक डा0 लालजी सिंह और डा0 के0 थंगराज के अन्तरगत परास्नातक बाद की एक शोध परियोजना में जुटे थे। ज्ञानेश्वर के मन में विचार आया कि जब डीएनए जांच के द्वारा किसी बच्चे के माता पिता के बारे में सच्चाई का पता लगाया जा सकता है। तो फिर भारतीय सभ्यता के पूर्वज कौन थे, इसका भी ठीक-ठीक पता लगाया जा सकता है। बस फिर क्या था, उनके मन में इस शोधकार्य को कर डालने की जिद पैदा हो गई। ज्ञानेश्वर बताते हैं -बचपन से मेरे मन में यह सवाल उठता रहा है कि हमारे पूर्वज कौन थे? बचपन में जो पाठ पढ़े, उससे तो भ्रम की स्थिति पैदा हो गई थी कि क्या हम आक्रमणकारियों की संतान है? दूसरे एक मानवोचित उत्सुकता भी रही। आखिर प्रत्येक व्यक्ति के जीवन में कभी न कभी तो यह जानने की उत्सुकता पैदा होती ही है कि उसके परदादा -परदादी कौन थे, कहाँ से आए थे, उनका मूलस्थान कहाँ है और इतिहास के बीते हजारो व वर्षों में उनके पुरखों ने प्रकृति की मार कैसे सही, कैसे उनका अस्तित्व अब तक बना रहा है? ज्ञानेश्वर के अनुसार, पिछले एक दशक में मानव जेनेटिक्स और जीनोमिक्स के अध्ययन में जो प्रगति हुई है। उससे यह संभव हो गया है कि हम इस बात का पता लगा लें कि मानव जाति में किसी विशेष नस्ल का उद्भव कहाँ हुआ, वह उद्विकास प्रक्रिया में दुनिया के किन-किन स्थानों से गुजरी, कहाँ-कहाँ रही और उनके मूल पुरखे कौन रहे है? उनके अनुसार, माता-पिता दोनों के डीएनए में ही उनके पुरखों का इतिहास भी समाया हुआ रहता है। हम जितनी गहराई से उनके डीएनए संरचना का अध्ययन करेंगे, हम यह पता कर लेंगे कि उनके मूल जनक कौन थे? और तो और इसके द्वारा पचासों हजार साल पुराना अपने पुरखों का इतिहास भी खोजा जा सकता है।

कैब्रिज के डा0 कीवीसील्ड ने किया शोध निर्देशन

हैदराबाद की प्रयोगशाला में शोध करते समय उनका संपर्क दुनिया के महान जैव वैज्ञानिक प्रोफेसर कीवीसील्ड के साथ आया। प्रो0 कीवीसील्ड संसार में मानव नस्लों की वैज्ञानिक ऐतिहासिकता और उनकी बसावट पर कार्य करने वाले उच्चकोटि के वैज्ञानिक माने जाते हैं। इस नई सदी के प्रारंभ में ही प्रोफेसर कीवीसील्ड ने अपने अध्ययन में पाया था कि दक्षिण एशिया की जनसांख्यिक संरचना अपने जातिय एवं जनजातिय स्वरूप में न केवल विशिष्ट है वरन् वह शेष दुनिया से स्पष्टतः भिन्न है। संप्रति प्रोफेसर डा0 कीवीसील्ड कैम्ब्रिज विश्वविद्यालय के बायोसेंटर का निर्देशन कर रहे हैं। प्रोफेसर डा0 कीवीसील्ड की प्रेरणा से ज्ञानेश्वर चौबे ने एस्टोनियन बायोसेंटर में सन् 2005 में अपना शोधकार्य प्रारंभ किया और देखते ही देखते जीवविज्ञान संबंधी अंतर्राष्ट्रीय स्तर के शोध जर्नल्स में उनके दर्जनों से ज्यादा शोध पत्र प्रकाशित हो गए। इसमें से अनेक शोध पत्र जहाँ उन्होंने अपने गुरूदेव प्रोफेसर

कीवीसील्ड के साथ लिखे वहीं कई अन्य शोधपत्र अपने उन साथी वैज्ञानिकों के साथ संयुक्त रूप से लिखे जो इसी विषय से मिलते जुलते अन्य मुद्दों पर काम कर रहे हैं। अपने अनुसंधान के द्वारा ज्ञानेश्वर ने इसके पूर्व हुए उन शोधकार्यों को भी गलत सिद्ध किया है। जिनमें यह कहा गया है कि आर्य और द्रविड़ दो भिन्न मानव नस्लें हैं और आर्य दक्षिण एशिया अर्थात् भारत में कहीं बाहर से आए। उनके अनुसार पूर्व के शोधकार्यों में एक तो बहुत ही सीमित मात्रा में नमूनें लिए गए थे, दूसरे उन नमूनों की कोशिकीय संरचना और जीनोम इतिहास का अध्ययन "लो रीजोलूशन " अर्थात् न्यून आवर्धन पर किया गया इसके विपरीत हमने अपने अध्ययन में व्यापक मात्रा में नमूनों का प्रयोग किया और "हाई रीजोलूशन " अर्थात् उच्च आवर्धन पर उन नमूनों पर प्रयोगशाला में परीक्षण किया तो हमें भिन्न परिणाम प्राप्त हुए।

माइटोकांड्रियल डीएनए में छुपा है पुरखों का इतिहास

ज्ञानेश्वर द्वारा किए शोध में माइटोकांड्रियल डीएनए और वाई क्रोमोसोम्स और उनसे जुडे हेप्लोग्रुप के गहन अध्ययन द्वारा सारे निष्कर्ष प्राप्त किए गए हैं। उल्लेखनीय है कि माइटोकांड्रिया मानव की प्रत्येक कोशिका में पाया जाता है। जीन अर्थात् मानव गुणसूत्र के निर्माण में भी इसकी प्रमुख भूमिका रहती है। प्रत्येक मानव जीन अर्थात् गुणसूत्र के दो हिस्से रहते हैं। पहला न्यूक्लियर जीनोम और दूसरा माइटोकांड्रियल जीनोम। माइटोकांड्रियल जीनोम गुणसूत्र का वह तत्व है जो किसी कालखण्ड में किसी मानव नस्ल में होने वाले उत्परिवर्तन को अगली पीढ़ी तक पहुँचाता है और वह इस उत्परिवर्तन को आने वाली पीढ़ियों में सुरक्षित भी रखता है। इसे इस प्रकार भी समझा जा सकता है कि माइटोकांड्रियल डीएनए वह तत्व है जो एक पीढ़ी से दूसरी पीढ़ी तक माता के पक्ष की सूचनाएँ अपने साथ हूबहू स्थानांतरित करता है। यहाँ यह समझाना जरूरी है कि किसी भी व्यक्ति की प्रत्येक कोशिका में उसकी माता और उनसे जुड़ी पूर्व की हजारों पीढ़ियों के माइटोकांड्रियल डीएनए सुरक्षित रहते हैं। इसी प्रकार वाई क्रोमोसोम्स पिता से जुड़ी सूचना को एक पीढ़ी से दूसरी पीढ़ी को स्थानांतरित करते हैं। वाई क्रोमोसोम्स प्रत्येक कोशिका के केंद्र में रहता है और किसी भी व्यक्ति में उसके पूर्व के सभी पुरूष पूर्वजों के वाई क्रोमोसोम्स सुरक्षित रहते हैं। इतिहास के किसी मोड़ पर किसी व्यक्ति की नस्ल में कब और किस पीढ़ी में उत्परिवर्तन हुआ, इस बात का पता प्रत्येक व्यक्ति की कोशिका में स्थित वाई क्रोमोसोम्स और माइटोकांड्रियल डीएनए के अध्ययन से आसानी से लगाया जा सकता है। यह बात किसी समूह और समुदाय के संदर्भ में भी लागू होती है।

एक वंशवृक्ष से जुड़े है सभी भारतीय

ज्ञानेश्वर ने अपने अनुसंधान को दक्षिण एशिया में रहने वाले विभिन्न धर्मों-जातियों की जनसांख्यिकी संरचना पर केंद्रित किया। शोध में पाया गया है कि तमिलनाडु की सभी जातियों-जनजातियों, केरल, कर्नाटक, आंध्रप्रदेश जिन्हें पूर्व में कथित द्रविड़ नस्ल से प्रभावित माना गया है, की समस्त जातियों के डीएनए गुणसूत्र, तथा उत्तर भारतीय जातियों जनजातियों के डीएनए का उत्पत्ति आधार गुणसूत्र एक समान है। उत्तर भारत में पाये जाने वाले कोल, कंजर, दुसाध, धरकार, चमार, थारू, क्षत्रिय और ब्राह्मणों के डीएनए का मूल स्रोत दक्षिण भारत में पाई जाने वाली जातियो के मूल स्रोत से कहीं से भी अलग नहीं है इसी के साथ जो गुणसूत्र उपरोक्त जातियों में पाए गए हैं। वही गुणसूत्र मकरानी, सिंधी, बलोच, पठान, ब्राहई, बुरूषों और हजारा आदि पाकिस्तान में पाये जाने वाले समूहों के साथ पूरी तरह से मेल खाते है।

भाग-2

व्यास और शास्त्र

लेखक/शास्त्राकार

शास्त्र

वेदव्यास

पुराण

लेखकों/शास्त्राकारों के आदि पुरूष प्रतीक व्यास

वेदव्यास शास्त्र लेखन कला

युगानुसार धर्म, प्रवर्तक और धर्मशास्त्र

व्यष्टि और समष्टि धर्मशास्त्र

शास्त्रार्थ, शास्त्र पर होता है, शास्त्राकार से और पर नहीं

लेखक/शास्त्राकार

किसी भाषा के शब्दों से अपने विचार को लिखित रूप से प्रस्तुत करने वाले चरित्र को लेखक कहते हैं। एक लेखक शब्दों को एक सही क्रम में रखकर कुछ अर्थ और समझ को व्यक्त करने वाला कलाकार होता है।

एक लेखक, शास्त्राकार नहीं हो सकता लेकिन एक शास्त्राकार, लेखक होता है। एक लेखक, लेखन की कला को जानता है यदि उसे शास्त्राकार बनना है तो उसे अपने मन को ऊँचाई को समग्रता, सार्वभौमिकता, रचनात्मकता और एकात्मता की ओर ले जाना पड़ेगा। सामान्य रूप में एक लेखक विशेषीकृत विषय का लेखक होता है तो शास्त्राकार समग्रता, सार्वभौमिकता, रचनात्मकता और एकात्मता को धारण किया हुआ एकात्मता को विकसित करने के लिए लिखता है। दोनों में अन्तर मात्र मन की ऊँचाई का होता है। एक लेखक नीचे का पायदान है तो शास्त्राकार उसका सर्वोच्च मानक है। जो लेखक शब्दों का जितना व्यापक कलाकार होगा जिससे समझ विकसित हो वह उतना ही लम्बे समय तक याद किया जाने वाला लेखक बनता है।

शास्त्र

सार्वभौम सत्य-सिद्धान्त अर्थात् सार्वभौम एकात्म की ओर ले जाने वाले और उसके प्रति समझ को विकसित करने वाले विचार को शास्त्र कहते हैं तथा यह विचार जिस पुस्तक में संग्रहित किया जाता है उसे शास्त्र-साहित्य कहते हैं। शास्त्र-साहित्य, आध्यात्म अर्थात् अदृश्य विज्ञान तथा भौतिक विज्ञान अर्थात् दृश्य विज्ञान दोनों की ओर से हो सकते हैं। आध्यात्म की ओर से शास्त्र रचना करने वाले को "व्यास" उपाधि नाम दिया गया है।

वेदव्यास

श्री विष्णु पुराण (तृतीय अंश, अध्याय-दो) में लिखा है कि-स्थितिकारक भगवान विष्णु चारों युगों में इस प्रकार व्यवस्था करते हैं-समस्त प्राणियों के कल्याण में तत्पर वे सर्वभूतात्मा सत्ययुग में कपिल आदिरूप धारणकर परम ज्ञान का उपदेश करते हैं। त्रेतायुग में वे सर्वसमर्थ प्रभु चक्रवर्ती भूपाल होकर दुष्टों का दमन करके त्रिलोक की रक्षा करते हैं। तदन्तर द्वापरयुग में वे वेदव्यास रूप धारण कर एक वेद के चार विभाग करते हैं और सैकड़ों शाखाओं में बाँटकर बहुत विस्तार कर देते हैं। इस प्रकार द्वापर में वेदों का विस्तार कर कलियुग के अन्त में भगवान कल्किरूप धारणकर दुराचारी लोगों को सन्मार्ग में प्रवृत्त करते हैं। इसी प्रकार, अनन्तात्मा प्रभु निरन्तर इस सम्पूर्ण जगत् के उत्पत्ति, पालन और नाश करते रहते हैं। इस संसार में ऐसी कोई वस्तु नहीं है जो उनसे भिन्न हो।

श्री विष्णु पुराण (तृतीय अंश, अध्याय-तीन) में लिखा है कि-वेद रूप वृक्ष के सहस्त्रों शाखा-भेद हैं, उनका विस्तार से वर्णन करने में तो कोई भी समर्थ नहीं है अत-संक्षेप यह है कि प्रत्येक द्वापरयुग में भगवान विष्णु व्यासरूप से अवतीर्ण होते हैं और संसार के कल्याण के लिए एक वेद के अनेक भेद कर देते हैं। मनुष्यों के बल, वीर्य और तेज को अलग जानकर वे समस्त प्राणियों के हित के लिए वेदों का विभाग करते हैं। जिस शरीर के द्वारा एक वेद के अनेक विभाग करते हैं भगवान मधुसूदन की उस मूर्ति का नाम वेदव्यास है।

इस वैवस्वत मनवन्तर (सातवाँ मनु) के प्रत्येक द्वापरयुग में व्यास महर्षियों ने अब तक पुन-पुन-28 बार वेदों के विभाग किये हैं। पहले द्वापरयुग में ब्रह्मा जी ने वेदों का विभाग किया। दूसरे द्वापरयुग के वेदव्यास प्रजापति हुए। तीसरे द्वापरयुग में शुक्राचार्य जी, चौथे द्वापरयुग में बृहस्पति जी व्यास हुए, पाँचवें में सूर्य और छठें में भगवान मृत्यु व्यास कहलायें। सातवें द्वापरयुग के वेदव्यास इन्द्र, आठवें के वशिष्ठ, नवें के सारस्वत और दसवें के त्रिधामा कहे जाते हैं। ग्यारहवें में त्रिशिख, बारहवें में भरद्वाज, तेरहवें में अन्तरिक्ष और चैदहवें में वर्णी नामक व्यास हुए। पन्द्रहवें में त्रव्यारूण, सोलहवें में धनंन्जय, सत्रहवे में क्रतुन्जय और अठ्ठारवें में जय नामक व्यास हुए। फिर उन्नीसवें व्यास भरद्वाज हुए, बीसवें गौतम, इक्कीसवें हर्यात्मा, बाइसवें वाजश्रवा मुनि, तेइसवें सोमशुष्पवंशी तृणाबिन्दु, चैबीसवें भृगुवंशी ऋक्ष (वाल्मीकि) पच्चीसवें मेरे (पराशर) पिता शक्ति, छब्बीसवें मैं पराशर, सत्ताइसवें जातुकर्ण और अठ्ठाइसवें कृष्णद्वैपायन। अगामी द्वापरयुग में द्रोणपुत्र अश्वत्थामा वेदव्यास होंगे।

हिन्दू धर्म शास्त्रों के अनुसार महर्षि व्यास त्रिकालज्ञ थें तथा उन्होंने दिव्य-द्दष्टि से देख कर जान लिया कि कलियुग में धर्म क्षीण हो जायेगा। धर्म के क्षीण होने के कारण मनुष्य नास्तिक, कर्तव्यहीन और अल्पायु हो जायेंगे। एक विशाल वेद का सांगोपांग अध्ययन उनके सामथ्र्य से बाहर हो जायेगा। इसलिए महर्षि व्यास ने वेद का चार भागों में विभाजन कर दिया जिससे कि कम बुद्धि एवं कम स्मरण शक्ति रखने वाले भी वेदों का अध्ययन कर

सके। व्यास जी ने उनका नाम रखा-ऋग्वेद, यजुर्वेद, सामवेद और अथर्ववेद। वेदों का विभाजन करने के कारण ही व्यास जी वेदव्यास नाम से विख्यात हुये। ऋग्वेद, यजुर्वेद, सामवेद और अथर्ववेद को क्रमश-अपने शिष्य पैल, जैमिनि, वैशम्पायन और सुमन्तुमुनि को पढ़ाया। वेद में निहित ज्ञान के अत्यन्त गूढ़ तथा शुष्क होने के कारण वेद व्यास ने पाँचवें वेद के रूप में पुराणों की रचना की जिनमें वेद के ज्ञान को रोचक कथाओं के रूप में बताया गया है। पुराणों को उन्होंने अपने शिष्य रोम हर्षण को पढाया। व्यास जी के शिष्यों ने अपनी अपनी बुद्धि के अनुसार उन वेदों की अनेक शाखाएँ बना दी। व्यास जी ने महाभारत की रचना तीन वर्षो के अथक परिश्रम से की थी। व्यास जी का उद्देश्य महाभारत लिखकर युद्ध का वर्णन करना नहीं, बल्कि इस भौतिक जीवन की निःसारता को दिखाना है। उनका कथन है कि भले ही कोई पुरूष वेदांग तथा उपनिषदों को जाने लें, लेकिन वह कभी विचक्षण नहीं हो सकता क्योंकि यह महाभारत एक ही साथ अर्थशास्त्र, धर्मशास्त्र तथा कामशास्त्र है। महाभारत के सम्बन्ध में स्वयं व्यास जी की ही उक्ति सटिक है-"इस ग्रन्थ में जो कुछ है, वह अन्यत्र हैं परन्तु जो इसमें नहीं, वह अन्यत्र कहीं भी नहीं है।" श्रीमद्भागवतगीता विश्व के सबसे बड़े महाकाव्य "महाभारत" का ही अंश है। व्यासजी ने पुराणों तथा महाभारत की रचना के पश्चात् ब्रह्मसूत्रों की रचना भी यहाँ की थी। वाल्मीकि की ही तरह व्यास भी संस्कृत कवियों के लिए पूज्य हैं। महाभारत में उपाख्यानों का अनुसरण कर अनेक संस्कृत कवियों ने काव्य, नाटक आदि की सृष्टि की है। संस्कृत साहित्य में वाल्मीकि के बाद व्यास ही श्रेष्ठ कवि हुए हैं। इनके लिए काव्य "आर्य काव्य" के नाम से विख्यात है।

पौराणिक-महाकाव्य युग की महान विभूति महाभारत, 18 पुराण, श्रीमदभागवत, ब्रह्मसूत्र, मीमांसा जैसे अद्वितीय साहित्य दर्शन के प्रणेता वेदव्यास का जन्म आषाढ़ पूर्णिमा को लगभग 3000 ई0पू0 में हुआ था। वेदांत दर्शन-अद्वैतवाद के संस्थापक वेदव्यास ऋषि पराशर के पुत्र थे। पत्नी आरूणी से उत्पन्न इनके पुत्र थे-महान बालयोगी शुकदेव।

वेदव्यास जन्म कथा

पौराणिक कथाओं के अनुसार प्राचीन काल में सुधन्वा नाम के एक राजा थे। वे एक दिन आखेट के लिए वन जाने के बाद ही उनकी पत्नी रजस्वला हो गई। उसने इस समाचार को अपनी शिकारी पक्षी के माध्यम से राजा के पास भिजवाया। समाचार पाकर महाराज सुधन्वा ने एक दोने में अपना वीर्य निकालकर पक्षी को दे दिया। पक्षी उस दोने को राजा की पत्नी के पास पहुँचाने के लिए आकाश में उड़ चला। मार्ग में उस शिकारी पक्षी को एक दूसरी शिकारी पक्षी मिल गया। दोनों पक्षियों में युद्ध होने लगा। युद्ध के दौरान वह दोना पक्षी के पंजे से छूट कर यमुना में जा गिरा। यमुना में ब्रह्मा के शाप से मछली बनी एक अप्सरा रहती थी। मछली रूपी अप्सरा दोने में बहते हुए वीर्य को निगल गयी तथा उसके प्रभाव से वह गर्भवती हो गई। गर्भ पूर्ण होने पर एक निषाद ने उस मछली को अपने जाल में फॅसा लिया। निषाद ने जब मछली को चीरा तो उसके पेट से एक बालक तथा एक बालिका निकली। निषाद उन शिशुओं को लेकर महाराज सुधन्वा के पास गया। महाराज सुधन्वा के पुत्र न होने के कारण उन्होंने बालक को अपने पास रख लिया जिसका नाम मत्स्यराज हुआ। बालिका निषाद के पास रह गई और उसका नाम मत्स्यगंधा रखा गया क्योंकि उसके अंगो से मछली की गंध निकलती थी। उस कन्या को सत्यवती के नाम से भी जाना जाता है। बड़ी होने पर वह नाव खेने का कार्य करने लगी। एक बार पराशर मुनि को उसकी नाव पर बैठकर यमुना पार करना पड़ा। पराशर मुनि सत्यवती के रूप-सौन्दर्य पर आसक्त हो गये और बोले,-देवी! मैं तुम्हारे साथ सहवास करना चाहता हूँ।, सत्यवती ने कहा-मुनिवर! आप ब्रह्म ज्ञानी हैं और मैं निषाद कन्या। हमारा सहवास सम्भव नहीं।, तब पराशर मुनि बोले-बालिके! तुम चिन्ता मत करो। प्रसुति होने पर भी तुम कुमारी ही रहोगी। इतना कहकर उन्होंने अपने योगबल से चारों ओर घने कुहरे का जाल रच दिया और सत्यवती के साथ भोग किया। तत्पश्चात् उसे आशीर्वाद देते हुए कहा-तुम्हारे शरीर से जो मछली की गंध निकलती है वह सुगन्ध में परिवर्तित हो जायेगी।

समय आने पर सत्यवती के गर्भ से वेद-वेदांगों में पारंगत एक पुत्र हुआ। जन्म होते ही वह बालक बड़ा हो गया और अपनी माता से बोला,-माता तू जब भी कभी भी विपत्ति में मुझे स्मरण करेगी, मैं उपस्थित हो जाउँगा। इतना कहकर वे तपस्या करने के लिए द्वैपायन द्वीप चले गये। द्वैपायन द्वीप में तपस्या करने तथा उनके शरीर का रंग काला होने के कारण उन्हें कृष्ण द्वैपायन कहा जाने लगा। आगे चलकर वेदों के भाष्य करने के कारण वे वेदव्यास के नाम से विख्यात हुये।

ऋषि वेदव्यास महाभारत ग्रन्थ के रचयिता थे। वेदव्यास महाभारत के रचयिता ही नहीं, बल्कि उन घटनाओं के साक्षी भी रहे हैं, जो क्रमानुसार घटित हुई है। अपने आश्रम से हस्तिनापुर की समस्त गतिविधयों की सूचना उन तक तो पहुँचती थी। वे उन घटनाओं पर अपना परामर्श भी देते थे। जब-जब अन्तद्र्वन्द और संकट की स्थिति आती थी, माता सत्यवती उनसे विचार-विमर्श के लिए कभी आश्रम पहुँचती, तो कभी हस्तिनापुर के राजभवन में आमंत्रित करती थी। वे धृतराष्ट्र, पाण्डु तथा विदुर के जन्मदाता ही नहीं, अपितु विपत्ति के समय छाया की तरह पाण्डवों का साथ भी देते थे।

काशी (वाराणसी) के रामनगर किले में और व्यास नगर (रामनगर व मुगलसराय के बीच) में वेदव्यास का मन्दिर है जहाँ माघ में प्रत्येक सोमवार मेला लगता है। गुरू पूर्णिमा (आषाढ़ पूर्णिमा) का प्रसिद्ध पर्व व्यास जी की जयंती के उपलक्ष्य में मनाया जाता है। पुराणों तथा महाभारत के रचयिता महर्षि का मन्दिर व्यासपुरी में विद्यमान है जो काशी से 5 मील की दूरी पर पूर्व स्थित है। महाराज काशी नरेश के रामनगर दुर्ग के पश्चिम भाग में भी व्यासेश्वर की मूर्ति विराजमान है जिसे साधारण जनता छोटा वेदव्यास के नाम से जानती है। वास्तव में वेदव्यास की यह सबसे प्राचीन मूर्ति है। व्यासजी द्वारा काशी को शाप देने के कारण विश्वेश्वर ने व्यासजी को काशी से निष्कासित कर दिया था। तब व्यासजी लोलार्क मन्दिर के आग्नेय कोण में गंगाजी के पूर्वी तट पर स्थित हुए। इस घटना का उल्लेख काशी खण्ड में इस प्रकार है-

लोलार्कादं अग्निदिग्भागे, स्वर्धुनी पूर्वरोधसि।
स्थितो ह्यद्यापि पश्चेत्स-काशीप्रासाद राजिकाम्।।

-स्कन्दपुराण, काशी खण्ड 96/201

पुराण

पुराण का शाब्दिक अर्थ-"पुराना" अथवा "प्राचीन" होता हे। "पुरा" शब्द का अर्थ है-अनागत एवं अतीत। "अण" शब्द का अर्थ होता है-कहना या बतलाना। रघुवंश में पुराण का अर्थ है-"पुराण पत्रापग मागन्नतरम्" एवं वैदिक साहित्य में "प्राचीनः वृत्तान्तः" दिया गया है। सांस्कृतिक अर्थ से हिन्दू संस्कृति के वे विशिष्ट धर्मग्रन्थ जिनमें सृष्टि से लेकर प्रलय तक का इतिहास-वर्णन शब्दों से किया गया हो, पुराण कहे जाते हैं। पुराण शब्द का उल्लेख वैदिक युग के वेद सहित आदितम साहित्य में भी पाया जाता है। अतः ये सबसे पुरातन (पुराण) माने जा सकते हैं। अथर्ववेद के अनुसार-"ऋचः मामानि छन्दांसि पुराणं यजुशा सह 11.7.2" अर्थात् पुराणों का आविर्भाव ऋक्, साम, यजुस् और छन्द के साथ ही हुआ था। शतपथ ब्राह्मण (14.3.3.13) में तो पुराणवाग्ङःमय को वेद ही कहा गया है। छान्दोग्य उपनिषद् (इतिहास पुरांण पंचम वदानांवेदम्, 7.1.2) ने भी पुराण को वेद कहा है। बृहदारण्यकोपनिषद् तथा महाभारत में कहा गया है कि "इतिहास पुराणाभ्यां वेदार्थ मुपर्बहयेत्" अर्थात् वेद का अर्थ विस्तार पुराण के द्वारा करना चाहिए। इनसे यह स्पष्ट है कि वैदिक काल में पुराण तथा इतिहास को समान स्तर पर रखा गया है। अमरकोशादि प्राचीन कोशों में पुराण के सर्ग (सृष्टि), प्रतिसर्ग (प्रलय, पुनर्जन्म), वंश (देवता व ऋषि सूचियाँ), मनवन्तर (चौदह मनु के काल) और वंशानुचरित (सूर्य चन्द्रादि वंशीय चरित) ये पाँच लक्षण माने गये हैं। माना जाता है कि सृष्टि के रचनाकर्ता ब्रह्माजी ने सर्वप्रथम जिस प्राचीनतम धर्मग्रन्थ की रचना की, उसे पुराण के नाम से जाना जाता है।

पुराण, वैदिक काल से काफी बाद के ग्रन्थ हैं, जो स्मृति विभाग में आते हैं। भारतीय जीवनधारा में जिन ग्रन्थों का महत्वपूर्ण स्थान है उनमें पुराण भक्ति-ग्रन्थों के रूप में बहुत महत्वपूर्ण माने जाते हैं। 18 पुराणों में अलग-अलग देवी-देवताओं को केन्द्र मानकर पाप और पुण्य, धर्म और अधर्म, कर्म और अकर्म की गाथाएँ कहीं गई हैं। कुछ पुराणों में सृष्टि से आरम्भ से अन्त तक का विवरण किया गया है। इनमें हिन्दू देवी-देवताओं का और पौराणिक मिथकों का बहुत अच्छा वर्णन है। कर्मकाण्ड (वेद) से ज्ञान (उपनिषद्) की ओर आते हुए भारतीय मानस में पुराणों के माध्यम से भक्ति की अविरल धारा प्रवाहित हुई है। विकास की इसी प्रक्रिया में बहुदेववाद और निर्गुण ब्रह्म की स्वरूपात्मक व्याख्या से धीरे-धीरे मानस अवतारवाद या सगुण भक्ति की ओर प्रेरित हुआ।

प्राचीन काल से पुराण देवताओं, ऋषियों, मनुष्यों सभी का मार्गदर्शन करते रहे हैं। पुराण मनुष्य को धर्म एवं नीति के अनुसार जीवन व्यतीत करने की शिक्षा देते हैं। पुराण मनुष्य के कर्मों का विश्लेषण कर उन्हें दुष्कर्म करने से रोकते हैं। पुराण वस्तुतः वेदों का विस्तार है। वेद बहुत जटिल तथा शुष्क भाषा-शैली में लिखे गए हैं। वेदव्यास जी ने पुराणों की रचना और पुनर्रचना की। कहा जाता है, "पूर्णात पुराण" जिसका अर्थ है, जो वेदों का

पूरक हो, अर्थात् पुराण (जो वेदों की टीका हैं)। वेदों की जटिल भाषा में कही गई बातों को पुराणों में सरल भाषा में समझाया गया हैं। पुराण-साहित्य में अवतारवाद को प्रतिष्ठित किया गया है। निर्गुण-निराकार की सत्ता को मानते हुए सगुण साकार की उपासना करना इन ग्रन्थों का विषय है। पुराणों में अलग-अलग देवी-देवताओं को केन्द्र मानकर पाप और पुण्य, धर्म और अधर्म, कर्म और अकर्म की कहानियाँ हैं। प्रेम, भक्ति, त्याग, सेवा, सहनशीलता ऐसे मानवीय गुण हैं, जिनके अभाव में उन्नत समाज की कल्पना नहीं की जा सकती। पुराणों में देवी-दवताओं के अनेक स्वरूपों को लेकर एक विस्तृत विवरण मिलता है। पुराणों में सत्य की प्रतिष्ठा में दुष्कर्म का विस्तृत चित्रण पुराणकारों ने किया है। पुराणकारों ने देवताओं की दुष्प्रवृत्तियों का व्यापक विवरण किया है लेकिन मूल उद्देश्य सद्भावना का विकास और सत्य की प्रतिष्ठा ही है।

पुराणों की कुल संख्या 18 हैं जो विष्णु, शिव और ब्रह्मा से सम्बन्धित है। ये निम्न प्रकार हैं-

01. विष्णु से सम्बन्धित- 6 पुराण

विष्णु पुराण (श्लोक-23000)
मत्स्य पुराण (श्लोक-14000)
भागवत पुराण (श्लोक-18000)
गरूड़ पुराण (श्लोक-19000)
कूर्म पुराण (श्लोक-17000)
वाराह पुराण (श्लोक-24000)

02. शिव से सम्बन्धित- 6 पुराण

स्कन्द पुराण (श्लोक-21000)
वायु पुराण (श्लोक-24000)
अग्नि पुराण (श्लोक-15000)
लिंग पुराण (श्लोक-11000)
नारद पुराण (श्लोक-25000)
पद्म पुराण (श्लोक-55000)

03. ब्रह्मा से सम्बन्धित- 6 पुराण

ब्रह्म पुराण (श्लोक-10000)
ब्रह्माण्ड पुराण (श्लोक-12000)
ब्रह्मवैवर्त पुराण (श्लोक-18000)
मार्कण्डेय पुराण (श्लोक-9000)
भविष्य पुराण (श्लोक-14500)
वामन पुराण (श्लोक-10000)

लेखकों/शास्त्राकारों के आदि पुरूष प्रतीक व्यास

किसी संस्था का मुख्य व्यक्ति, व्यक्ति नहीं बल्कि संस्था होता है। उसका पद ही उसका पहचान होता है और उसके द्वारा की गई समस्त कार्यवाही व्यक्ति की नहीं बल्कि संस्था की होती है। व्यक्ति की मृत्यु हो जाती है परन्तु संस्थायें लम्बी अवधि तक चलती रहती है। उदाहरणस्वरूप वर्तमान समय में देश, संस्थायें और पीठ हैं। जैसे विदेशों में जाने पर जब किसी देश का मुख्य व्यक्ति कोई समझौता करता है तब वह देश होता है न कि व्यक्ति। प्राचीन समय में भी इसी प्रकार के अनेक पीठ थे और बनते चले गये जैसे-ब्राह्मण, परशुराम, विश्वामित्र, व्यास, वशिष्ठ, नारद, इन्द्र, गोरक्षपीठ (क्षत्रिय पीठ), शंकराचार्य पीठ (ब्राह्मण पीठ) इत्यादि। जब तक संस्था नहीं रहती तब तक व्यक्ति, व्यक्ति रहता है जब उसके द्वारा संस्था स्थापित हो जाती है तब व्यक्ति, व्यक्ति न रहकर संस्था हो जाता है। उस संस्थापक व्यक्ति के जीवन काल तक उसे साकार रूप में फिर उसके उपरान्त उसके निराकार रूप विचार का साकार रूप संस्था के रूप में समाज याद करता है। ऐसी स्थिति में जब संस्थापक व्यक्ति का नाम ही संस्था का नाम हो तब संस्था द्वारा किये गये समस्त कार्य एक भ्रमात्मक स्थिति को उत्पन्न करते हैं और एक लम्बे समय के उपरान्त यह नहीं समझ में आता कि वह संस्थापक व्यक्ति इतने लम्बे समय तक कैसे जिवित था? सत्य तो यह है कि शरीर मर जाता है लेकिन विचार या विचार पर किये गये कार्य नहीं मरते। इस सत्य के आधार की दृष्टि से यदि हम देखें तो स्थिति स्पष्ट हो जायेगी कि-

01. **वशिष्ठ के सम्बन्ध में-** सर्वप्रथम वशिष्ठ सूर्यवंश के प्रथम पुरूष महाराज इच्छवांकु के सामने प्रकट होते हैं। दूसरी बार वशिष्ठ मैथिली वंश के यज्ञ में ऋत्विक कार्य सम्पन्न कराते हैं। इच्छवांकु से मैथिली वंश में चौथी पीढ़ी का अन्तर है। तीसरी बार वशिष्ठ राजा त्रिशंकु के समय में प्रकट होते हैं। चौथी बार वशिष्ठ राजा दिलीप के समय भी होते हैं। पाँचवीं बार महाराजा दशरथ के समय उपस्थित होते हैं। छठवीं बार महाभारत काल में होते हैं जो आबू पर्वत पर अग्नि पैदा करके अग्नि से क्षत्रिय पैदा करते हैं।
02. **नारद के सम्बन्ध में**-युग कोई भी हो वहाँ नारद की उपस्थिति सदैव रहती है। नारद त्रेता के राम काल में भी हैं तो द्वापर के कृष्ण काल में भी और इनसे प्राचीन ब्रह्मा-विष्णु-महेश काल में भी।
03. **विश्वामित्र के सम्बन्ध में**-विश्वामित्र सूर्यवंश के 32वीं पीढ़ी के राजा हरिश्चन्द्र का राज्य दान में लेते हैं। फिर इसी वंश की 62वीं पीढ़ी में राजा दशरथ से यज्ञ रक्षार्थ उनके पुत्र राम और लक्ष्मण को साथ ले गये थे।
04. **ब्राह्मण के सम्बन्ध में**-यह एक विद्यापीठ था जो उस समय राजर्षि, ब्रह्मर्षि, देवऋषि इत्यादि उपाधियों को प्रदान करता था जैसे वर्तमान समय के शिक्षा संस्थान उपाधियाँ प्रदान कर रहीं हैं। संस्कृत विश्वविद्यालयों से आज भी शास्त्री, आचार्य, शिक्षा शास्त्री इत्यादि उपाधि उनको दी जा रहीं हैं जो इसके योग्य हैं। बिना कोई परीक्षा उत्तीर्ण किये विशेषज्ञता के आधार पर विश्वविद्यालय मानद उपाधि भी प्रदान करती हैं।
05. **परशुराम के सम्बन्ध में**-त्रेता युग में जनकपुरी में सीता स्वयंवर के समय परशुराम उपस्थित होते हैं और द्वापर युग में भीष्म और कर्ण को भी शिक्षा देते हैं। साथ ही भविष्य के एक मात्र शेष अन्तिम अवतार कल्कि के भी वे गुरू होंगे, ऐसा पुराण में है।
06. **दुर्वासा के सम्बन्ध में**-दुर्वासा ऋषि राम काल के थे जो अत्रि-अनुसूईया के पुत्र थे और राम वनवास समय में श्री राम से मिले भी थे। फिर दुर्वासा महाभारत काल में द्वापर के अन्त तक भी उपस्थित रहते हैं।
07. **व्यास के सम्बन्ध में**-समाज को एकात्म करने के लिए शास्त्र की रचना करना व उसका प्रचार-प्रसार करने के लिए व्यास सदैव हर युग में उपस्थित रहते हैं।

वैदिक काल में ऋषियों का वर्णन आया है। कुछ को छोड़कर सभी ऋषि परिवार वाले थे। वैदिक काल के ऋषि दार्शनिक, विद्वान, योद्धा एवं कृषक तीनों थे। ऋचाओं को लिखने वाले ऋषियों को देवर्षि की संज्ञा प्राप्त थी। प्राचीन ऋषियों में बहुत से ऋषि, राजर्षि से ब्रह्मर्षि हो गये तथा ब्रह्मर्षि से राजर्षि भी हुए लेकिन इनकी संख्या कम

है। आरम्भ में ब्राह्मण कोई जाति नहीं थी बल्कि यह विद्यापीठ था। यही कारण है कि अनेक राजर्षि, ब्रह्मर्षि उपाधि प्राप्त किये। यही नहीं प्राचीन वंशावली में भी सूर्य के 12 पुत्रों में बहुत से अग्निहोत्र करने के कारण ब्राह्मण की उपाधि धारण किये। सूर्य के पुत्र वरूण से ही ब्रह्म वंश चला जिसमें भृगु, वशिष्ठ, वाल्मिकि, जमदग्नि, पुलस्त्य थे जबकि ब्रह्म वंशीय भी विशुद्ध सूर्यवंशीय ही है। केवल अग्निहोत्र करने के कारण ही ये ब्राह्मण कहलाये।

जिस प्रकार लोग आत्मा की महत्ता को न समझकर शरीर को ही महत्व देते हैं उसी प्रकार लोग भले ही पढ़कर ही विकास कर रहें हो परन्तु वे शास्त्राकार लेखक की महत्ता को स्वीकार नहीं करते। जबकि वर्तमान समय में चाहे जिस विषय में हो प्रत्येक विकास कर रहे व्यक्ति के पीछे शास्त्राकार, लेखक, आविष्कारक, दार्शनिक की ही शक्ति है जिस प्रकार शरीर के पीछे आत्मा की शक्ति है।

सदैव मानव समाज को एकात्म करने के लिए शास्त्र-साहित्य की रचना करना लेखक का काम रहा है। सामूहिक रूप से ऐसे कार्य करने वाले को व्यास कहते हैं। चाहे वह आध्यात्म दर्शन (अदृश्य विज्ञान) के क्षेत्र में हो या पदार्थ विज्ञान (दृश्य विज्ञान) के क्षेत्र में हो। इस प्रकार सभी लेखकों के आदर्श आदि पुरूष व्यास ही हैं।

समग्र धर्म वेदान्त में ही है अर्थात् वेदान्त दर्शन के द्वैत, विशिष्टाद्वैत और अद्वैत। इन तीन स्तरों या भूमिकाओं में है और ये एक के बाद एक आते हैं तथा मनुष्य की आध्यात्मिक उन्नति के क्रम से तीन भूमिकाएं हैं। प्रत्येक भूमिका आवश्यक है। यहीं सार रुप से धर्म है भारत के नाना प्रकार के जातीय आचार व्यवहारों और धर्म मतों में वेदान्त के प्रयोग का नाम है- हिन्दू धर्म। यूरोप की जातियों के विचारों ने उसकी पहली भूमिका अर्थात् द्वैत का प्रयोग है- ईसाई धर्म। सेनेटिक जातियों में उसका ही प्रयोग है- इस्लाम धर्म। अद्वैतवाद ही अपनी योगानुभूति के आकार में हुआ- बौद्ध धर्म। इत्यादि, इत्यादि। धर्म का अर्थ है वेदान्त, उसका प्रयोग विभिन्न जातियों के विभिन्न प्रयोजन, पारिपार्शिवक अवस्था एवं अन्यान्य अवस्थाओं के अनुसार विभिन्न रुपों में बदलता ही रहेगा। मूल दार्शनिक तत्व एक होने पर भी तुम देखोगे कि शैव, शाक्त आदि हर एक ने अपने विशेष धर्ममत और अनुष्ठान पद्धति में उसे रुपान्तरित कर लिया है। **- स्वामी विवेकानन्द**

विज्ञान एकत्व की खोज के सिवा और कुछ नहीं है। ज्योंही कोई विज्ञान शास्त्र पूर्ण एकता तक पहुँच जायेगा, त्योंहीं उसका आगे बढ़ना रुक जायेगा क्योंकि तब तो वह अपने लक्ष्य को प्राप्त कर चुकेगा। उदाहरणार्थ रसायनशास्त्र यदि एक बार उस एक मूल द्रव्य का पता लगा ले, जिससे वह सब द्रव्य बन सकते हैं तो फिर वह और आगे नहीं बढ़ सकेगा। पदार्थ विज्ञान शास्त्र जब उस एक मूल शक्ति का पता लगा लेगा जिससे अन्य शक्तियां बाहर निकली हैं तब वह पूर्णता पर पहुँच जायेगा। वैसे ही धर्म शास्त्र भी उस समय पूर्णता को प्राप्त हो जायेगा जब वह उस मूल कारण को जान लेगा। जो इस मत्र्यलोक में एक मात्र अमृत स्वरुप है जो इस नित्य परिवर्तनशील जगत का एक मात्र अटल अचल आधार है जो एक मात्र परमात्मा है और अन्य सब आत्माएं जिसके प्रतिबिम्ब स्वरुप हैं। इस प्रकार अनेकेश्वरवाद, द्वैतवाद आदि में से होते हुए इस अद्वैतवाद की प्राप्ति होती है। धर्मशास्त्र इससे आगे नहीं जा सकता। यहीं सारे विज्ञानों का चरम लक्ष्य है।

- स्वामी विवेकानन्द

वेदव्यास शास्त्र लेखन कला

मानव सभ्यता के विकास के कालक्रम में कर्म कर अनुभव के ज्ञान सूत्र का संकलन ही वेद के रूप में व्यक्त हुआ जिससे आने वाली पीढ़ी मार्गदर्शन को प्राप्त कर सके और अपना समय बचाते हुए कर्म कर सके। अर्थात् प्रत्येक साकार सफल नेतृत्व के साथ उसके अनुभव का निराकार ज्ञान सूत्र के संकलन की समानान्तर प्रक्रिया भी चलती रही। और यह सभी प्रक्रिया मानव जाति के श्रेष्ठतम विकास के लिए ही की जा रही थी। मनुष्य को युगानुसार शास्त्र का अध्ययन करना चाहिए लेकिन समाज पुराने में ही उलझ जाता है इसलिए ही विकास अवरूद्ध होता है। समाज को एकात्म करने के लिए शास्त्र की रचना करना व उसका प्रचार-प्रसार करने वाले व्यास कहलाये। एकात्म करने की यह कला और कुछ नहीं वर्तमान अर्थो में "मानकीकरण" करना है। व्यास द्वारा शास्त्र रचना के युगानुसार निम्न चरण पूरे हुए।

1.सार्वभौम आत्मा के "ज्ञान"द्वारा समाज को एकात्म (मानकीकरण) करने के लिए शास्त्र-वेद

वेदों को मूलत-सार्वभौम ज्ञान का शास्त्र समझना चाहिए। जिनका मूल उद्देश्य यह बताना था कि "एक ही सार्वभौम आत्मा के सभी प्रकाश हैं अर्थात् बहुरूप में प्रकाशित एक ही सत्ता है। इस प्रकार हम सभी एक ही कुटुम्ब के सदस्य है।"

जब वेद लोंगो के समझ में कम आने लगा या समाज उसी में उलझ गया और उससे समाज को एकात्म करना कठिन होने लगा तब उसके व्याख्या का शास्त्र उपनिषद् की रचना की गई।

2.सार्वभौम आत्मा के "नाम" द्वारा समाज को एकात्म (मानकीकरण) करने के लिए शास्त्र-उपनिषद्

उपनिषदों की शिक्षा उस सार्वभौम आत्मा के नाम के अर्थ की व्याख्या के माध्यम से उस सार्वभौम आत्मा को समझाना है।

जब उपनिषद् लोंगो के समझ में कम आने लगा या समाज उसी में उलझ गया और उससे समाज को एकात्म करना कठिन होने लगा तब पौराणिक वंशावली में हुए साकार विष्णु कर्तार, कमल कर्तार, ब्रह्मा कर्तार और रूद्र-शिव के निराकार एवं साकार रूप को प्रक्षेपित कर मानक चरित्र (व्यक्तिगत, सामाजिक और वैश्विक) का शास्त्र पुराण की रचना की गई।

3.सार्वभौम आत्मा के "कृति" कथा द्वारा समाज को एकात्म (मानकीकरण) करने के लिए शास्त्र-पुराण

वेद के ज्ञान सूत्र व उपनिषद् की वार्ता के अलावा मनुष्य को एकात्म करने के लिए दृश्य चित्र या वस्तु की आवश्यकता की विधि का प्रयोग ही पौराणिक देवी-देवता हैं। सार्वभौम आत्मा के कृति कथा द्वारा समाज को एकात्म करने के लिए पुराण शास्त्र ही देवी-देवताओं के उत्पत्ति का कारण है। जिसे उत्पन्न करने का कारण मानव को एक आदर्श मानक पैमाना व लक्ष्य देना था जिससे वे मार्गदर्शन प्राप्त कर सकें। वेद और उपनिषद् शास्त्र में देवी-देवता के स्थान पर मात्र प्रकृति-पुरूष का प्रतीक चिन्ह-शिवलिंग ही व्यक्त था। मनुष्य या कोई भी जीव जब अपने ईश्वर का रूप निर्धारित करेगा तब वह अपनी ही शारीरिक संरचना रूप में ही कल्पना कर सकता है। इस मानवीय रूप के निर्धारण में गुणों को वस्त्र-आभूषण, वाहन इत्यादि के प्रतीक के माध्यम से व्यक्त किया गया। पुराणों में निम्नलिखित विधि से देवी-देवताओं की उत्पत्ति की गयी है-

1. **सार्वभौम आत्मा से ब्रह्माण्ड और उसके परिवार** जैसे सूर्य, चाँद, ग्रह, नक्षत्र, नदी, समुद्र, पर्वत इत्यादि को देवी-देवता के रूप में एक मानवीय रूप द्वारा गुणों के अनुसार निरूपित कर प्रक्षेपित किया गया। जिससे यह ज्ञान प्राप्त हो सके कि उस अद्दश्य ईश्वर की कृति यह ब्रह्माण्ड उसका द्दश्य रूप है अर्थात् यह द्दश्य ब्रह्माण्ड ही हमारा द्दश्य ईश्वर है। अर्थात् जिस प्रकार हम ईश्वर से प्रेम करते हैं उसी प्रकार हमें इस द्दश्य ईश्वर-ब्रह्माण्ड से प्रेम करना चाहिए जो हमें प्रत्यक्ष रूप में जीवन संसाधन उपलब्ध कराता है।

2. **सार्वभौम आत्मा से मनुष्य और उसके परिवार** को देवी-देवता के रूप में एक मानवीय रूप द्वारा गुणों के अनुसार निरूपित कर प्रक्षेपित किया गया। जिससे यह ज्ञान प्राप्त हो सके कि उस अद्दश्य ईश्वर की कृति यह मनुष्य उसका द्दश्य रूप है अर्थात् यह द्दश्य मनुष्य ही हमारा द्दश्य ईश्वर है। अर्थात् जिस प्रकार हम ईश्वर से प्रेम करते हैं उसी प्रकार हमें इस द्दश्य ईश्वर-मानव से प्रेम करना चाहिए जो हमें प्रत्यक्ष रूप में जीवन संसाधन उपलब्ध कराता है।

मनुष्य को उसके कार्य क्षेत्र के अनुसार सर्वोच्च आदर्श मानक चरित्र प्रक्षेपित किये गये जिससे मनुष्य मार्गदर्शन प्राप्त कर सके। कार्य क्षेत्र अनुसार सर्वोच्च आदर्श मानक चरित्र निम्नवत् हैं-

अ. व्यक्तिगत कार्य क्षेत्र स्तर-बह्मा अर्थात् एकात्मज्ञान परिवार

ब. सामाजिक कार्य क्षेत्र स्तर-विष्णु अर्थात् एकात्म ज्ञान सहित एकात्म कर्म परिवार

स. वैश्विक/ब्रह्माण्डीय कार्य क्षेत्र स्तर-शिव-शंकर अर्थात् एकात्म ज्ञान और एकात्म कर्म सहित एकात्म ध्यान परिवार

उपरोक्त के अनुसार यह स्पष्ट है कि शास्त्राकार लेखक द्वारा पौराणिक देवी-देवताओं में ब्रह्मा-विष्णु-शिवशंकर परिवार के कार्य क्षेत्रानुसार मानक के रूप में प्रक्षेपित किये गये थे। मनुष्य की इच्छा "पाने" की अधिक होती है अलावा इसके कि "हो जाने" की। ऐसे व्यक्ति जो "हो जाने" में विश्वास रखते थे वे ही धरती पर मनुष्य रूप में आये और अवतार हो कर चले गये। अवतार का अर्थ ही होता है सर्वोच्च लक्ष्य सिद्धान्त के अनुसार नीचे उतरना जबकि मनुष्य का अर्थ होता है नीचे से ऊपर की ओर बढ़ना। शास्त्राकार लेखक ने मानव जाति को ईश्वर की ओर विकास करने या ईश्वर के रूप में बन जाने के लिए इन देवी-देवताओं का रूप प्रक्षेपित किया था लेकिन ये पूजा और आयोजन में बदल गया और अन्य धर्म-सम्प्रदाय के आ जाने से यह एक विशेष धर्म का ही जाना जाने लगा। जिस प्रकार आम की लकड़ी से कुर्सी, मेज, दरवाजा, खिड़की बनाया गया और आम गायब होकर कुर्सी, मेज, दरवाजा, खिड़की हो गया उसी प्रकार सम्पूर्ण पृथ्वी के मनुष्य के मागदर्शन के लिए व्यक्त मानक देवी-देवताओं का अर्थ गायब होकर मूर्तिपूजा में बदलकर एक धर्म का हो गया।

पुराण लिखने का मुख्य आधार-

जब पुराण लोंगो के समझ में कम आने लगा या समाज उसी में उलझ गया और उससे समाज को एकात्म करना कठिन होने लगा तब मानवीय वंशावली में हुए अनेक विभिन्न प्रकृति-चरित्र के साकार मानव और उनके निराकार एवं साकार रूप को प्रक्षेपित कर प्रकृति-चरित्र (व्यक्तिगत, सामाजिक और वैश्विक) का शास्त्र महाभारत की रचना की गई।

1. **सार्वभौम आत्मा के प्रकृति द्वारा समाज को एकात्म (मानकीकरण) करने के लिए शास्त्र-महाभारत**

महाभारत की शिक्षा अपनी प्रकृति में स्थित रहकर व्यक्तिगत प्रमाणित स्वार्थ (लक्ष्य) को प्राप्त करने के अनुसार सम्बन्धों का आधार बनाने की शिक्षा है। गीता कीे शिक्षा-गीता की मूल शिक्षा प्रकृति में व्याप्त मूल तीन सत्व, रज और तम गुण के आधार पर व्यक्त विषयों जिसमें मनुष्य भी शामिल है, की पहचान करने की शिक्षा दी

गयी है और उससे मुक्त रहकर कर्म करने को निष्काम कर्मयोग तथा उसमें स्थित रहने को स्थितप्रज्ञ और ईश्वर से साक्षात्कार करने का मार्ग समझाया गया।

महाभारत पुराण लिखने का मुख्य आधार-

शरीर- क्षेत्र (10 इन्द्रियाँ, मन, बुद्धि, अहंकार, 5 विकार और 3 गुण) जो प्रकृति के तीन गुणों से परवश होकर कर्म करता है।

दैवी शरीर या धर्मक्षेत्र- हृदय देश में दैवी सम्पत्ति का बाहुल्य शरीर
आसुरी शरीर या कुरूक्षेत्र- हृदय देश में आसुरी सम्पत्ति का बाहुल्य शरीर

धृतराष्ट्र- अज्ञान रूपी
संजय- संयम रूपी
पाण्डव- दैवी सम्पत्ति

भीम- महान ईश में वास दिलाने वाला भाव
अर्जुन- अनुराग रूपी
सात्यकि- सात्विकता रूपी
विराट- सर्वत्र ईश्वरीय प्रवाह
द्रुपद- अचल स्थिति
द्रौपदी- ध्यान रूपी

वात्सल्य- द्रौपदी का पुत्र (ध्यान से उत्पन्न गुण)
लावण्य- द्रौपदी का पुत्र (ध्यान से उत्पन्न गुण)
सहृदयता- द्रौपदी का पुत्र (ध्यान से उत्पन्न गुण)
सौम्यता- द्रौपदी का पुत्र (ध्यान से उत्पन्न गुण)
स्थिरता- द्रौपदी का पुत्र (ध्यान से उत्पन्न गुण)

सुभद्रा- शुभ आधार
धृष्टकेतू- दृढ़ कर्तव्य
चेकितान- चित्त को खिंचकर इष्ट में लाना
पुरूजित- स्थूल, सूक्ष्म व कारण शरीर पर विजय पाना
काशिराज- कायारूपी काशी का सम्राज्य
कुन्तिभोज- कर्तव्य से भव पर विजय
शैव्य- नरो में श्रेष्ठ
युधामन्यु- युद्ध के अनुरूप मन की धारणा
उत्तमौजा- शुभ की मस्ती
अभिमन्यु- अभय मन। सुभद्रा का पुत्र (शुभ आधार से उत्पन्न गुण)

कौरव- आसुरी सम्पत्ति

दुर्योधन- मोह या दूशित मन
द्रोणाचार्य- द्वैत का आचरण
धृष्टधुम्न- शाश्वत अचल पद में आस्था रखने वाला मन
भीष्म- भ्रम रूपी
कर्ण- कर्म रूपी
कृपाचार्य- साधक द्वारा कृपा का आचरण
अश्वत्थामा- आसक्ति रूपी

विकर्ण- विकल्प रूपी
भूरिश्रवा- भ्रममयी श्वास
शिखण्डी- शिखा-सूत्र का त्याग

जब महाभारत लोंगो के समझ में कम आने लगा या समाज उसी में उलझ गया और उससे समाज को एकात्म करना कठिन होने लगा तब काल, चेतना, कर्मज्ञान एवं सार्वभौम सत्य-सिद्धान्त और मानवी सिद्धान्त के एकीकरण सहित पूर्व के शास्त्र रचना का उद्देश्य का शास्त्र विश्वभारत समाहित विश्वशास्त्र की रचना की गई जिसका मुख्य गुण "सार्वभौम" है और महायोग-महामाया का अन्तिम उदाहरण बनाया गया।

2. सार्वभौम आत्मा के काल, चेतना और कर्मज्ञान द्वारा समाज को एकात्म करने के लिए शास्त्र-विश्वशास्त्र-द नालेज आफ फाइनल नालेज

विश्वशास्त्र की शिक्षा, उपरोक्त सभी को समझाना है और पूर्ण सार्वजनिक प्रमाणित काल, चेतना और ज्ञान-कर्मज्ञान से युक्त होकर कर्म करने की शिक्षा है। जिससे भारतीय शास्त्रों की वैश्विक स्वीकारीता स्थापित हो और देवी-देवताओं के उत्पत्ति के उद्देश्य से भटक गये मनुष्य को शास्त्रों के मूल उद्देश्य की मुख्यधारा में लाया जा सके। विश्वभारत की शिक्षा-विश्वभारत, विश्वशास्त्र के स्थापना की योजना का शास्त्र है, जो विश्वशास्त्र का ही एक भाग है। विश्वभारत, की शिक्षा अपनी प्रकृति में स्थित रहकर सार्वजनिक प्रमाणित स्वार्थ (लक्ष्य) को प्राप्त करने के अनुसार सम्बन्धों का आधार बनाने की शिक्षा है।

श्री विष्णु पुराण (अध्याय-दो) में लिखा है कि-यह सम्पूर्ण विश्व उन परमात्मा की ही शक्ति से व्याप्त है, अत-वे "विष्णु" कहलाते हैं। समस्त देवता, मनु, सप्तर्षि तथा मनुपुत्र और देवताओं के अधिपति इन्द्रगण, ये सब भगवान विष्णु की ही विभूतियाँ हैं।

सूर्य अपनी पत्नी छाया से शनैश्चर, एक और मनु तथा तपती, तीन सन्तानें उत्पन्न कीं। सूर्य-छाया का दूसरा पुत्र आठवाँ मनु, अपने अग्रज मनु का सवर्ण होने से सावर्णि कहलाया। नवें मनु दक्ष सावर्णि होंगे दसवें मनु ब्रह्मसावर्णि होंगे, ग्यारहवाँ मनु धर्म सावर्णि बारहवा मनु रूद्रपुत्र सावर्णि तेरहवा रूचि रूद्रपुत्र सावर्णि चौदहवा मनु भीम सावर्णि।

प्रत्येक चतुर्युग के अन्त में वेदों का लोप हो जाता है, उस समय सप्तर्षिगण ही स्वर्गलोक से पृथ्वी में अवतीर्ण होकर उनका प्रचार करते हैं। प्रत्येक सत्ययुग के आदि में (मनुष्यों की धर्म-मर्यादा स्थापित करने के लिए) स्मृति-शास्त्र के रचयिता मनु का प्रादुर्भाव होता है।

इन चौदह मनवन्तरों के बीत जाने पर एक सहस्त्र युग रहने वाला कल्प समाप्त हुआ कहा जाता है। फिर इतने समय की रात्रि होती है।

स्थितिकारक भगवान विष्णु चारों युगों में इस प्रकार व्यवस्था करते हैं-समस्त प्राणियों के कल्याण में तत्पर वे सर्वभूतात्मा सत्ययुग में कपिल आदिरूप धारणकर परम ज्ञान का उपदेश करते हैं। त्रेतायुग में वे सर्वसमर्थ प्रभु चक्रवर्ती भूपाल होकर दुष्टों का दमन करके त्रिलोक की रक्षा करते हैं। तदन्तर द्वापरयुग में वे वेदव्यास रूप धारण कर एक वेद के चार विभाग करते हैं और सैकड़ों शाखाओं में बाँटकर बहुत विस्तार कर देते हैं। इस प्रकार द्वापर में वेदों का विस्तार कर कलियुग के अन्त में भगवान कल्किरूप धारणकर दुराचारी लोगों को सन्मार्ग में प्रवृत्त करते हैं। इसी प्रकार, अनन्तात्मा प्रभु निरन्तर इस सम्पूर्ण जगत् के उत्पत्ति, पालन और नाश करते रहते हैं। इस संसार में ऐसी कोई वस्तु नहीं है जो उनसे भिन्न हो।

"कल्कि" अवतार के सम्बन्ध में कहा गया है कि उसका कोई गुरू नहीं होगा, वह स्वयं से प्रकाशित स्वयंभू होगा जिसके बारे में अथर्ववेद, काण्ड 20, सूक्त 115, मंत्र 1 में कहा गया है कि "ऋषि-वत्स, देवता इन्द्र, छन्द गायत्री। अहमिद्धि पितुष्परि मेधा मृतस्य जग्रभ। अहं सूर्य इवाजिनि।। "अर्थात् "मैं परम पिता परमात्मा से सत्य ज्ञान की विधि को धारण करता हूँ और मैं तेजस्वी सूर्य के समान प्रकट हुआ हूँ।" जबकि सबसे प्राचीन वंश स्वायंभुव मनु के पुत्र उत्तानपाद शाखा में ब्रह्मा के 10 मानस पुत्रों में से मन से मरीचि व पत्नी कला के पुत्र कश्यप व पत्नी

अदिति के पुत्र आदित्य (सूर्य) की चौथी पत्नी छाया से दो पुत्रों में से एक 8वें मनु-सावर्णि मनु होंगे जिनसे ही वर्तमान मनवन्तर 7वें वैवस्वत मनु की समाप्ति होगी। ध्यान रहे कि 8वें मनु-सावर्णि मनु, सूर्य पुत्र हैं। अर्थात् कल्कि अवतार और 8वें मनु-सावर्णि मनु दोनों, दो नहीं बल्कि एक ही हैं और सूर्य पुत्र हैं।

"सार्वभौम" गुण 8वें सावर्णि मनु का गुण है। अवतारी श्रृंखला अन्तिम होकर अब मनु और मनवन्तर श्रृंखला के भी बढ़ने का क्रम है क्योंकि यही क्रम है। वैदिक-सनातन-हिन्दू धर्म के पुराणों में 14 मनुओं का वर्णन किया गया है। इन्हीं के नाम से मन्वन्तर चलते हैं। जो निम्नलिखित हैं-

1.मनुर्भरत वंश की प्रियव्रत शाखा

अ.पौराणिक वंश

वंश	अवतार	काल
01.स्वायंभुव मनु	यज्ञ	भूतकाल
02.स्वारचिष मनु	विभु	भूतकाल
03.उत्तम मनु	सत्यसेना	भूतकाल
04.तामस मनु	हरि	भूतकाल
05.रैवत मनु	वैकुण्ठ	भूतकाल
2.मनुर्भरत वंश की उत्तानपाद शाखा		
06.चाक्षुष मनु	अजित	भूतकाल
ब.ऐतिहासिक वंश		
07.वैवस्वत मनु	वामन	वर्तमान
स.भविष्य के वंश		
08.सावर्णि मनु	सार्वभौम	भविष्य
09.दत्त सावर्णि मनु	रिषभ	भविष्य
10.ब्रह्म सावर्णि मनु	विश्वकसेन	भविष्य
11.धर्म सावर्णि मनु	धर्मसेतू	भविष्य
12, रूद्र सावर्णि मनु	सुदामा	भविष्य
13.दैव सावर्णि मनु	योगेश्वर	भविष्य
14.इन्द्र सावर्णि मनु	वृहद्भानु	भविष्य

पहले मनु-स्वायंभुव मनु से 7वें मनु-वैवस्वत मनु तक शारीरिक प्राथमिकता के मनु का कालक्रम हैं। 8वें मनु-सावर्णि मनु से 14वें और अन्तिम-इन्द्र सावर्णि मनु तक बौद्धिक प्राथमिकता के मनु का कालक्रम है इसलिए ही 9वें मनु से 14वें मनु तक के नाम के साथ में "सावर्णि मनु" उपनाम की भाँति लगा हुआ है। अर्थात् 9वें मनु से 14वें मनु में सार्वभौम गुण विद्यमान रहेगा और बिना "विश्वशास्त्र" के उनका प्रकट होना मुश्किल होगा।

मात्र एक विचार-"ईश्वर ने इच्छा व्यक्त की कि मैं एक हूँ, अनेक हो जाऊँ" और "सभी ईश्वर हैं" , यह प्रारम्भ और अन्तिम लक्ष्य है। मनुष्य की रचना "पावर और प्राफिट (शक्ति और लाभ)" के लिए नहीं बल्कि असीम मस्तिष्क क्षमता के विकास के लिए हुआ है। फलस्वरूप वह स्वयं को ईश्वर रूप में अनुभव कर सके, जहाँ उसे किसी गुरू की आवश्यकता न पड़ें, वह स्वंयभू हो जाये, उसका प्रकाश वह स्वयं हो। एक गुरू का लक्ष्य भी यही होता है कि शिष्य मार्गदर्शन प्राप्त कर गुरू से आगे निकलकर, गुरू तथा स्वयं अपना नाम और कृति इस संसार में फैलाये, ना कि जीवनभर एक ही कक्षा में (गुरू में) पढ़ता रह जाये। एक ही कक्षा में जीवनभर पढ़ने वाले को समाज क्या नाम देता है, समाज अच्छी प्रकार जानता है। "विश्वशास्त्र" से कालक्रम को उसी मुख्यधारा में मोड़ दिया गया है। एक शास्त्राकार, अपने द्वारा व्यक्त किये गये पूर्व के शास्त्र का उद्देश्य और उसकी सीमा तो बता ही सकता है परन्तु व्याख्याकार ऐसा नहीं कर सकता।

स्वयं द्वारा व्यक्त शास्त्र के प्रमाण से ही स्वयं को व्यक्त और प्रमाणित करूँगा

-शास्त्राकार महर्षि व्यास (वर्तमान में लव कुश सिंह "विश्वमानव")

शब्द से सृष्टि की ओर...
सृष्टि से शास्त्र की ओर...
शास्त्र से काशी की ओर...
काशी से सत्यकाशी की ओर...
और सत्यकाशी से अनन्त की ओर...
एक अन्तहीन यात्रा.........................

वर्तमान सृष्टि चक्र की स्थिति भी यही हो गयी है कि अब अगले अवतार के मात्र एक विकास के लिए सत्यीकरण से काल, मनवन्तर व मनु, अवतार, व्यास व शास्त्र सभी बदलेगें। इसलिए देश व विश्व के धर्माचार्यें, विद्वानों, ज्योतिषाचार्यों इत्यादि को अपने-अपने शास्त्रों को देखने व समझने की आवश्यकता आ गयी है क्योंकि कहीं श्री लव कुश सिंह "विश्वमानव" और "आध्यात्मिक सत्य" आधारित कार्य "विश्वशास्त्र" वही तो नहीं है? और यदि नहीं तो वह कौन सा कार्य होगा जो इन सबको बदलने वाली घटना को घटित करेगा?

शनिवार, 22 दिसम्बर, 2012 सेप्रारम्भ हो चुका है-

1.काल के प्रथम रूप अदृश्य काल से दूसरे और अन्तिम दृश्य काल का प्रारम्भ।

-इसलिए कि अधिकतम व्यक्ति व समाज का मन दृश्य विषयों पर केन्द्रित है।

2.मनवन्तर के वर्तमान 7वें मनवन्तर वैवस्वत मनु से 8वें मनवन्तर सावर्णि मनु का प्रारम्भ।

-इसलिए कि सावर्णि मनु के "सार्वभौम" गुण का प्रयोग कर श्री लव कुश सिंह "विश्वमानव" व्यक्त हैं।

3.अवतार के नवें बुद्ध से दसवें और अन्तिम अवतार-कल्कि महावतार का प्रारम्भ।

-इसलिए कि आधुनिक युग के लिए एकीकरण व मानकीकरण के सभी प्रणाली व्यष्टि व समष्टि के लिए संयुक्त एवं अन्तिम रूप से कल्कि अवतार द्वारार व्यक्त है।

4.युग के चौथे कलियुग से पाँचवें युग स्वर्ण युग का प्रारम्भ।

-इसलिए कि युग परिवर्तन के लिए कल्कि अवतार का आगमन हो चुका है।

5.व्यास और द्वापर युग में आठवें अवतार श्रीकृष्ण द्वारा प्रारम्भ किया गया कार्य "नवसृजन" के प्रथम भाग "सार्वभौम ज्ञान" के शास्त्र "गीता" से द्वितीय अन्तिम भाग "सार्वभौम कर्मज्ञान", पूर्णज्ञान का पूरक शास्त्र", लोकतन्त्र का "धर्मनिरपेक्ष धर्मशास्त्र" और आम आदमी का "समाजवादी शास्त्र" द्वारा व्यवस्था सत्यीकरण और मन के ब्रह्माण्डीयकरण और नये व्यास का प्रारम्भ।

-इसलिए कि नया और अन्तिम शास्त्र "विश्वशास्त्र" प्रकाशित हो चुका है।

जिस प्रकार लोग आत्मा की महत्ता को न समझकर शरीर को ही महत्व देते हैं उसी प्रकार लोग भले ही पढ़कर ही विकास कर रहें हो परन्तु वे शास्त्राकार लेखक की महत्ता को स्वीकार नहीं करते। जबकि वर्तमान समय में चाहे जिस विषय में हो प्रत्येक विकास कर रहे व्यक्ति के पीछे शास्त्राकार, लेखक, आविष्कारक, दार्शनिक की ही शक्ति है जिस प्रकार शरीर के पीछे आत्मा की शक्ति है।

युगानुसार धर्म, प्रवर्तक और धर्म–शास्त्र

प्रारम्भ → / ← अन्त	1. सत्व गुण (ब्रह्मा) *एकात्म ज्ञान व वाणी (मानक व्यक्तिगत पौराणिक व्यक्ति चरित्र)*			3. तम गुण (शिव–शंकर/महेश) *एकात्म ज्ञान, वाणी, प्रेम, कर्म, ध्यान व समर्पण (मानक वैश्विक पौराणिक व्यक्ति चरित्र)*	अन्त → / ← प्रारम्भ
काल मुक्त, गुण मुक्त, देवता मुक्त, युग मुक्त, मन मुक्त, धर्म मुक्त, पूर्णज्ञान मुक्त आत्म केन्द्रित स्थिति	2. रज गुण (विष्णु) *एकात्म ज्ञान, वाणी, प्रेम व कर्म (मानक सामाजिक पौराणिक व्यक्ति चरित्र)*				काल मुक्त, गुण मुक्त, देवता मुक्त, युग मुक्त, मन मुक्त, धर्म मुक्त, पूर्णज्ञान युक्त आत्म केन्द्रित स्थिति
	अदृश्य काल व अदृश्य विज्ञान		***दृश्य काल व दृश्य विज्ञान***		
	सत्युग सत्य	त्रेतायुग यज्ञ (अदृश्य कर्म)	द्वापरयुग भक्ति और प्रेम	कलियुग संघ और योजना आधारित यज्ञ (दृश्य कर्म)	
वैदिक धर्म/सनातन धर्म – ऋषि–मुनि गण ई0 पूर्व 6000–2500 ऋषि–मुनि / ईश्वर कृत – चार वेद ऋगवेद, सामवेद, यजुवेद व अथर्ववेद संहिता मन का व्यक्तिगत प्रमाणित अदृश्य मानक – आत्मा	ब्राह्मण धर्म– ब्राह्मण कृत – ब्राह्मण (कर्म काण्ड) व आरण्यक (ज्ञान काण्ड), उपनिषद्, वेदांग या सूत्र–साहित्य, शिक्षा, कल्प, व्याकरण, निघण्टु, निरूक्त, छन्द, ज्योतिष, उपांग दर्शन उपवेद, पुराण	परशुराम परम्परा भगवान परशुराम कृत – परशुराम परम्परा – साकार आधारित लोकतंत्र व्यवस्था। महाकाव्य– वाल्मीकि रचित – रामायण – आदर्श मानक व्यक्ति चरित्र का प्रस्तुतीकरण।	वेदान्त अद्वैत धर्म– श्रीकृष्ण– ई0पूर्व 3000 गीता–अद्वैत दर्शन भगवान श्री कृष्ण कृत – साकार आधारित परशुराम परम्परा का नाश, पूर्ववर्ती सभी मतो का समन्वय व एकीकरण करते हुये निराकार आधारित लोकतंत्र व्यवस्था के प्रारम्भ का बीज शास्त्र "गीता/ गीतोपनिषद्" व्यास रचित – महाभारत – आदर्श मानक व्यक्ति चरित्र समाहित आदर्श मानक सामाजिक व्यक्ति चरित्र अर्थात व्यक्तिगत प्रमाणित आदर्श मानक वैश्विक व्यक्ति चरित्र का प्रस्तुतीकरण।	01.बौद्ध–भगवान बुद्ध–ई0पू0 567–487 02.कन्फ्यूसी–कन्फ्यूसियश–ई0पूर्व 551–479 03.टोईज्म–लोओत्से–ई0पूर्व 604–518 04.जैन–भगवान महावीर–ई0पूर्व 539–467 05.पारसी–जरथुस्ट–ई0पूर्व 6 जेन्दाअवेस्ता 06.ईसाई–ईसामसीह–सन् 33ई0 बाईबल 07.इस्लाम–मु0पैगम्बर–सन् 670ई0 कुरआन 08.सिक्ख–गुरुनानक–1510ई0 गुरुग्रन्थसाहिब 09.विश्व धर्म/ वेदान्त धर्म/ अद्वैत धर्म/ सत्य धर्म /एकता धर्म/लोकतन्त्र धर्म/ समष्टि धर्म/दृश्य धर्म /प्राकृतिक धर्म/ संयुक्तमन धर्म/ ईश्वर धर्म/हिन्दू धर्म/ सार्वजनिक धर्म/मानवधर्म/धर्मनिरपेक्ष धर्म –सन् 2012 ई0 लव कुश सिंह "विश्वमानव" कृत –विश्वभारत – आदर्श मानक सामाजिक व्यक्ति चरित्र समाहित आदर्श मानक वैश्विक व्यक्ति चरित्र अर्थात सार्वजनिक प्रमाणित आदर्श मानक वैश्विक व्यक्ति चरित्र का प्रस्तुतीकरण।	सनातन धर्म – लव कुश सिंह "विश्वमानव" –सन् 2012 ई0 लव कुश सिंह "विश्वमानव" कृत–विश्वशास्त्र – पूर्ववर्ती सभी धर्मों व मतों का समन्वय व एकीकरण करते हुये निराकार आधारित लोकतंत्र व्यवस्था का वृक्ष शास्त्र विश्व– नागरिक धर्म का धर्मयुक्त धर्मशास्त्र – कर्मवेद : प्रथम, अन्तिम तथा पंचम वेदीय श्रृंखला विश्व–राज्यधर्म का धर्मनिरपेक्ष धर्मशास्त्र – विश्वमानक शून्य–मन की गुणवत्ता का विश्वमानक श्रृंखला मन का सार्वजनिक प्रमाणित दृश्य मानक–तन्त्र/प्रणाली

व्यष्टि और समष्टि धर्मशास्त्र

व्यष्टि - समष्टि

"स ईशोऽनिर्वचनीयप्रेमस्वरुपः"- ईश्वर अनिर्वचनीय प्रेम स्वरुप है। नारद द्वारा वर्णन किया हुआ ईश्वर का यह लक्षण स्पष्ट है और सब लोगों को स्वीकार है। यह मेरे जीवन का दृढ़ विश्वास है। बहुत से व्यक्तियों के समूह कांे समष्टि कहते हैं और प्रत्येक व्यक्ति, व्यष्टि कहलाता है आप और मैं दोनों व्यष्टि हैं, समाज समष्टि है आप और मैं- पशु, पक्षी, कीड़ा, कीड़े से भी तुक्ष प्राणी, वृक्ष, लता, पृथ्वी, नक्षत्र और तारे यह प्रत्येक व्यष्टि है और यह विश्व समष्टि है जो कि वेदान्त में विराट, हिरण गर्भ या ईश्वर कहलाता है। और पुराणों में ब्रह्मा, विष्णु, देवी इत्यादि। व्यष्टि को व्यक्तिशः स्वतन्त्रता होती है या नहीं, और यदि होती है तो उसका नाम क्या होना चाहिए। व्यष्टि को समष्टि के लिए अपनी इच्छा और सुख का सम्पूर्ण त्याग करना चाहिए या नहीं, वे प्रत्येक समाज के लिए चिरन्तन समस्याएँ हैं सब स्थानों में समाज इन समस्याओं के समाधान में संलग्न रहता है ये बड़ी-बड़ी तरंगों के समान आधुनिक पश्चिमी समाज में हलचल मचा रही हैं जो समाज के अधिपत्य के लिए व्यक्तिगत स्वतन्त्रता का त्याग चाहता है वह सिद्धान्त समाजवाद कहलाता है और जो व्यक्ति के पक्ष का समर्थन करता है वह व्यक्तिवाद कहलाता है। सबका स्वामी (परमात्मा) कोई व्यक्ति विशेष नहीं हो सकता, वह तो सबकी समष्टि स्वरुप ही होगा। वैराग्यवान मनुष्य आत्मा शब्द का अर्थ व्यक्तिगत "मैं" न समझकर, उस सर्वव्यापी ईश्वर को समझता है जो अन्तर्यामी होकर सबमें वास कर रहा हो। वे समष्टि के रुप में सब को प्रतीत हो सकते हैं ऐसा होते हुए जब जीव और ईश्वर स्वरुपतः अभिन्न हैं, तब जीवों की सेवा और ईश्वर से प्रेम करने का अर्थ एक ही है। यहाँ एक विशेषता है। जब जीव को जीव समझकर सेवा की जाती है तब वह दया है, किन्तु प्रेम नहीं। परन्तु जब उसे आत्मा समझकर सेवा करो तब वह प्रेम कहलाता है। आत्मा ही एक मात्र प्रेम का पात्र है, यह श्रुति, स्मृति और अपरोक्षानुभूति से जाना जा सकता है। सर्वेश्वर कभी भी विशेष व्यक्ति नहीं बन सकते। जीव है व्यष्टि; और समस्त जीवों की समष्टि है, ईश्वर। जीव में अविद्या प्रबल है; ईश्वर विद्या और अविद्या की समष्टि रूपी माया को वशीभूत करके विराजमान है और स्वाधीन भाव से उस स्थावर-जंगमात्मक जगत को अपने भीतर से बाहर निकाल रहा है। परन्तु ब्रह्म उस व्यष्टि-समष्टि से अथवा जीव-ईश्वर से परे है। ब्रह्म का अशंाश भाग नहीं होता। समष्टि से प्रेम किये बिना हम व्यष्टि से प्रेम कैसे कर सकते हैं? ईश्वर ही वह समष्टि है। सारे विश्व का यदि एक अखण्ड रूप से चिन्तन किया जाय, तो वही ईश्वर है, और उसे पृथक-पृथक रूप से देखने पर वही यह दृश्यमान संसार है- व्यष्टि है। समष्टि वह इकाई है, जिसमें लाखों छोटी-छोटी इकाईयों का मेल है। इस समष्टि के माध्यम से ही सारे विश्व को प्रेम करना सम्भव है।"

- स्वामी विवेकानन्द

"मेरा", व्यष्टि है। "तुम्हारा", व्यष्टि है। "हमारा", समष्टि है। ये "मेरा", "तुम्हारा", व्यष्टि "मैं" है। "हमारा", समष्टि "मैं" है। "व्यष्टि" व्यक्तिगत होता है जबकि "समष्टि" सार्वजनिक, न्यूनतम एवं अधिकतम साझा जिसे अंग्रेजी में कामन (Common) कहते हैं, होता है।

साकार आधारित तन्त्र (राजतन्त्र) अर्थात् बिना लिखित संविधान वाले तन्त्र में जब तक व्यक्ति प्रजा (व्यक्तिगत पद) होता है वह "व्यष्टि" होता है जैसे ही वह राजा (सार्वजनिक पद) पर बैठेगा, वह "समष्टि" हो जायेगा। राजा (सार्वजनिक पद) पर बैठने के बाद भी वह अपने व्यक्तिगत विचारों का संचालन कर सकता था क्योंकि वहाँ कोई लिखित संविधान नहीं होता है। इसी कारण जो राजा व्यक्तिगत हित के विचारों का संचालन करने लगते थे, उन्हें व्यक्तिवादी या असुर की श्रेणी में तथा जो राजा सार्वजनिक हित के विचारों का संचालन करते थे उन्हें समाजवादी या सुर या देवता के श्रेणी में रखे जाते थे।

वर्तमान में हम सभी निराकार आधारित तन्त्र (लोकतन्त्र) अर्थात् लिखित संविधान वाले लोकतन्त्र में रहते हैं और उसी से शासित हैं। और इस तन्त्र के अनुसार जितने भी सार्वजनिक पद हैं वे सब समष्टि पद हैं। उस

पद को संचालित करने के लिए एक लिखित मार्गदर्शन हैं जिसे हम सब संविधान-कानून कहते हैं। वह पद, उससे बाहर नहीं जा सकता। उससे बाहर जाने पर पीठासीन व्यक्ति विवाद-विरोध का शिकार हो जायेगा। संविधान-कानून, एक मानवीय समष्टि शास्त्र है अर्थात् एक मानव समूह को संचालित करने के लिए, उस समूह का समष्टि विचार है।

यह अच्छी प्रकार जान लेना चाहिए कि अवतारी श्रृंखला, संत श्रृंखला, दार्शनिक श्रृंखला, सिद्ध श्रृंखला, शास्त्र श्रृंखला से आये अवतार, संत, दार्शनिक, सिद्ध, शास्त्र सब समष्टि हैं, ये मानव जाति के लिए कार्य करते हैं न कि किसी विशेष मानव समूह के लिए। सरल शब्दों में जो विचार अधिकतम मानव समूह पर सरलता से लागू-प्रभावी किया जा सके वह उच्चतर समष्टि विचार है तथा जो जितना उच्चतर शक्ति से लागू-प्रभावी किया जा सके वह उतना ही उच्चतर व्यष्टि विचार है।

धर्मशास्त्र

व्यष्टि विचार हो या समष्टि विचार, दोनों व्यक्ति से ही व्यक्त होते हैं। इसलिए यहाँ भ्रम कि स्थिति उत्पन्न होती है और कोई व्यक्ति बड़े ही सरल भाव से कह देता हैं कि - ये आपके अपने व्यक्तिगत विचार हैं। महाभारत में धर्म के लिए कहा गया है कि वह वस्तु जो सम्पूर्ण विश्व को धारण कर रही है या करती है अर्थात् जो समस्त वस्तुओं का मूल आधार है एवं समाज की एकता को मूर्तिमंत करती है वही धर्म है। अवतारों द्वारा व्यक्त कार्य समष्टि धर्म के विकास का ही कार्य होता है।

इस प्रकार जिस सम्प्रदाय का सिद्धान्त, विश्व में व्याप्त सिद्धान्त के अनुरूप है वह सर्वोच्च समष्टि धर्म है तथा आधारित धर्म शास्त्र समष्टि धर्मशास्त्र है अन्यथा वह व्यष्टि या व्यष्टि समूह का धर्म तथा आधारित धर्म शास्त्र, व्यष्टि धर्मशास्त्र है।

मानवीय रूप से "विश्वशास्त्र" व्यक्तिगत विचार का शास्त्र नहीं बल्कि सार्वजनिक विचार का शास्त्र है। और ईश्वरीय रूप में सार्वभौम सत्य-सिद्धान्त का समष्टि सत्य शास्त्र है अर्थात् विश्व के मानव समूह को संचालित करने के लिए, ईश्वरीय समष्टि सार्वभौम सत्य-सिद्धान्त है। सत्य है, शिव है, सुन्दर है। शिव ज्योति है, प्रकाश है, गुरू

हमें देखना है कि किस प्रकार यह वेदान्त हमारे दैनिक जीवन में, नागरिक जीवन में, ग्राम्य जीवन में, राष्ट्रीय जीवन में और प्रत्येक राष्ट्र के घरेलू जीवन में परिणत किया जा सकता है। कारण, यदि धर्म मनुष्य को जहाँ भी और जिस स्थिति में भी है, सहायता नहीं दे सकता, तो उसकी उपयोगिता अधिक नहीं - तब वह केवल कुछ विशिष्ट व्यक्तियों के लिए कोरा सिद्धान्त हो कर रह जायेगा।

- स्वामी विवेकानन्द

शास्त्रार्थ, शास्त्र पर होता है, शास्त्राकार से और पर नहीं

व्यष्टि को व्यक्तिशः स्वतन्त्रता होती है या नहीं, और यदि होती है तो उसका नाम क्या होना चाहिए। व्यष्टि को समष्टि के लिए अपनी इच्छा और सुख का सम्पूर्ण त्याग करना चाहिए या नहीं, वे प्रत्येक समाज के लिए चिरन्तन समस्याएँ हैं। सब स्थानों में समाज इन समस्याओं के समाधान में संलग्न रहता है ये बड़ी-बड़ी तरंगों के समान आधुनिक पश्चिमी समाज में हलचल मचा रही हैं जो समाज के अधिपत्य के लिए व्यक्तिगत स्वतन्त्रता का त्याग चाहता है वह सिद्धान्त समाजवाद कहलाता है और जो व्यक्ति के पक्ष का समर्थन करता है वह व्यक्तिवाद कहलाता है।

- स्वामी विवेकानन्द

भविष्यवाणीयों के अनुसार ही आज विश्व में घटनाएँ घट रही हैं। युग परिवर्तन प्रकृति का अटल सिद्धान्त है। वैदिक दर्शन के अनुसार चार युगों- सतयुग, त्रेतायुग, द्वापरयुग और कलियुग की व्यवस्था है। जब पृथ्वी पर पापियों का एक छत्र साम्राज्य हो जाता है, तब भगवान पृथ्वी पर मानव रूप में प्रकट होते हैं। मानवता के इस पूर्ण विकास का कार्य अनादि काल से भारत ही करता आया है। इसी पुण्य भूमि पर अवतारों का अवतरण अनादि काल से होता रहा है। लेकिन कैसी बिडम्बना है कि ऋषि-मुनियों, महापुरूषों व अवतारों के जीवन काल में उनके अधिकतम उपयोग के लिए उस समय के शासन व्यवस्था व जनता ने उनके दिव्य बातों व आदर्शो पर ध्यान नहीं दिया और उनके अन्र्तध्यान होने पर दुगने उत्साह से उनकी पूजा शुरू कर पूजने लग गये। यह भी एक बिडम्बना ही है कि हम जीवन व समय रहते उनकी नहीं मानते अपितु उनका विरोध व अपमान ही करते रहते हैं। कुल मिलाकर "कारवाँ गुजर गया, गुबार पूजते रह गये" वाली स्थिति मनुष्यों की रहती है।

जिस प्रकार पुनर्जन्म केवल मानसिक आधार पर ही सिद्ध हो पाता है उसी प्रकार अवतार भी केवल मानसिक आधार पर ही पहचाने जाते हैं। वे अपने से पिछले अवतार के गुण से युक्त तो होते हैं परन्तु पिछले अवतार की धर्मस्थापना की कला से अलग एक नई कला का प्रयोग करते हैं और वह प्रयोग कर देने के उपरान्त ही मानव समाज को ज्ञात होता है अर्थात् प्रत्येक अवतार का शरीर अलग-अलग व समाज के सत्यीकरण की कला अलग-अलग होती है। इस सम्बन्ध में आचार्य रजनीश "ओशो" का कहना है कि -"एक तरह का सिद्ध एक ही बार होता है, दोबारा नहीं होता। क्योंकि जो सिद्ध हो गया, फिर नहीं लौटता। गया फिर वापस नहीं आता। एक ही बार तुम उसकी झलक पाते हो- बुद्ध की, महावीर की, क्राइस्ट ही, मुहम्मद की, एक ही बार झलक पाते हो, फिर गये सो गये। फिर विराट में लीन हो गये। फिर दोबारा उनके जैसा आदमी नहीं होगा, नहीं हो सकता। मगर बहुत लोग नकलची होंगे। उनको तुम साधु कहते हो। उन नकलीची का बड़ा सम्मान है। क्योंकि वे तुम्हारे शास्त्र के अनुसार मालूम पड़ते हैं। जब भी सिद्ध आयेगा सब अस्त व्यस्त कर देगा सिद्ध आता ही है क्रान्ति की तरह! प्रत्येक सिद्ध बगावत लेकर आता है, एक क्रान्ति का संदेश लेकर आता है एक आग की तरह आता है- एक तुफान रोशनी का! लेकिन जो अँधेरे में पड़े है। उनकी आँखे अगर एकदम से उतनी रोशनी न झेल सके और नाराज हो जाय तो कुछ आश्चर्य नहीं। जो एक गुरू बोल रहा है, वह अनन्त सिद्धों की वाणी है। अभिव्यक्ति में भेद होगा, शब्द अलग होंगे, प्रतीक अलग होंगे मगर जो एक सिद्ध बोलता है, वह सभी सिद्धों की वाणी है। इनसे अन्यथा नहीं हो सकता है। इसलिए जिसने एक सिद्ध को पा लिया, उसने सारे सिद्धों की परम्परा को पा लिया। क्योंकि उनका सूत्र एक ही है। कुंजी तो एक ही है, जिसमें ताला खुलता है अस्तित्व का।"

जिस प्रकार सुबह में कोई व्यक्ति यह कहे कि रात होगी तो वह कोई नई बात नहीं कह रहा। रात तो होनी है चाहे वह कहे या ना कहे और रात आ गई तो उस रात को लाने वाला भी वह व्यक्ति नहीं होता क्योंकि वह प्रकृति का नियम है। इसी प्रकार कोई यह कहे कि "सतयुग आयेगा, सतयुग आयेगा" तो वह उसको लाने वाला नहीं होता। वह नहीं भी बोलेगा तो भी सतयुग आयेगा क्योंकि वह अवतारों का नियम है। सुबह से रात लाने का माध्यम प्रकृति है। युग बदलने का माध्यम अवतार होते हैं। जिस प्रकार त्रेतायुग से द्वापरयुग में परिवर्तन के लिए वाल्मिकि

रचित "रामायण" आया, जिस प्रकार द्वापरयुग से कलियुग में परिवर्तन के लिए महर्षि व्यास रचित "महाभारत" आया। उसी प्रकार प्रथम अदृश्य काल से द्वितीय और अन्तिम दृश्य काल व चौथे युग-कलियुग से पाँचवें युग-स्वर्णयुग में परिवर्तन के लिए शेष समष्टि कार्य का शास्त्र "विश्वशास्त्र" सत्यकाशी क्षेत्र जो वाराणसी-विन्ध्याचल-शिवद्वार-सोनभद्र के बीच का क्षेत्र है, से भारत और विश्व को अन्तिम महावतार श्री लव कुश सिंह "विश्वमानव" द्वारा मानवों के अनन्त काल तक के विकास के लिए व्यक्त किया गया है।

प्राचीन समय में शास्त्रार्थ होते थे। जो आमने-सामने बैठकर वाणी द्वारा की जाती थी। इस शास्त्रार्थ में शास्त्र के अर्थ से अलग कुछ और गुण भी प्रदर्शित होते थे। जैसे - वाणी द्वारा व्यक्त करने की कला, त्वरित उत्तर देने की कला, शरीर सामने रहने से व्यक्तित्व का प्रभाव, समर्थन करने वाले अन्य व्यक्ति इत्यादि। ये कुछ अन्य गुण जो बताये गये ये गौण अर्थात् महत्वहीन विषय हैं। कोई व्यक्ति गूँगा हो तो उसके लिए वाणी और त्वरित उत्तर देना सम्भव नहीं। कोई व्यक्ति यदि कुरूप या दिव्यांग-विकलांग हो तो वह व्यक्तित्व से भी प्रभाव नहीं डाल सकता। कोई समर्थक भी साथ न हो तो क्या हो सकता है जबकि उसके द्वारा व्यक्त ज्ञान का लिखित शास्त्र "आध्यात्मिक सत्य" पर आधारित हो। ऐसी स्थिति में उस लिखित शास्त्र पर ही शास्त्रार्थ करना होगा। और यही शास्त्रार्थ का सत्य अर्थ है। शास्त्रार्थ, शास्त्र पर होता है, न कि शास्त्राकार से और उस पर। उपयोगी क्या है?, इस पर विचार करना उपयोगी होता है। शास्त्रार्थ, शास्त्राकार के जीवित रहने तक ही सम्भव होता है अन्त में शास्त्र पर ही शास्त्रार्थ करने का मार्ग शेष बचता है।

भाग-3
कल्कि अवतार

काल और युग परिवर्तक कल्कि अवतार

कल्कि अवतार, महाअवतार क्यों?

कल्कि महाअवतार एवं अन्य स्वघोषित कल्कि अवतार

काल और युग परिवर्तक कल्कि अवतार

ग्रन्थों में अवतारों की कई कोटि बतायी गई है जैसे अंशाशावतार, अंशावतार, आवेशावतार, कलावतार, नित्यावतार, युगावतार इत्यादि। जो भी सार्वभौम सत्य-सिद्धान्त को व्यक्त करता है वे सभी अवतार कहलाते हैं। व्यक्ति से लेकर समाज के सर्वोच्च स्तर तक सार्वभौम सत्य-सिद्धान्त को व्यक्त करने के क्रम में ही विभिन्न कोटि के अवतार स्तरबद्ध होते हैं। अन्तिम सार्वभौम सत्य-सिद्धान्त को व्यक्त करने वाला ही अन्तिम अवतार के रूप में व्यक्त होगा। अब तक हुये अवतार, पैगम्बर, ईशदूत इत्यादि को हम सभी उनके होने के बाद, उनके जीवन काल की अवधि में या उनके शरीर त्याग के बाद से ही जानते हैं। परन्तु भविष्य अर्थात् आने वाले कल के लिए कल्पित महाविष्णु के 24 अवतारों (1. सनकादि ऋषि (ब्रह्मा के चार पुत्र), 2. नारद, 3. वाराह, 4. मत्स्य, 5. यज्ञ (विष्णु कुछ काल के लिये इंद्र रूप में), 6.नर-नारायण, 7. कपिल, 8. दत्तात्रेय, 9. हयग्रीव, 10. हंस पुराण, 11. पृष्णिगर्भ, 12. ऋषभदेव, 13. पृथु, 14. नृसिंह, 15. कूर्म, 16. धनवंतरी, 17. मोहिनी, 18. वामन, 19. परशुराम, 20. राम, 21. व्यास, 22. कृष्ण, बलराम, 23. गौतम बुद्ध (कई लोग बुद्ध के स्थान पर बलराम को कहते हैं, अन्यथा बलराम शेषनाग के अवतार कहलाते हैं), 24. कल्कि) में एक मात्र शेष 24वाँ तथा प्रमुख 10 अवतारों (1.मत्स्य, 2.कूर्म, 3.वाराह, 4.नृसिंह, 5.वामन, 6.परशुराम, 7.राम, 8.श्रीकृष्ण, 9.बुद्ध और 10.कल्कि) में एक मात्र शेष दसवाँ और अन्तिम कल्कि अवतार, के विषय में जो परिकल्पना है, वह निम्नलिखित रूप से है जिसे समझना आवश्यक है -

प्राचीन कथा

बुद्धकाल के पश्चात् लोग पुनः धर्म की बातें भूल गये। तब भगवान ने शंकराचार्य के रूप में नरदेह धारणकर जीवों को धर्म-शिक्षा दी। इसी प्रकार मानव जाति के मंगल हेतु रामानुज, चौतन्य और रामकृष्ण आदि अवतार भी आविर्भूत हुए। परन्तु दशावतारों में बुद्धदेव के बाद कल्कि-अवतार का ही उल्लेख हुआ है। कल्कि का अर्थ है - जो आएँगे।

कलियुग के अन्त में मनुष्य ज्ञानहीन हो भगवान को भूल जाएगा। पापाचार के फलस्वरूप उसकी आकृति तथा आयु छोटी हो जाएगी। धूर्तता, कपटता आदि सभी नीच प्रवृत्तियाँ उसके स्वभाव का अंग हो जाएँगी, सूदखोर ब्राह्मणों का मान होगा और दुष्ट लोग संन्यासी का वेश धारण करके लोगों को ठगेंगे। भाई-बन्धु को लोग

पराया समझेंगे, परन्तु साले-सम्बन्धियों को परम आत्मीय मानेंगे। झगड़ा-विवाद नित्यकर्म हो जायेगा। केशविन्यास व वेशभूषा का चलन ही सभ्यता कहलाएगा। कुल मिलाकर मनुष्यों के मन में बुद्धि-विवेक का लेष तक न रह जाएगा।

दानवी प्रकृति के लोग छल-बल से देश के राजा होकर प्रजा का अर्थशोषण करेंगे। दुष्ट लोग राजाओं के अनुगत होकर लोगों का हित करने के नाम पर अपना ही स्वार्थसाधन करेंगे। रोग, महामारी, अनावृष्टि, अकाल आदि प्राकृतिक उपद्रवों से निरन्तर लोकक्षय होगा।

शम्भल नामक ग्राम में विष्णुयश नाम के एक ब्राह्मण निवास करेंगे, जो सुमति नामक स्त्री के साथ विवाह करेंगें दोनों ही धर्म-कर्म में दिन बिताएँगे। कल्कि उनके घर में पुत्र होकर जन्म लेंगे और अल्पायु में ही वेदादि शास्त्रों का पाठ करके महापण्डित हो जाएँगे। बाद में वे जीवों के दुःख से कातर हो महादेव की उपासना करके अस्त्रविद्या प्राप्त करेंगे।

उसी देश के राजा विशाखयूप कल्किदेव के माहात्म्य से अवगत होकर उनका शिष्यत्व स्वीकार कर उन्हीं के उपदेशानुसार राज्य-शासन चलाएँगे। कल्किदेव की कृपा से उनकी प्रजा धर्म परायण हो उठेगी।

सिंहल द्वीप में बृहद्रथ नाम के एक राजा होंगे। उनकी रानी कौमुदी के गर्भ से एक अपूर्व लावण्यमी कन्या का जन्म होगा। उसका नाम होगा पद्मा। पद्मा बाल्यकाल से ही श्रीहरि की परम भक्त होंगी और उन्हें पति रूप में प्राप्त करने के लिए महादेव की आराधना करेंगी। शंकर-पार्वती प्रसन्न होकर उन्हें वर देंगे कि श्रीहरि उन्हें पति रूप में प्राप्त हों और कोई भी पुरूष उनकी ओर पत्नीभाव से देखने पर तत्काल नारी रूप धारण करेगा।

पुत्री पद्मादेवी की आयु विवाह-योग्य हो जाने पर राजा बृहद्रथ उसके विवाह हेतु एक स्वयंवर सभा बुलाएँगे। राजागण असाधारण रूपवती पद्मा का रूप देख मोहित होकर उन्हें पत्नी के रूप में पाने की इच्छा करते ही तत्काल पद्मा के समान ही युवती हो जाएँगे। लज्जा के कारण वे अपने राज्य को न लौटकर पद्मादेवी के सखी-रूप में उन्हीं के साथ निवास करने लगेंगे। कल्किदेव यह समाचार पाकर अश्वारोहण करते हुए सिंहल द्वीप जाएँगे। पद्मादेवी जलविहार करते समय उन्हें देखते ही पहचान कर उनके प्रति अनुरक्त हो जाएँगी। बृहद्रथ यह जानकर काफी धन आदि के साथ अपनी कन्या कल्किदेव को समर्पित कर देंगे। जो समस्त राजा नारी रूप में परिणत हो गए थे, वे सभी कल्किदेव का दर्शन करते ही अपने पूर्व रूप में आकर कृतज्ञ हृदय के साथ स्वदेश लौट जाएँगे।

इधर देवराज इन्द्र के आदेश पर उनके वास्तुकार विश्वकर्मा शम्भल ग्राम में एक अपूर्व पुरी का निर्माण करेंगे। कल्किदेव अपनी पत्नी तथा हाथी-घोड़े, धन-रत्न आदि के साथ स्वदेश लौटकर वहीं निवास करेंगे। कुछ काल बाद उनके जय-विजय नामक दो महा बलशाली पुत्र जन्मेंगे।

विष्णुयश एक अश्वमेध यज्ञ करने का संकल्प करेंगे। पुत्र पिता की इच्छा पूर्ण करने हेतु दिग्विजय हेतु बाहर निकलेंगे। क्योंकि चक्रवर्ती राजा हुए बिना अश्वमेध यज्ञ नहीं किया जा सकता।

भगवान कल्कि सर्वप्रथम कीटक देश में बौद्ध नामधारी असुर-प्रकृति लोगों के राज्य पर हमला करेंगे। बौद्धगण आमने-सामने के युद्ध में हारकर तरह-तरह की माया का आश्रय लेंगे, परन्तु कल्किदेव उनका सारा प्रयास विफल कर देंगे। तदुपरान्त वे लोग बहुत बड़ी म्लेच्छ सेना बनाकर कल्कि-सेना पर आक्रमण करेंगे। भीषण युद्ध के बाद बौद्ध तथा म्लेच्छ-गण समाप्त हो जाएँगे। उनके रक्त की नदियाँ बहेंगी, जिसमें हाथी, घोड़े रथ आदि घड़ियाल के समान तैरेंगे, मृतदेहों का पहाड़ बन जाएगा।

पति-पुत्रों के निधन से क्रोधान्ध होकर बौद्ध तथा म्लेच्छ नारियाँ युद्धवेश में सज्जित होकर कल्कि सेना पर आक्रमण करेंगी। स्त्रियों को मारने से पाप तथा अपयश मिलता है और युद्ध में उन्हें परास्त करके भी गौरव नही मिलता- यह सोचकर कल्किदेव एक माया का आश्रय लेंगे। नारियों द्वारा अस्त्र चलाने पर वह जड़ हो जाएगा और बाणादि बार-बार लौटकर उन्हीं के हाथों में आ जाएँगे। इससे उन महिलाओं के भाव में परिवर्तन आएगा। कल्किदेव को भगवान समझकर वे उनकी शरण लेंगी। वे उन्हें ज्ञानोपदेश के द्वारा मुक्ति प्रदान करेंगे।

उसी समय चक्रतीर्थ में बालखिल्य नाम के अति लघुकाय ऋषिगण कल्किदेव से निवेदन करेंगे कि कुथोदरी नामक एक मायाविनी राक्षसी के उपद्रव से उनकी तपस्या में बड़ा विघ्न पड़ रहा है। कल्किदेव उस राक्षसी को सबक सिखाने सेना के साथ हिमालय की ओर प्रस्थान करेंगे।

हिमालय पर्वत पर अपना सिर और निषध पर्वत पर पैर रखकर अनेक योजन स्थान में सोकर कुथोदरी अपने पुत्र विकंजन को स्तन पिलायेगी। स्तन से दूध झरने पर एक नदी की सृष्टि होगी। राक्षसी के निःश्वास के वेग से वन्य हाथी दूर फिक जाएँगे, गुफा समझकर सिंह उसके कर्णकुहरों में और हिरण उसके रोमकूपों में निवास करेंगे। इस अद्भुत राक्षसी को देखकर कल्किदेव की सेना मूर्छित हो जाएगी। कल्किदेव द्वारा आक्रमण किये जाने पर वह उन्हें सेना समेत निगल जाएगी। वे खड्ग लिए राक्षसी का पेट फाड़कर बाहर निकलेंगे। विराट् पर्वतमाला के समान धरती पर गिरकर चारों ओर रक्त से प्लावित करती हुई कुथोदरी प्राण त्याग देगी।

मरू तथा देवापि नामक दो भक्त राजा कल्किदेव के शिष्य बन जाएँगे। विशाखयूप, मरू, देवापि आदि से युक्त अपनी विराट् सैन्यवाहिनी के साथ कल्किदेव विशसन नामक प्रदेश पर आक्रमण करेंगे। पूर्ववत् ही भयानक युद्ध के पश्चात् अधर्माचारीगण नष्ट हो जाएँगे। कोक तथा विकोक नामक दो मायावी विभिन्न प्रकार की माया का अवलम्बन करेंगे, परन्तु कल्किदेव उनकी माया को व्यर्थ करते हुए उनका वध कर डालेंगे।

इसके बाद कल्कि भल्लाट नगर पर आक्रमण करेंगे। भल्लाट के महायोद्धा तथा हरिभक्त राजा शशिध्वज और उनकी भक्तिमती पत्नी सुशान्ता योगबल से कल्किदेव को पहचान लेंगे। सुशान्ता अपने पतिदेव को अनेक प्रकार से समझाएगी कि वे शत्रुभाव को त्यागकर श्रीहरि के चरणों में शरण लें, परन्तु शशिध्वज बिल्कुल भी राजी न होकर अपने पुत्र आदि समस्त सम्बन्धियों तथा सेना के साथ कल्किदेव पर आक्रमण करेंगे। शशिध्वज की वीरता से विशाखयूप आदि सभी पराजित होंगे। उनके अस्त्रघात से कल्किदेव के मूर्छित हो जाने पर राजा शशिध्वज उन्हें सीने से लगाकर राजपुरी ले जाएँगे।

सुशान्ता एवं उनकी सखियाँ श्रीहरि को पा आनन्दपूर्वक उन्हें घेरकर नृत्य-गीत करती रहेंगी। चेतना लौटने पर कल्किदेव उनका भक्तिभाव देखकर सन्तुष्ट होंगे तथा आत्समर्पण कर देंगे। शशिध्वज अपनी कन्या रमा को कल्किदेव के हाथों सौंपकर उन्हें दामाद के रूप में वरण करेंगे। इस अवसर पर उस विराट् सैन्यसंघ में महा-महोत्सव होगा।

भगवान कल्कि भारत के समस्त अत्याचारी असुरस्वभाव राजाओं का संहार करेंगे। दुष्ट लोक उनके भय से सन्मार्ग का आश्रय लेंगे। दिग्विजय करके वे सम्पूर्ण भारत के चक्रवर्ती राजा होंगे और पिता द्वारा संकल्पित अश्वमेध तथा अन्य प्रकार के यज्ञों का सम्पादन करके वैदिक धर्म का पुनरूद्धार करेंगे। उनके असाधारण कृतित्व देखकर तथा उनके शासनाधीन रहने से लोग निरन्तर उन्हीं के चरित्र का चिन्तन करते हुए पवित्र हो जाएँगे। सर्वदा उनके आदर्शानुसार धम-कर्म में लगे रहकर वे लोग परम शान्ति प्राप्त करेंगे। यथासमय अच्छी वर्षा होगी। भूमि के उर्वर हो जाने से यथेष्ट मात्रा में अन्न उपजेगा। रोक-शोक कुछ भी नहीं रह जाएगा।

इस प्रकार पुनः सतयुग का आविर्भाव हो जाने पर कल्किदेव अपना अवतार देह त्यागकर गोलोक में विचरण करेंगे।

कल्कि पुराण

कल्कि पुराण हिन्दुओं के विभिन्न धार्मिक एवं पौराणिक ग्रन्थों में से एक है। इस पुराण में भगवान विष्णु के दसवें तथा अन्तिम अवतार की भविष्यवाणी की गयी है और कहा गया है कि विष्णु का अगला अवतार (महाअवतार)-"कल्कि अवतार" होगा। इसके अनुसार 4,320 वीं शती में कलियुग का अन्त के समय कल्कि अवतार लेंगें।

इस पुराण में प्रथम मार्कण्डेय जी और शुकदेव जी के संवाद का वर्णन है। कलियुग का प्रारम्भ हो चुका है जिसके कारण पृथ्वी देवताओं के साथ, विष्णु के सम्मुख जाकर उनसे अवतार की बात कहती है। भगवान के अंश रूप में ही सम्भल गाँव (मुरादाबाद, उ0प्र0 के पास) में कल्कि भगवान का जन्म होता है। उसके आगे

कल्कि भगवान की दैवीय गतिविधियों का सुन्दर वर्णन मन को बहुत सुन्दर अनुभव कराता है। भगवान कल्कि विवाह के उद्देश्य से सिंहल द्वीप जाते हैं। वह जलक्रिड़ा के दौरान राजकुमारी पद्मावती से परिचय होता है। देवी पद्मिनी का विवाह कल्कि भगवान के साथ ही होगा, अन्य कोई भी उसका पात्र नहीं होगा, प्रयास करने पर वह स्त्री रूप में परिणत हो जायेगा। अंत में कल्कि व पद्मिनी का विवाह सम्पन्न हुआ और विवाह के पश्चात् स्त्रीत्व को प्राप्त हुए राजागण पुनः पूर्व रूप में लौट आये। कल्कि भगवान पद्मिनी को लेकर सम्भल गाँव में लौट आये। विश्वकर्मा के द्वारा उसका अलौकिक तथा दिव्य नगरी के रूप में निर्माण हुआ। हरिद्वार में कल्कि जी ने मुनियों से मिलकर सूर्यवंश का और भगवान राम का चरित्र वर्णन किया। बाद में शशिध्वज का कल्कि से युद्ध और उन्हें अपने घर ले जाने का वर्णन है, जहाँ वह अपनी प्राणप्रिय पुत्री रमा का विवाह कल्कि भगवान से करते हैं। उसके बाद इसमें नारद जी आगमन, विष्णुयश का नारद जी से मोक्ष विषयक प्रश्न, रूक्मिणी व्रत प्रसंग और अंत में लोक में सतयुग की स्थापना के प्रसंग को वर्णित किया गया है। वह शुकदेव जी के कथा का गान करते हैं। अंत में दैत्यों के गुरू शुक्राचार्य की पुत्री देवयानी व समिष्ठा की कथा है। इस पुराण में मुनियों द्वारा कथित श्री भगवती गंगा स्तव का वर्णन भी किया गया है। पाँच लक्षणों से युक्त यह पुराण संसार को आनन्द प्रदान करने वाला है। इसमें साक्षात् विष्णु स्वरूप भगवान कल्कि के अत्यन्त अद्‌भुत क्रियाकलापों का सुन्दर व प्रभावपूर्ण चित्रण है।

नाम रूप

कल्कि पुराण हिन्दुओं के विभिन्न धार्मिक एवं पौराणिक ग्रन्थों में से एक है। इस पुराण में भगवान विष्णु के दसवें तथा अन्तिम अवतार की भविष्यवाणी की गयी है और कहा गया है कि विष्णु का अगला अवतार (महाअवतार)-"कल्कि" होगा। जबकि खुर्शीद अहमद प्रभाकर, दर्वेश, कादियान, जिला-गुरदासपुर, पंजाब, भारत द्वारा लिखित पुस्तक "कल्कि अवतार-हिन्दुओं के धार्मिक ग्रन्थों में (पुस्तक मिलने का पता-नजारत नश्रो इशाअत, सदर अन्जुमन अहमदिया, कादियान, जि.गुरदासपुर, पंजाब, भारत, पिन-143516 और इन्टरनेट द्वारा) के अनुसार- "संसार भर के विभिन्न धर्मों के आधारभूत ग्रन्थों में कलियुग में प्रकट होने वाले कल्कि अवतार का उल्लेख मिलता है। साथ ही उसके सुन्दर, सुनहरे, श्रेष्ठ और महत्वपूर्ण कारनामों और कामों का उल्लेख मिलता है। उसके "अहमद" नाम होने में हिन्दुओं तथा मुसलमानों के पुस्तकों में सहमति पायी जाती है। पुस्तक के अनुसार-"चारो वेदो में "अहमद" शब्द 31 बार आया है। वेदों में आये इस "अहमद " शब्द को हिन्दू भाष्यकारों ने "मैं " के अर्थ में तथा मुस्लिम भाष्यकारों ने उसी अर्थ "अहमद" के अर्थो में लिया है।

मेरा मानना है कि सामान्य व्यावहारिक रूप में भविष्य में जन्म लेने वाले किसी भी व्यक्ति का नाम निश्चित करना असम्भव है। अगर अवतार के उदाहरण में देखें तो सिर्फ उस समय की सामाजिक आवश्यकताओं के अनुसार उसके गुण की ही कल्पना की जा सकती है या उसके हो जाने के उपरान्त उसके नाम को सिद्ध करने की कोशिश की जा सकती है। इसलिए उस अवतार का जो भी नाम कल्पित है वह केवल गुण को ही निर्देश कर सकता है। इस प्रकार "कल्कि" जो "कल की" अर्थात् "भविष्य की" के अर्थो में रखा गया है। "मैं", उसके "सार्वभौम मैं" का गुण है। "अहमद", उसके अपने सार्वभौम सत्य-सिद्धान्त पर अतिविश्वास होने के कारण अंहकार का नशा अर्थात् अहंकार के मद से युक्त अहंकारी जैसा अनुभव करायेगा। उसका कोई गुरू नहीं होगा, वह स्वयं से प्रकाशित स्वयंभू होगा जिसके बारे में अथर्ववेद, काण्ड 20, सूक्त 115, मंत्र 1 में कहा गया है कि "ऋषि-वत्स, देवता इन्द्र, छन्द गायत्री। अहमिद्धि पितुश्परि मेधा मृतस्य जग्रभ। अहं सूर्य इवाजिनि।।" अर्थात् "मैं परम पिता परमात्मा से सत्य ज्ञान की विधि को धारण करता हूँ और मैं तेजस्वी सूर्य के समान प्रकट हुआ हूँ।" जबकि सबसे प्राचीन वंश स्वायंभुव मनु के पुत्र उत्तानपाद शाखा में ब्रह्मा के 10 मानस पुत्रों में से मन से मरीचि व पत्नी कला के पुत्र कश्यप व पत्नी अदिति के पुत्र आदित्य (सूर्य) की चौथी पत्नी छाया से दो पुत्रों में से एक 8वें मनु - सावर्णि मनु होंगे जिनसे ही वर्तमान मनवन्तर 7वें वैवस्वत मनु की समाप्ति होगी। ध्यान रहे कि 8वें मनु - सावर्णि मनु, सूर्य पुत्र हैं।

जन्म रूप

कल्कि पुराण में "कल्कि" अवतार के जन्म व परिवार की कथा इस प्रकार कल्पित है-"सम्भल नामक ग्राम में विष्णुयश नाम के एक ब्राह्मण निवास करेंगे, जो सुमति नामक स्त्री के साथ विवाह करेंगें दोनों ही धर्म-कर्म

में दिन बिताएँगे। कल्कि उनके घर में पुत्र होकर जन्म लेंगे और अल्पायु में ही वेदादि शास्त्रों का पाठ करके महापण्डित हो जाएँगे। बाद में वे जीवों के दुःख से कातर हो महादेव की उपासना करके अस्त्रविद्या प्राप्त करेंगे जिनका विवाह बृहद्रथ की पुत्री पद्मादेवी के साथ होगा।"

जिस प्रकार सामान्य व्यावहारिक रूप में भविष्य में जन्म लेने वाले किसी भी व्यक्ति का नाम निश्चित करना असम्भव है उसी प्रकार उसके माता-पिता, जन्म स्थान और पत्नी को भी निश्चित करना असम्भव है। ध्यान देने योग्य यह है कि सभी अवतार, पैगम्बर, ईशदूत इत्यादि राजतन्त्र व्यवस्था काल में आये थे। जब कल्कि पुराण लिखा गया होगा तब राजतन्त्र व्यवस्था थी इसलिए भविष्य के कल्कि की कथा पूर्णतया उसी शैली में ही है जिस शैली में अन्य अवतारों की कथा है। विश्वमन के अंश की अनुभूति किसी भी व्यक्ति से व्यक्त हो सकती है जिसका प्रक्षेपण या प्रस्तुतिकरण उस समय और व्यक्ति की अपनी संस्कृति के माध्यम से ही होता है। फिर भी कल्कि कथा के भी कुछ न कुछ अर्थ तो अवश्य है।

सम्भल

कल्कि अवतार के कलियुग में हिन्दुस्तान के सम्भल में होने पर सभी हिन्दू सहमत हैं परन्तु सम्भल कहाँ है इसमें अनेक मतभेद हैं। कुछ विद्वान सम्भल को उड़ीसा, हिमालय, पंजाब, बंगाल और शंकरपुर में मानते हैं। कुछ सम्भल को चीन के गोभी मरूस्थल में मानते हैं जहाँ मनुष्य पहुँच ही नहीं सकता। कुछ वृन्दावन में मानते हैं। कुछ सम्भल को मुरादाबाद (उ0प्र0) जिले में मानते हैं जहाँ कल्कि अवतार मन्दिर भी है। विचारणीय विषय ये है कि "सम्भल में कल्कि अवतार होगा या जहाँ कल्कि अवतार होगा वही सम्भल होगा।" सम्भल का शाब्दिक अर्थ समान रूप से भला या शान्ति करना या शान्ति होना अर्थात् जहाँ शान्ति व अमन हो या शान्ति फैलाने वाला हो, होता है। कल्कि पुराण में सम्भल में 68 तीर्थो का वास बताया गया है। कलियुग में केवल सम्भल ही एक मात्र ऐसा तीर्थ स्थान होगा जो कल्याण दायक और शान्ति प्रदान करने वाला होगा। तीर्थ का अर्थ- पवित्र स्थान, दर्शन, दिल, मन, हृदय, घाट, तालाब, पानी का स्थान, अमर जीवन दाता जल, लोगों के आने जाने और जमघट के स्थान के अर्थ में होता है।

ब्राह्मण पिता विष्णुयश और माता सुमति

कल्कि पुराण के अनुसार कल्कि अवतार के पिता व माता का नाम विष्णुयश व सुमति होगा, जो नाम नहीं बल्कि गुणों को निर्देशित करता है। ब्राह्मण अर्थात् जो वेद, पुराण और शुद्ध परम चौतन्य को जानता हो। विष्णु अर्थात् परमेश्वर, सर्वव्यापक ईश जो सब स्थानों में उपस्थित है, ब्रह्माण्ड को पैदा करने वाला सृष्टा। यश अर्थात् स्तुति या प्रशंसा करने वाला। इस प्रकार पिता विष्णुयश का अर्थ हुआ, ऐसा पिता जो सर्वव्यापक परमात्मा की स्तुति एवं प्रशंसा करने वाला व सबका भला करने वाला हितैषी है। इसी प्रकार सुमति का अर्थ होता है- सुन्दर या अच्छा मत या विचार रखना।

कल्कि अवतार की पत्नी

कल्कि पुराण में "कल्कि" अवतार के विषय में कहा गया है कि- "उनका विवाह बृहद्रथ की पुत्री पद्मादेवी के साथ होगा।" परन्तु कटरा-जम्मू (भारत) में वैष्णों देवी की कथा के सम्बन्ध में बिकने वाली पुस्तिका, इन्टरनेट पर उपलब्ध कथा और गुलशन कुमार कृत "माँ वैष्णों देवी" प्रदर्शित फिल्म पर आधारित कथा के अनुसार "त्रिकुटा ने श्रीराम से कहा- उसने उन्हें पति रूप में स्वीकार किया है। श्रीराम ने उसे बताया कि उन्होंने इस अवतार में केवल सीता के प्रति निष्ठावान रहने का वचन लिया है लेकिन भगवान श्रीराम ने उसे आश्वासन दिया कि कलियुग में वे कल्कि के रूप में प्रकट होंगे और उससे विवाह करेगें।" श्रीरामचरितमानस के किष्किन्धाकाण्ड में एक देवी का वर्णन मिलता है। इन्होंने श्रीहनुमानजी तथा अन्य वानर वीरों को जल व फल दिया था तथा उन्हें गुफा से निकालकर सागर के तट पर पहुँचाया था। ये देवी स्वयंप्रभा हैं। यही देवी माता वैष्णव के रूप में प्रतिष्ठित हैं। कलयुग के अंतिम चरण में भगवान का कल्कि अवतार होगा। तब ये कल्कि भगवान दुष्टों को दण्डित करेंगे और धरती पर धर्म की स्थापना करेंगे। तथा देवी स्वयंप्रभा से श्रीरामावतार में दिए गए वचनानुसार विवाह करेंगे। अर्थात् वैष्णों देवी जो युगों से पिण्ड रूप में हैं उन्हें कल्कि अवतार एक साकार रूप प्रदान करेंगे जो "माँ वैष्णों देवी" के साकार रूप "माँ कल्कि देवी" होंगी। (पूर्ण विवरण के लिए देखें-माता वैष्णों देवी श्राइन बोर्ड पब्लिकेशन)

शरीर रूप

महर्षि व्यास रचित और ईश्वर के आठवें अवतार श्री कृष्ण के मुख से व्यक्त श्रीमद्भगवद्गीता में भी अवतार के होने का प्रमाण मिलता है-

यदा-यदा हि धर्मस्य ग्लानिर्भवति भारतः।
अभियुत्थानम् धर्मस्य तदात्मानं सृजाम्यहम्।।

(श्रीमद्भगवद्गीता, अध्याय-4, श्लोक-7)

अर्थात् है भारत! जिस काल में धर्म की हानि होती है, और अधर्म की अधिकता होती है। उस काल में ही मैं अपनी आत्मा को प्रकट करता हूँ। इस प्रकार कल्कि अवतार का शरीर मानव का ही होगा जिससे आत्मा का रूप प्रकट होगा और कृष्ण रूप होगा।

कर्म रूप

कल्कि महाअवतार सफेद घोड़े पर सवार होकर हाथ में तलवार लेकर समस्त बुराईयों का नाश करेंगे। किसी भी धर्म शास्त्रों में विचारों के निरूपण के लिए प्रतीकों का प्रयोग किया जाता रहा है क्योंकि विचार की कोई आकृति नहीं होती। इस प्रकार कल्कि अवतार के अर्थ को स्पष्ट करने पर हम पाते हैं कि सफेद घोड़ा अर्थात् शान्ति का प्रतीक या अहिंसक मार्ग, तलवार अर्थात् ज्ञान अर्थात् सार्वभौम सत्य-सिद्धान्त जिससे सभी का मानसिक वध होगा। अगर हम इन प्रतीकों को उसी रूप में लें तो क्या आज के एक से एक विज्ञान आधारित शस्त्र अर्थात् औजार के युग में तलवार से कितने लोगों का वध सम्भव है और वह व्यक्ति कितना शारीरिक शक्ति से युक्त होगा, यह विचारणीय विषय है? परिणाम सिर्फ एक है केवल मानसिक वध जो मात्र सार्वभौम सत्य-सिद्धान्त से ही सम्भव है। और पिछले अवतारों द्वारा शारीरिक व आर्थिक कारणों का प्रयोग कर धर्म स्थापना हो चुका है। कल्कि पुराण कथा रचनाकार तब ये सोच भी नहीं पाये होंगे कि भविष्य में दृश्य पदार्थ विज्ञान आधारित दृश्य काल और निराकार संविधान आधारित एक नई व्यवस्था भी आ जायेगी और उस वक्त राजा और राजतन्त्र नहीं होगा तब कल्कि अवतार किसका वध करेगें? ध्यान रहे कि अवतारों के विकास का मार्ग पूर्ण प्रत्यक्ष से पूर्ण प्रेरक की ओर होता है। व्यक्तिगत प्रमाणित से सार्वजनिक प्रमाणित की ओर होता है।

दिव्य या विश्व रूप

कल्कि अवतार के गुणों के अनुसार कर्म करने के सत्य रूप को एक कदम बढ़ाते हुये तथा अनेक कर्म के प्रतीक अनेक हाथों वाला दिखाया गया है। इससे यह स्पष्ट होता है कि कल्कि अवतार द्वारा एक कर्म सम्पन्न होगा और उसके कारण अनेक हाथों से कर्म होने लगेगें अर्थात् वे यह कहने में सक्षम होंगे कि "मैं अनेक हाथों से कर्म कर रहा हूँ और सभी मेरे ही कर्मज्ञान से कर्म को कर रहे हैं। "सार्वभौम सत्य ज्ञान के शास्त्र गीता" के बाद सार्वभौम कर्मज्ञान के शास्त्र की आवश्यकता है जो कल्कि अवतार के कार्यों का ही एक चरण है।

ज्ञान रूप

अन्तिम सार्वभौम सत्य-सिद्धान्त का ज्ञान ही अन्तिम अवतार का ज्ञान रूप होगा, जिसके निम्न कारण होंगे।

1. प्रकृति के तीन गुण- सत्व, रज, तम से मुक्त होकर ईश्वर से साक्षात्कार करने के "ज्ञान" का शास्त्र "श्रीमदभगवद्गीता या गीता या गीतोपनिषद्" उपल्ब्ध हो चुका था परन्तु साक्षात्कार के उपरान्त कर्म करने के ज्ञान अर्थात् ईश्वर के मस्तिष्क का "कर्मज्ञान" का शास्त्र उपलब्ध नहीं हुआ था अर्थात् ईश्वर के साक्षात्कार का शास्त्र तो उपलब्ध था परन्तु ईश्वर के कर्म करने की विधि का शास्त्र उपलब्ध नहीं था। मानव को ईश्वर से ज्यादा उसके मस्तिष्क की आवश्यकता है।
2. प्रकृति की व्याख्या का ज्ञान का शास्त्र "श्रीमदभगवद्गीता या गीता या गीतोपनिषद्" तो उपलब्ध था परन्तु ब्रह्माण्ड की व्याख्या का तन्त्र शास्त्र उपलब्ध नहीं था।
3. समाज में व्यष्टि (व्यक्तिगत प्रमाणित) धर्म शास्त्र (वेद, उपनिषद्, गीता, बाइबिल, कुरान इत्यादि) तो उपलब्ध था परन्तु समष्टि (सार्वजनिक प्रमाणित) धर्म शास्त्र उपलब्ध नहीं था जिससे मानव अपने-अपने

धर्मों में रहते और दूसरे धर्म का सम्मान करते हुए राष्ट्र धर्म/समष्टि धर्म को भी समझ सके तथा उसके प्रति अपने कर्तव्य को जान सके।

4. शास्त्र-साहित्य से भरे इस संसार में कोई भी एक ऐसा मानक शास्त्र उपलब्ध नहीं था जिससे पूर्ण ज्ञान की उपलब्धि हो सके साथ ही मानव और उसके शासन प्रणाली के सत्यीकरण के लिए अनन्त काल तक के लिए मार्गदर्शन प्राप्त हो सके।
5. ईश्वर (सार्वभौम सत्य-सिद्धान्त) को समझने के अनेक भिन्न-भिन्न प्रकार के शास्त्र उपलब्ध थे परन्तु अवतार को समझने का शास्त्र उपलब्ध नहीं था।

कल्कि अवतार के गुरू

कल्कि पुराण के अनुसार "भगवान परशुराम, भगवान विष्णु के दसवें अवतार कल्कि के गुरू होंगे और उन्हें युद्ध की शिक्षा देगें। वे ही कल्कि को भगवान शिव की तपस्या करके दिव्य शस्त्र प्राप्त करने के लिए कहेंगे।" अदृश्य काल के व्यक्तिगत प्रमाणित काल में व्यक्तिगत प्रमाणित अदृश्य प्राकृतिक चेतना से युक्त सत्य आधारित सतयुग में छठवें अवतार -परशुराम अवतार तक अनेक असुरी राजाओं द्वारा राज्यों की स्थापना हो चुकी थी परिणामस्वरूप ऐसे परिस्थिति में एक पुरूष की आत्मा अदृश्य प्राकृतिक चेतना द्वारा निर्मित परिस्थितियों में प्राथमिकता से वर्तमान में कार्य करना, में स्थापित हो गयी और उसने कई राजाओं का वध कर डाला और असुरों तथा देवों के सह-अस्तित्व से एक नई व्यवस्था की स्थापना की। जो एक नई और अच्छी व्यवस्था थी। इसलिए उस पुरूष को कालान्तर में उनके नाम पर परशुराम अवतार से जाना गया तथा व्यवस्था "परशुराम परम्परा" के नाम से जाना गया जो साकार आधारित "लोकतन्त्र का जन्म" था, इसी साकार आधारित लोकतन्त्र व्यवस्था का श्रीराम द्वारा प्रसार हुआ था और इसी के असफल हो जाने पर द्वापर युग में श्रीकृष्ण ने महाभारत युद्ध के द्वारा समाप्त कर निराकार लोकतन्त्र व्यवस्था की नींव डाली थी जो भगवान बुद्ध द्वारा मजबूती पायी और वर्तमान में निराकार संविधान आधारित लोकतन्त्र सामने है। इसी व्यवस्था की पूर्णता के लिए कल्कि अवतार होंगे। जो मात्र शिव तन्त्र की समझ से ही हो सकता है अर्थात् यही शिव का अस्त्र है तथा लोकतन्त्र को समझने के कारण परशुराम कल्कि के गुरू होंगे।

कल्कि अवतार मन्दिर

महाविष्णु के 24 अवतारों में 24वाँ तथा प्रमुख अवतारों में दसवाँ और अन्तिम कल्कि अवतार ही एक मात्र ऐसे अवतार हैं जिनके अवतरण से पूर्व ही सिद्धपीठों में मूर्तियाँ स्थापित हो रही है। यूँ तो जहाँ-जहाँ विष्णु के अवतारों को मन्दिर में स्थान दिया गया है वहाँ-वहाँ अन्य अवतारों के साथ कल्कि अवतार की भी प्रक्षेपित (अनुमानित) मूर्ति प्रतिष्ठित है। परन्तु विशेष रूप से निम्न स्थानों पर कल्कि भगवान का मन्दिर निर्मित है।

1. सम्भल (मुरादाबाद, उत्तर प्रदेश, भारत) में जहाँ कल्कि अवतार होना है, वहाँ पर कल्कि भगवान का मन्दिर 300 वर्ष पूर्व से ही निर्मित है। जहाँ प्रत्येक वर्ष अक्टुबर-नवम्बर माह में "कल्कि महोत्सव" भी धूम-धाम से मनाया जाता है।
2. गुलाबी नगरी-जयपुर (राजस्थान, भारत) की बड़ी चौपड़ से आमेर की ओर जानेवाली सड़क हवा महल के सामने भगवान कल्कि का प्राचीन मन्दिर अवस्थित है। जयपुर के संस्थापक सवाई जयसिंह ने पुराणों में वर्णित कथा के आधार पर कल्कि भगवान के मन्दिर का निर्माण सन् 1739 ई. में दक्षिणायन शिखर शैली में कराया था। संस्कृत विद्वान आचार्य देवर्षि कलानाथ शास्त्री के अनुसार, सवाई जय सिंह संसार के ऐसे पहले महाराजा रहें हैं जिन्होंने जिस देवता का अभी तक अवतार हुआ नहीं, उसके बारे में कल्पना कर कल्कि भगवान की मूर्ति बनवाकर मन्दिर में स्थापित करायी। सवाई जयसिंह के तत्काली दरबारी कवि श्रीकृष्ण भट्ट "कलानिधि" ने अपने "कल्कि काव्य" में मन्दिर के निर्माण और औचित्य का वर्णन किया है, तद्नुसार ऐसा उल्लेख है कि सवाई जय सिंह ने अपने पौत्र "कल्कि प्रसाद" (सवाई ईश्वरी सिंह के पुत्र) जिसकी असमय मृत्यु हो गई थी, उसकी स्मृति में मन्दिर स्थापित कराया। श्वेत अश्व की प्रतिमा संगमरमर की खड़े रूप में है जो बहुत ही सुन्दर,

आकर्षक और सम्मोहित है। अश्व के चबूतरे पर लगे बोर्ड पर अंकित है-"अश्व श्री कल्कि महाराज-मान्यता-अश्व के बाएँ पैर में जो गड्ढा सा घाव है, जो स्वतः भर रहा है, उसके भरने पर ही कल्कि भगवान प्रकट होंगे।"

3. मथुरा (उत्तर प्रदेश, भारत) के गोवर्धन स्थित श्री गिरिराज मन्दिर परिसर में कल्कि भगवान का मन्दिर स्थापित है जहाँ के बोर्ड पर कलियुग की समाप्ति की सूचना अंकित है साथ ही श्रीकृष्ण को कल्कि का ही अवतार बताया गया है।
4. अन्य स्थानों पर सन् 1964 में श्री कल्कि जी नारायण मन्दिर, बी-211-ए, गिरीश रोड, लिलुआह, हावड़ा, कोलकाता (प0बं0), सन् 1968 में श्री कल्कि मन्दिर, रूक्मणि माई धर्मशाला, जीवनमई लेन, ऋषिकेश (उत्तराखण्ड), श्री कल्कि विष्णु मन्दिर, 815, चौक श्री कल्कि मन्दिर, कुण्डेवालान, अजमेरी गेट, दिल्ली, सन् 1982 में श्री वैद्यनाथ धाम, पटना (बिहार), सन् 1985 में श्री लक्ष्मी नारायण संस्थान, वसन्त क्लब के पास, बसन्त विहार, नई दिल्ली, सन् 1987 में योगमाया मन्दिर, महरौली, कुतुब मीनार के पास, नई दिल्ली, सन् 1996 श्री राम मन्दिर, सी-ब्लाक, सूर्य नगर, नई दिल्ली, सन् 1997 में श्री कल्कि मन्दिर, श्री रघुनाथ मन्दिर, मिल्क लेन, महरौली, नई दिल्ली, श्री महामाया देवी मन्दिर, चौक कसेरूवालान, पहाड़गंज, नई दिल्ली, सन् 1998 में श्री कल्कि मन्दिर, चौक सुखदेव मुनि, चौक शाह मुबारक, श्री कल्कि मार्ग, अजमेरी गेट, दिल्ली, सन् 1999 में सनातन धर्म संस्थान, विद्युत परिसर, राजपुर रोड, ट्रांसपोर्ट अथारीटी के आगे, दिल्ली-54, सन् 2001 में श्री हनुमान वाटिका, रामलीला मैदान, आसफ अली रोड, नई दिल्ली, श्री कल्कि विष्णु मन्दिर, मनोकामना तीर्थ, पूर्वी कोट, सम्भल, मुरादाबाद (उ0प्र0), सन् 2001 में श्री कल्कि मन्दिर, श्री राम मन्दिर, 85, त्रिलोक अपार्टमेन्ट, पटपड़गंज, दिल्ली-92, श्री कल्कि नारायण मन्दिर, पंचायती धर्मशाला, कूँचापतिराम, दिल्ली-6, श्री कल्कि विष्णु नारायण मन्दिर, प्राचीन शिव मन्दिर, जी-88, जगतपुरी, दिल्ली-92, सन् 2002 में श्री कल्कि मन्दिर, काली मन्दिर, नई दिल्ली-1, सन् 2004 में श्री कालकाजी मन्दिर, लोटस टेम्पल के सामने, नेहरू प्लेस के पास, नई दिल्ली-65, सन् 2005 में श्री शिव मन्दिर, श्री गुलशन कुमार लंगर के पास, बाण गंगा, कटरा, जम्मू, सन् 2006 में श्री कल्कि मन्दिर, सेक्टर-26, नोएडा-201301, श्री रघुनाथ मन्दिर, लाल क्वार्टर के पास, कृष्णा नगर, दिल्ली, वैष्णों देवी मन्दिर, गुलाबी बाग, शास्त्री नगर के पास, शक्ति नगर, दिल्ली, सन् 2007 में अमृत परिसर, शिवगंगापुरम्, बृजघाट (हरियाणा)-245205, काली मन्दिर, ए.जी. ब्लाक, साल्ट लेक, कोलकाता - 64, श्री कल्कि मन्दिर, शिव मन्दिर, गुरू अंगद नगर एक्सटेंशन, लक्ष्मी नगर, दिल्ली-92, सन् 2008 में श्री गौरी शंकर मन्दिर, चाँदनी चौक, लाल किला के सामने, दिल्ली-6, प्राचीन पाण्डव कालीन शिव मन्दिर, पश्चिम पंजाबी बाग, दिल्ली-26, सन् 2009 में श्री कल्कि मन्दिर, चन्दौसी (उ0प्र0), श्री कल्कि मन्दिर, श्री दुर्गा प्रेमी मन्दिर, सब्जी मण्डी, घंण्टाघर, दिल्ली, विष्णुपाद मन्दिर, गया धाम, गया (बिहार), श्री शिवशक्ति मन्दिर, दिल्ली दरबार गली, भजनपुरा, दिल्ली, सन् 2010 में माँ ललिता मन्दिर, नैमिष्यारण्य तीर्थ, सीतापुर (उ0प्र0) प्राचीन शिव मन्दिर, बिड़ला मिल, द्वारका रेस्टोरेण्ट के सामने, कमला नगर, दिल्ली, सन् 2011 में श्री कल्कि हनुमान मन्दिर, चन्दौसी (उ0प्र0) श्री हनुमान मन्दिर, कनाट प्लेस, नई दिल्ली, माँ राणीसती मन्दिर, काकुरगाछी, कोलकाता (प0बं0), श्री रघुनाथ मन्दिर, दयानन्द विहार, दिल्ली, श्री गौरीशंकर मन्दिर, करावल नगर, दिल्ली, श्री हनुमान मन्दिर, दिल्ली विश्वविद्यालय, दिल्ली, मन्दिर गिड़ोदियान अग्रवाल, सदर बाजार, दिल्ली, वैष्णों देवी मन्दिर, शुभमूर्ति माँ छत्ताशाहजी, दिल्ली, श्री महाशक्ति दुर्गा मन्दिर, गगन विहार, दिल्ली-12, काली घाट, कोलकाता (प0बं0), सन् 2012 में श्री दुर्गा मन्दिर परिसर, दुर्गा कुण्ड, वाराणसी (उ0प्र0), श्री हनुमान मन्दिर सभा, गेट नं0-6, फिल्मीस्तान के सामने, माडल बस्ती, दिल्ली-5, श्री राधा मन्दिर, श्रीनिवासपुरी, आश्रम चौक, नई दिल्ली, तीस हजारी, सिवील लाइन्स, भार्गव लेन, दिल्ली, श्री हनुमान मन्दिर, मेट्रो गेट नं0-2 के सामने, ग्रीन पार्क, नई दिल्ली, श्री सनातन धरम मन्दिर, गीता भवन, बी-1, यमुना विहार, दिल्ली-53, सन् 2013 में श्री हनुमान मन्दिर, पासवान लेन, चरखेवालान, दिल्ली-6, माँ चामुण्डा मन्दिर, हल्लु सराय, सम्भल (उ0प्र0), शिव मन्दिर, 2330, चिप्पीवड़ा, धर्मपुरा, दिल्ली-6, श्री कल्किधाम मन्दिर, बहादुरगढ़ (हरियाणा), श्री श्यामबाबा मन्दिर, गल्ला मण्डी, रूद्रपुर (उत्तराखण्ड), श्री शिव-हनुमान मन्दिर, आर.टी.ओ. रोड, कुसुमखेड़ा,

हल्द्वानी (उत्तराखण्ड), ओमश्री महाकालेश्वर शक्तिपीठ, 56-बी, न्यू लायलपुर एक्सटेन्सन, नई दिल्ली, श्री सनातन धर्म सभा, शिव मन्दिर, ग्रीन पार्क, के-ब्लाक, नई दिल्ली, श्री लक्ष्मी नारायण मन्दिर, गंगोरीवाला, नेहरिया बाजार, सिरसा (हरियाणा)-125055, अग्रोहाधाम, हिसार (हरियाणा), अन्न क्षेत्र, काशी, वाराणसी (उ0प्र0), बड़ी शीतला माँ, दशाश्वमेध घाट, काशी, वाराणसी (उ0प्र0), मुक्तेश्वर, नैनीताल (उत्तराखण्ड), शोवा बाजार, कोलकाता (प0बं0), वराही मन्दिर, गोण्डा (उ0प्र0), सन् 2014 में सर्वदर्शन सेवाश्रम, भूपतवाला रोड, ललिताश्रम के पास, हरिद्वार (उत्तराखण्ड), महेस्तला शिव मन्दिर, मजेरहाट ब्रिज के पास, अलीपुर, कोलकाता (प0बं0), नागेश्वर महादेव मन्दिर, अयोध्या (उ0प्र0), श्री शिव मन्दिर सेवा समिति, ऊँचागाँव, शामली (उ0प्र0), श्री संकटमोचन धाम, सेक्टा-6, आर.के.पुरम्, नई दिल्ली-66, श्री गौरीशंकर मन्दिर, डी-147, श्याम पार्क एक्सटेंशन, साहिबाबाद (उ0प्र0), माता मन्दिर, महिला कालोनी, झील चौक के आगे, गाँधी नगर, दिल्ली-31, श्री कल्कि नारायण मन्दिर, चटिला, राष्ट्रीय राज मार्ग नं0-5, कटक (उड़ीसा), गोलूदेव महाराज मन्दिर, घोड़ाखाल रोड, भुवाली (उत्तराखण्ड), श्री कल्कि मन्दिर, वसुन्धरा, कल्कि चौक, धाप्सी गवीस-9, काठमाण्डु (नेपाल), माता वैष्णों देवी मन्दिर, दिवान हाल रोड, पुरानी लाजपतराय मार्केट, दिल्ली-6, श्री काशी विश्वनाथ मन्दिर, वटवृक्ष, वाराणसी (उ0प्र0), बाबा भूतनाथ आश्रम, भूतनाथ मन्दिर, सेक्टर-बी, इन्दिरा नगर, लखनऊ (उ0प्र0), प्राचीन शिव मन्दिर, साढ़े पाँच पुस्ता, भजनपुरा गावड़ी, सिग्नेचर ब्रिज के पास, नई दिल्ली, झण्डेवाली माता मन्दिर, 447/बी, गली नं.-2, रामनगर, रघुपुरा मेन रोड, गाँधी नगर, दिल्ली-31, श्री कल्कि नारायण मन्दिर, ग्राम वल्लभ, तहसील महाम, रोहतक (हरियाणा), राज सिंह नगर, श्री गंगानगर (राजस्थान), श्री भारतमाता मन्दिर, हरिद्वार (उत्तराखण्ड), श्री कल्कि मन्दिर, बिड़ला मन्दिर, बेलीगंज, कोलकाता (प0बं0), वात्सल्य मन्दिर, रोहीणी, सेक्टर-7, नई दिल्ली, श्री कल्कि विशाल मन्दिर, दिल्ली-जयपुर हाइवे रोड, मानेसर, (गुड़गाँव, हरियाणा) इत्यादि में भी कल्कि अवतार की मूर्ति स्थापित की गई है जो निरंतर जारी है।

5. श्री कल्कि मन्दिर वसुंधरा, कल्कि चौक, धापासी गाविस, 9, काठमाण्डु और सम्भलपुरी कल्कि तीर्थ धाम, नेपाल प्रजापति अंचल, प्यूठान सारी गाविस, 1, नेपाल में भी कल्कि भगवान की मूर्ति स्थापित हो चुकी है। कल्कि भगवान के नाम पर नेपाल में विश्व का पहला सरकारी बैंक "श्री कल्कि बैंक" खुल चुका है।
6. कल्कि अवतार व कल्कि माता से सम्बन्धित वर्तमान समय में कथा, गीत, कल्कि चालीसा, कल्कि गायत्री मन्त्र, कल्कि मन्त्र-यन्त्र-तन्त्र, स्तुति, फिल्म इत्यादि भी बन चुके हैं। "कल्कि पीठ", "कल्कि पीठाधीश्वर", "कल्कि अवतार फाउण्डेशन इण्टरनेशनल", "श्री कल्कि बाल वाटिका" इत्यादि की भी स्थापना भिन्न-भिन्न व्यक्तियों/संस्थाओं द्वारा की जा चुकी है।
7. राजस्थान, मध्यप्रदेश और गुजरात की त्रिवेणी संगम स्थल राजस्थान के वांगड़ अंचल (दक्षिण में जनजाति बहुल बांसवाड़ा एवं डूंगरपुर जिले में) के डूंगरपुर जिले के साबला गांव में हरि मंदिर है जहां कल्कि अवतार की पूजा हो रही है। हरि मंदिर के गर्भगृह में श्याम रंग की अश्वारूढ़ निष्कलंक मूर्ति है, जो लाखों भक्तों की श्रद्धा और विश्वास का केंद्र है। भगवान के भावी अवतार निष्कलंक भगवान की यह अद्‌भुत मूर्ति घोड़े पर सवार है। इस घोड़े के तीन पैर भूमि पर टिके हुए हैं जबकि एक पैर सतह से थोड़ा ऊँचा है। मान्यता है कि यह पैर धीरे-धीरे भूमि की तरफ झुकने लगा है। जब यह पैर पूरी तरह जमीन पर टिक जाएगा तब दुनिया में परिवर्तन का दौर आरंभ हो जाएगा। संत मावजी रचित ग्रंथों एवं वाणी में इसे स्पष्ट किया गया है। यहां बाकायदा कई मंदिर बने हुए हैं, जिनमें विष्णु के भावी अवतार कल्कि की मूर्तियां स्थापित हैं और इनकी रोजाना पूजा-अर्चना भी होती है। संत मावजी महाराज के अनुयायी पिछले पौने तीन सौ वर्षों से ज्यादा समय से इस भावी अवतार की प्रतीक्षा में जुटे हुए हैं। संत मावजी महाराज लाखों लोगों की आस्थाओं से जुडे बेणेश्वर धाम के आद्य पीठाधीश्वर रहे हैं। भक्तों की मान्यता है कि वे जिस देवता की पूजा कर रहे हैं वे ही कलयुग में भगवान विष्णु के कल्कि अवतार के रूप में अवतरित होंगे और पृथ्वी का उद्धार करेंगे। इन्हीं निष्कलंक अवतार के उपासक होने से संत मावजी के भक्त अपने उपास्य को प्रिय ऐसी ही श्वेत वेश-भूषा धारण करते हैं। निष्कलंक सम्प्रदाय के विश्व पीठ हरि मंदिर सहित वागड़ अंचल और देश के विभिन्न हिस्सों में स्थापित निष्कलंक धामों में भी इसी स्वरूप की पूजा-

अर्चना जारी है। देश के विभिन्न हिस्सों में फैले लाखों माव भक्तों द्वारा अपने उपास्य के रूप में इन्हीं निष्कलंक भगवान का पूजन-अर्चन किया जाता रहा है। विभिन्न निष्कलंक धाम मंदिर के स्वरूप में हैं जबकि निष्कलंक सम्प्रदाय के विश्व पीठ हरि मंदिर पर न तो कोई गुम्बद है और न ही मंदिर की आति, बल्कि यह गुरु आश्रम के रूप में ही अपनी प्राचीन शैली में बना हुआ है। निष्कलंक सम्प्रदाय के मंदिर साबला, पुंजपुर, वमासा, पालोदा, शेषपुर, बांसवाड़ा, फतेहपुरा, घूघरा, पारडा, इटिवार, संतरामपुर आदि गांवों में अवस्थित हैं। इन सभी मंदिरों में शंख, चक्र, गदा, पद्म सहित श्वेत घोड़े पर सवार भावी अवतार निष्कलंक भगवान की चतुर्भुज मूर्तियां हैं। मावजी की पुत्रवधू जनकुंवरी ने ही बेणेश्वर धाम पर सर्वधर्म समभाव के प्रतीक विष्णु मंदिर का निर्माण करवाया। इसके बारे में मावजी की वाणी में स्पष्ट कहा गया है-सब देवन का डेरा उठसे, निष्कलंक का डेरा रहेसे, अर्थात् मंदिर, मस्जिद, गिरजाघर आदि सब टूट जाएंगे, लेकिन कलियुग में अवतार लेने वाले निष्कलंक भगवान का एक मंदिर रहेगा जहाँ सभी धर्मों के लोगों को आश्रय प्राप्त होगा। सभी लोग इसे प्रेम से अपना मानेंगे।

8. मावजी महाराज का जन्म साबला गाँव में विक्रम संवत् 1771 में माघ शुक्ल पंचमी को हुआ। इसके बाद लीलावतार के रूप में मावजी का प्राकट्य संवत् 1784 में माघ शुक्ल एकादशी को हुआ। उन्हें भगवान श्रीकृष्ण का लीलावतार माना जाता है। संत मावजी की स्मृति में आज भी बांसवाड़ा एवं डूंगरपुर जिलों के बीच माही, सोम एवं जाखम नदियों के बीच विशाल टापू पर बेणेश्वर में हर साल माघ पूर्णिमा पर दस दिन का विशाल मेला लगता है। इसे आदिवासियों का महाकुंभ भी कहा जाता है। स्वयं मावजी महाराज की भविष्यवाणी के अनुसार "संतन के सुख करन को, हरन भूमि को भार, ह्वै हैं कलियुग अन्त में निष्कलंक अवतार" अर्थात् सज्जनों को सुख प्रदान करने और पृथ्वी के सिर से पाप का भार उतारने के लिए कलियुग के अंत में भगवान का निष्कलंक अवतार होगा। संत मावजी महाराज ने स्पष्ट लिखा है-"श्याम चढ़ाई करी आखरी गरुड़ ऊपर असवार, दुष्टि कालिंगो सेंधवा असुरनी करवा हाण, कलिकाल व्याप्यो घणो, कलि मचावत धूम, गौ ब्राह्मण नी रक्षा करवा बाल स्त्री करवा प्रतिपाल...। " मावजी की वाणी में कहा गया है कि निष्कलंक अवतार के साथ एक चौतन्य पुरुष रहेगा जो दैत्य-दानवों व चौदह मस्तकधारी कालिंगा का नाश कर चारों युगों के बंधनों को तोड़ कर सतयुग की स्थापना करेगा। इस पुरुष की लम्बाई 32 हाथ लिखी हुई है। यह अवतार गौ, ब्राह्मण प्रतिपाल होगा तथा धर्म की स्थापना करेगा। इसके बाद सर्वत्र शांति, आनन्द और समृद्धि का प्रभाव होगा। निष्कलंक अवतार के स्वरूप में बारे में संत मावजी के चौपड़ों में अंकित है-"धोलो वस्त्र ने धोलो शणगार, धोले घोडीले घूघर माला, राय निकलंगजी होय असवार...बोलो देश में नारायण जी नु निष्कलंकी नाम, क्षेत्र साबला, पुरी पाटन ग्राम।" इसमें साबला पुरी पाटन ग्राम का नाम अंकित है।

कल्कि महाअवतार एवं अन्य स्वघोषित कल्कि अवतार

कल्कि अवतार के इस पद पर अनेक स्वघोषित दावेदार हैं जो समय-समय पर भविष्यवाणियों के अनुसार स्वयं को सिद्ध करने की कोशिश और कल्कि अवतार के सम्बन्ध में अनेक भविष्यवाणी करते रहते हैं जिन्हें इन्टरनेट (google.com, youtube.com इत्यादि) पर "कल्कि अवतार (KALKI AVATAR)" सर्च कर देखा जा सकता है परन्तु यह जानना चाहिए कि काल और युग परिवर्तन से परिचय कराने के लिए युगानुसार आत्मतत्व को व्यक्त करना पड़ता है। उसी सार्वभौम सत्य को युगानुसार योग कराया जाता है केवल भीड़ इकट्ठा हो जाने से कुछ भी नहीं होता। अवतारों को पहचानने के लिए सबसे मूल विषय यह होता है कि वह नया क्या दे रहा है जो उस समय के समाज के बहुमत मानव के शान्ति, एकता, स्थिरता व विकास को प्रभावित करता हो। सार्वभौम सत्य को व्यक्त करने वाला प्रत्येक मानव शरीरधारी अवतार ही है परन्तु युग के सर्वोच्च स्तर के सार्वभौम सत्य को व्यक्त करने वाला ही युगावतार कहलाता है।

कल्कि अवतार - महाअवतार क्यों?

सत्य से सार्वभौम सत्य-सिद्धान्त तक का र्माग अवतारों का मार्ग है। सार्वभौम सत्य-सिंद्धान्त की अनुभूति ही अवतरण है। इसके अंश अनुभूति को अंश अवतार तथा पूर्ण अनुभूति को पूर्ण अवतार कहते है। अवतार मानव मात्र के लिए ही कर्म करते हैं न कि किसी विशेष मानव समूह या सम्प्रदाय के लिए। ग्रन्थों में अवतारों की कई कोटि बतायी गई है जैसे अंशाशावतार, अंशावतार, आवेशावतार, कलावतार, नित्यावतार, युगावतार इत्यादि, जो भी सार्वभौम सत्य-सिद्धान्त को व्यक्त करता है वे सभी अवतार कहलाते हैं। व्यक्ति से लेकर समाज के सर्वोच्च स्तर तक सार्वभौम सत्य-सिद्धान्त को व्यक्त करने के क्रम में ही विभिन्न कोटि के अवतार स्तरबद्ध होते है। अन्तिम सार्वभौम सत्य-सिद्धान्त को व्यक्त करने वाला ही अन्तिम अवतार के रूप में व्यक्त होगा। अब तक हुये अवतार, पैगम्बर, ईशदूत इत्यादि को हम सभी उनके होने के बाद, उनके जीवन काल की अवधि में या उनके शरीर त्याग के बाद से ही जानते हैं। परन्तु भविष्य अर्थात् आने वाले कल के लिए कल्पित एक मात्र महाविष्णु के अवतार के आने से पूर्व ही जानने लगे हैं।

हम सभी के मोटर वाहनों में, वाहन कितने किलोमीटर चला उसे दिखाने के लिए एक यंत्र होता है। यदि इस यंत्र की अधिकतम 6 अंकों तक किलोमीटर दिखाने की क्षमता हो तब उसमें 6 अंक दिखते है। जो प्रारम्भ में 000000 के रूप में होता है। वाहन के चलते अर्थात् विकास करते रहने से 000001 फिर 000002 इस क्रम से बढ़ते हुए पहले इकाई में, फिर दहाई में, फिर सैकड़ा में, फिर हजार में, फिर दस हजार में, फिर लाख में, के क्रम में यह आगे बढ़ते हुये बदलता रहता है। एक समय ऐसा आता है जब सभी अंक 999999 हो जाते हैं फिर क्या होगा? फिर सभी 000000 के अपने प्रारम्भ वाली स्थिति में आ जायेगें। इन 6 अंक के प्रत्येक अंक के चक्र में 0 से 9 अंक के चक्र होते है। जो वाहन के चलने से बदलकर चले हुये किलोमीटर को दिखाते है। यही स्थिति भी इस सृष्टि के काल चक्र की है। सृष्टि चक्र में पहले काल है जिसके दो रूप अदृश्य और दृश्य हैं। फिर इन दोनों काल में 5 युग हैं। 4 अदृश्य काल के 1 दृश्य काल के। और इन दोनों काल में 14 मनवन्तर और मनु हैं। 7 अदृश्य काल के 7 दृश्य काल के। फिर इन युगों में युगावतार अवतार होते हैं। फिर व्यास व शास्त्र होते हैं। ये सब वैसे ही है जैसे अंक गणित में इकाई, दहाई, सैकड़ा, हजार, दस हजार, लाख इत्यादि होते हैं। उपर उदाहरण दिये गये यंत्र में जब सभी अंक 999999 हो जाते हैं तब विकास के अगले एक बदलाव से इकाई, दहाई, सैकड़ा, हजार, दस हजार, लाख सभी बदलते हैं।

वर्तमान सृष्टि चक्र की स्थिति भी यही हो गयी है कि अब अगले अवतार के मात्र एक विकास के लिए सत्यीकरण से काल, मनवन्तर व मनु, अवतार, व्यास व शास्त्र सभी बदलेगें। इसलिए देश व विश्व के धर्माचार्यें, विद्वानों, ज्योतिषाचार्यों इत्यादि को अपने-अपने शास्त्रों को देखने व समझने की आवश्यकता आ गयी है क्योंकि कहीं श्री लव कुश सिंह "विश्वमानव" और "आध्यात्मिक सत्य" आधारित कार्य "विश्वशास्त्र" वही तो नहीं है? और यदि नहीं तो वह कौन सा कार्य होगा जो इन सबको बदलने वाली घटना को घटित करेगा?

शनिवार, 22 दिसम्बर, 2012 से प्रारम्भ हो चुका है-

1. काल के प्रथम रूप अदृश्य काल से दूसरे और अन्तिम दृश्य काल का प्रारम्भ।
2. मनवन्तर के वर्तमान 7वें मनवन्तर वैवस्वत मनु से 8वें मनवन्तर सांवर्णि मनु का प्रारम्भ।
3. अवतार के नवें बुद्ध से दसवें और अन्तिम अवतार-कल्कि महावतार का प्रारम्भ।
4. युग के चौथे कलियुग से पाँचवें युग स्वर्ण युग का प्रारम्भ।
5. व्यास और द्वापर युग में आठवें अवतार श्रीकृष्ण द्वारा प्रारम्भ किया गया कार्य "नवसृजन" के प्रथम भाग "सार्वभौम ज्ञान" के शास्त्र "गीता" से द्वितीय अन्तिम भाग "सार्वभौम कर्मज्ञान", "पूर्णज्ञान का पूरक शास्त्र", लोकतन्त्र का "धर्मनिरपेक्ष धर्मशास्त्र" और आम आदमी का "समाजवादी शास्त्र" द्वारा व्यवस्था सत्यीकरण और मन के ब्रह्माण्डीयकरण और नये व्यास का प्रारम्भ।

भाग-4
व्यास और कल्कि अवतार

"सम्पूर्ण मानक" का विकास भारतीय आध्यात्म-दर्शन का मूल और अन्तिम लक्ष्य

सार्वभौम सत्य-सिद्धान्त के अनुसार काल, युग बोध एवं अवतार

व्यास और लव कुश सिंह "विश्वमानव"

कल्कि अवतार और लव कुश सिंह "विश्वमानव"

“सम्पूर्ण मानक” का विकास भारतीय आध्यात्म-दर्शन का मूल और अन्तिम लक्ष्य

अब मानक एवं मानकीकरण हमारे दैनिक जीवन के अभिन्न अंग बन चुके हैं। अगर हम अपने दैनिक जीवन की गतिविधियों का अवलोकन करते हैं तो यह देखने को मिलता है कि हम जाने-अनजाने में ही कितने ही रूपों में मानकों और मानकीकृत पद्धतियों को अपनायें हुये है। दैनिक जीवन में सर्वत्र स्वीकृत मानक के उदाहरण हैं- करेंसी नोट एवं सिक्के, माप या तोल के साधन, यातायात के संकेत, देशों के झण्डे, धार्मिक प्रतीक इत्यादि। वैवाहिक एवं पूजा पद्धति, हमारी परम्परा एवं आचार व्यवहार आदि हमारी प्राचीन मानकीकृत पद्धतियों के उदाहरण है। अब प्रत्येक मनुष्य के लिए अपना जीवन सुखद बनाने हेतु दूसरों से सेवाएं प्राप्त करना एवं उन पर निर्भर रहना अनिवार्य हो गया है। व्यक्तियों के बीच आदान-प्रदान सुगम एवं सुलभ हो इसके लिए सर्वस्वीकृत मानदण्डों की आवश्यकता महसूस की गई।

मानकीकरण का महत्व समाज के उत्थान के लिए है। जैसे संस्कृति मानव समाज में अनुशासन एवं सही दिशा में प्रगति के लिए मार्गदर्शन देती है। उसी प्रकार उद्योगों को सही दिशा में ले जाने को मानकीकरण महत्वपूर्ण भूमिका अदा करता है। अब दैनिक जीवन में मानकों की महती योगदान को नकारा नहीं जा सकता है। ये उपभोक्ता संरक्षण, ग्रामीण विकास, विश्व व्यापार प्रतिस्पर्धा, औद्योगिक क्रान्ति, शिक्षा एवं स्वास्थ्य का मूल तन्त्र है। जिनके द्वारा मानकीकरण से मानक के रूप में नवीन वैज्ञानिक तकनीकी व कलात्मक जानकारी से सतत् उन्नति का मार्ग प्रशस्त होता है। जो समाज के सभी वर्गो के लिए प्रत्यक्ष व अप्रत्यक्ष रूप से दैनिक जीवन में काम आते है।

मानकीकरण और मानक के मान्य क्षेत्रानुसार अनेक स्तर हो सकते है। जो व्यक्ति, परिवार, ग्राम, विकास खण्ड, जनपद, राज्य, देश व अन्तर्राष्ट्रीय व सर्वोच्च और अन्तिम रूप से विश्व या ब्रह्माण्डीय स्तर तक हो सकता है। भारत में इसके उदाहरण- राज्यों के मानक तथा देश स्तर पर आई.एस.आई. मार्क (भारतीय मानक ब्यूरो) है। विश्व या अन्तर्राष्ट्रीय स्तर पर उदाहरण आई.एस.ओ. (अन्तर्राष्ट्रीय मानक संगठन) आई.ई.सी0, आई.टी.यू. इत्यादि हैं।

सम्पूर्ण विश्व में सादृश्यता व्यापार सम्बन्धों में एकरूपता और सादृश्यता लाने के उद्देश्य से यह आवश्यक था कि एक ही मात्रक प्रणाली सम्पूर्ण विश्व में लागू की जाए। इस उद्देश्य की पूर्ति के लिए सन् 1870 में एकीकृत मीट्रिक मात्रक का विकास करने के लिए विभिन्न देशों का एक सम्मेलन बुलाया गया। सन् 1875 में पेरिस में मीटर के समझौते पर हस्ताक्षर हुये। इस समझौते के परिणामस्वरूप अन्तर्राष्ट्रीय माप तौल ब्यूरो लागू किया गया। साथ ही समय-समय पर मिलकर आवश्यकतानुसार नये मानकों के निश्चय के लिए माप-तौल का महासम्मेलन भी स्थापित हुआ।

1954 में आयोजित माप-तौल महासम्मेलन ने मीट्रिक प्रणाली को अन्तर्राष्ट्रीय रूप से अपनाया। 1960 में इसे ”सिस्टम इण्टरनेशनल डी यूनिट्स“ अर्थात् ”अन्तर्राष्ट्रीय मात्रक प्रणाली“ के नाम से परिभाषित किया गया।

यह प्रणाली समय, तापमान, लम्बाई और भार के चार स्वतन्त्र बुनियादी मात्रकों को आधार बनाकर रखी गई। लम्बाई और भार के मात्रक क्रमशः मीटर और किलोग्राम है। समय का मात्रक सेकेण्ड है जो कि परमाणु घड़ी के रूप में निर्धारित है। तापमान का मात्रक सेल्सियस डिग्री (सेंटीग्रेड) को रखा गया है और इसके द्वारा फारेनहाइट डिग्री का प्रतिस्थापन हो गया है। सम्मेलन ने समय मात्रक, मिनट, घंटा आदि के साथ-साथ डिग्री मिनट, सेकण्ड जैसे कोणीय मापों तथा नाटिकल मील-नाट आदि सुप्रतिष्ठित मात्रकों को भी स्वीकार किया।

इस प्रकार सम्पूर्ण विश्व में ही पद्धति विकसित करने के लिए प्रत्येक विषय क्षेत्रों में जो व्यावहारिक जीवन से विश्व स्तर को प्रभावित करते है, की और विश्व गतिशील है। उपरोक्त क्षेत्रों- लम्बाई, क्षेत्रीय, भार, द्रव, आयतन तथा घन माप के अलावा विभिन्न गणितीय अंक और विज्ञान के क्षेत्रों के मात्रक भी निर्धारित कर दिये गये

जिससे विश्व के किसी भी कोने से मात्रक की भाषा में बोलने से विश्व के किसी कोने में बैठा व्यक्ति उसे उसी रूप में समझ सकने में सक्षम हो गया जबकि लम्बाई में- इंच, फुट, गज, क्षेत्र में- वर्ग इंच, वर्ग फुट, वर्ग गज (भारत में- विस्वा, बीघा), भार में - औंस, पौंड, द्रव आयतन में- पिंट, गैलन, वैरल, का देश स्तर पर प्रचलन था। भारत में भार के लिए- रत्ती, माशा, तोला, कुंचा, छटांक, सेर, पसेरी, मन तथा क्षेत्र के लिए राज्यों के अनुसार भिन्न-भिन्न मात्रक और अर्थ प्रचलित थे।

विश्व व्यापार में पूंजी तथा उपभोक्ता वस्तुओं और सेवाओं का आदान-प्रदान सदियों से होता आ रहा है। यह आदान-प्रदान बहुत सी मुश्किलों को जन्म देता है, विशेषतया औद्योगिक तथा विकासशील देशों में व्यापार करने पर। इस दिशा में द्वितीय विश्व युद्ध के तुरन्त बाद व्यापार को एक जैसा उदार बनाने के उद्देश्य से भौगोलिक दृष्टि से मुक्त व्यापार क्षेत्र बनाए गये। तकनीकी अवरोध, सीमा या अन्य अवरोधों की अपेक्षा अधिक घातक व बाधक सिद्ध हुए। राष्ट्रीय उत्पाद, दूसरे देशों को बाजारों में खरे नहीं उतरे क्योंकि वहाँ तकनीकी भिन्न थे। उदाहरण-बिजली के साकेट को भिन्न-भिन्न देशों में भिन्न-भिन्न पाये गये। इसी प्रकार वोल्टता व फ्रिक्वेंशी इत्यादि। इस पर विचार विमर्श करने वालों ने व्यापार में आने वाले इस तकनीकी अवरोधों से निपटने के लिए बैठकें बुलाई, वार्तालाप किये, परिणामस्वरूप सन् 1995 में संयुक्त राष्ट्र संघ के अधीन विश्व व्यापार संगठन (डब्ल्यु.टी.ओ.) का जन्म हुआ, जिसमें हस्ताक्षर करने वाले देशों को शर्तो के पालन के लिए कड़े दिशा निर्देश दिए गये। विश्व मानकों की महत्ता को स्वीकार करते हुये विश्व व्यापार संगठन ने समझौते में एक परिशिष्ट "मानक निर्धारण, अधिग्रहण और अनुप्रयोग की उपयुक्त रीति संहिता" जोड़ा और इस प्रकार विश्व मानकों पर आधारित उत्पादों का एक देश से दूसरे देश में आदान-प्रदान होने लगा। अन्तर्राष्ट्रीय मानक पूरे विश्व में समान गुणवत्ता की चीजें उपलब्ध कराते है। इनके अपनाने से विश्व बाजार में साख बनती है। अन्तर्राष्ट्रीय व्यापार करना आसान हो जाता है। अतंतः यह विश्वास के साथ कहा जा सकता है कि विश्वमानक ही विश्व व्यापार के आधार हैं।

सभी सम्बन्धित विशेषज्ञों की सहमति से किसी वस्तु पदार्थ अथवा कार्यशैली के सभी तकनीकी एवं गैर तकनीकी पहलुओं सहित एक ऐसा विस्तार पूर्वक तैयार किया गया विवरण जो सब सम्बन्धित जनों के हित में एवं वैज्ञानिक गुणता, सुरक्षा एवं आर्थिक दृष्टि से उत्तम हो, मानकीकरण कहलाता है। मानक वे साधन है जो मानकीकृत गतिविधियों के परिणामों को अधिक परिष्कृत और अभीष्ट बनाते है। इस रूप में इनकी लगातार समीक्षा की जाती है ताकि वे स्वतः पूर्ण सुनिश्चित और स्पष्ट, विरोधाभास तथा असुविधा से मुक्त हों। इन सबसे महत्वपूर्ण यह है कि वे समय से पिछड़े हुये न रहे इसके लिए हमें सतत प्रयत्नशील रहना है।

मानकीकरण एवं मानक उतने ही प्राचीन हैं जितनी कि मानव सभ्यता। भारत में मानकीकरण का इतिहास बहुत पुराना है। मोहन जोदड़ो एवं हड़प्पा के उत्खनन से मिली वस्तुओं की जाँच से यह सिद्ध होता है कि भारत 4000 ई0 सदी के पीछे के समय से मानकीकरण पद्धतियों को अपनाये हुये हैं। उत्खनन से मिर्ली इंटों के नाप एक जैसे थे व चौड़ाई व लम्बाई 1:2 का अनुपात था जो अब भी प्रचलित है। पुरातन युग से ही भारतवासी मानक एवं मानकीकृत पद्धतियों को अपनाकर विभिन्न कार्यों को पूर्व निर्धारित योजना के अनुरूप नियन्त्रित कर सूक्ष्मता एवं यथार्थता के साथ करना जानते थे।

जैसे-जैसे मानव सभ्यताओं का मिश्रण होगा वैसे-वैसे मात्रक और मानक के द्वारा एकीकरण की आवश्यकता ही नहीं मनुष्य की विवशता भी होगी। मानक के परिचय और उपयोगिता इस प्रकार स्पष्ट हो जाती है।

भारतीय आध्यात्म-दर्शन-संस्कृति के लिए यह एक नयी और आधुनिक सूक्ष्म दृष्टि ही है कि मानव समाज के एकीकरण के लिए सदैव अपने विचार-सिद्धान्त से मानकीकरण करना ही भारतीय आध्यात्म-दर्शन-संस्कृति का मूल उद्देश्य रहा है जबकि समाज के मानव उसे न अपनाकर मानकीकरण के आविष्कारक और उनके जीवन की ओर बढ़ गये। इतना ही नहीं आविष्कार के आधार पर अनेक आविष्कार भी करते चले गये परिणास्वरूप मानव समाज मानकीकरण के मूल उद्देश्य से इतना दूर आ चुका है कि इस मूल उद्देश्य को

स्वीकारना भी उन्हें गलत लगेगा जबकि इस उद्देश्य के बिना उनका पूर्णता की ओर बढ़ना असम्भव भी है और अन्तिम मार्ग भी है।

सृष्टि में साकार और निराकार सृष्टि के दो रूप हैं। साकार सृष्टि यह हमारा दृश्य ब्रह्माण्ड है तो निराकार सृष्टि सार्वभौम सत्य-सिद्धान्त है। इसी प्रकार मानव के सम्बन्ध में भी है निराकार मानव, मानव का अपना विचार है और साकार मानव, मानव का दृश्य शरीर है। भारतीय आध्यात्म-दर्शन इसे मानव सभ्यता के विकास के प्रारम्भ में ही समझ गया था इसलिए वह सदैव मानव समाज के एकीकरण के लिए मानक का विकास करता रहा है। जिसके निम्न विकास क्रम हैं-

अ. व्यक्तिगत प्रमाणित अदृश्य निराकार एवं साकार मानक

01. सार्वभौम मानक - सार्वभौम आत्मा या ईश्वर का आविष्कार।
02. सार्वभौम मानक के पुस्तक - वेद का आविष्कार।
03. सार्वभौम मानक का नाम - ऊँ का आविष्कार।
04. सार्वभौम मानक के नाम के व्याख्या का पुस्तक उपनिषद् का आविष्कार।
05. सार्वभौम व्यक्तिगत व्यक्ति का मानक - ब्रह्मा (सत्व गुण) का आविष्कार।
06. सार्वभौम सामाजिक व्यक्ति का मानक - विष्णु (सत्व-रज गुण) का आविष्कार।
07. सार्वभौम वैश्विक व्यक्ति का मानक - शिव-शंकर (सत्व-रज-तम गुण) का आविष्कार।
08. सार्वभौम व्यक्तिगत व्यक्ति के मानक के कृति का पुस्तक - ब्रह्मा आधारित पुराण का आविष्कार।
09. सार्वभौम सामाजिक व्यक्ति के मानक के कृति का पुस्तक - विष्णु आधारित पुराण का आविष्कार।
10. सार्वभौम वैश्विक व्यक्ति के मानक के कृति का पुस्तक-शिव-शंकर आधारित पुराण का आविष्कार।

ब. सार्वजनिक प्रमाणित दृश्य निराकार एवं साकार मानक

01. शरीर की अवस्था- आश्रम के मानक का निम्न रूप है-

1. ब्रह्मचर्य आश्रम -5 से 25 वर्ष उम्र तक - ज्ञान-विज्ञान-तकनीकी शिक्षा तथा व्यवहार।
2. गृहस्थ आश्रम -26 से 50 वर्ष उम्र तक - पारिवारिक जीवन में ज्ञान युक्त कर्तव्य और दायित्व।
3. वानप्रस्थ आश्रम -51 से 75 वर्ष उम्र तक - मांगें जाने पर अपने अनुभव से परिवार व समाज का मार्गदर्शन।
4. सन्यास आश्रम -76 से शरीर त्याग तक - आत्मा में स्थित होकर ब्रह्माण्डीय दायित्व व कर्तव्य।

02. कर्म की अवस्था- वर्ण के मानक का निम्नरूप है-

1. ब्राह्मण वर्ण - सूक्ष्म बुद्धि व आत्मा में स्थित हो धर्म से कार्य।
2. क्षत्रिय वर्ण - भाव व मन में स्थित हो बल से कार्य।
3. वैश्य वर्ण - इन्द्रिय व प्राण में स्थित हो धन से कार्य।
4. शूद्र वर्ण - शरीर में स्थित हो शरीर से कार्य।

03. मानव का मानक – अवतारवाद

अवतारवाद का मुख्य उद्देश्य मानव समाज में मानव का मानक निर्धारित करना है। जिसका विकास क्रम निम्न प्रकार है-

01. मत्स्यावतार - इस अवतार द्वारा धारा के विपरीत दिशा (राधा) में गति करने का मानक विचार-सिद्धान्त स्थापित हुआ।

02. कच्छप अवतार - इस अवतार द्वारा सहनशील, शांत, धैर्यवान, लगनशील, दोनों पक्षों के बीच मध्यस्थ की भूमिका वाला गुण (समन्वय का सिद्धान्त) का मानक विचार-सिद्धान्त स्थापित हुआ।

03. बाराह अवतार - इस अवतार द्वारा सूझ-बुझ, सम्पन्न, पुरूषार्थी, धीर-गम्भीर, निष्कामी, बलिष्ठ, सक्रिय, अहिंसक और समूह प्रेमी, लोगों का मनोबल बढ़ाना, उत्साहित और सक्रिय करने वाला गुण (प्रेरणा का सिद्धान्त) का मानक विचार-सिद्धान्त स्थापित हुआ।

04. नरसिंह अवतार - इस अवतार द्वारा प्रत्यक्ष रूप से एका-एक लक्ष्य को पूर्ण करने वाले (लक्ष्य के लिए त्वरित कार्यवाही का सिद्धान्त) का मानक विचार-सिद्धान्त स्थापित हुआ।

05. वामन अवतार - इस अवतार द्वारा भविष्य द्दष्टा, राजा के गुण का प्रयोग करना, थोड़ी सी भूमि पर गणराज्य व्यवस्था की स्थापना व व्यवस्था को जिवित करना, उसके सुख से प्रजा को परिचित कराने वाले गुण (समाज का सिद्धान्त) का मानक विचार-सिद्धान्त स्थापित हुआ।

06. परशुराम अवतार - इस अवतार द्वारा गणराज्य व्यवस्था को ब्रह्माण्ड में व्याप्त व्यवस्था सिद्धान्तों को आधार बनाने वाले गुण और व्यवस्था के प्रसार के लिए योग्य व्यक्ति को नियुक्त करने वाले गुण (लोकतन्त्र का सिद्धान्त और उसके प्रसार के लिए योग्य उत्तराधिकारी नियुक्त करने का सिद्धान्त) का मानक विचार-सिद्धान्त स्थापित हुआ।

07. राम अवतार - इस अवतार द्वारा आदर्श चरित्र के गुण के साथ प्रसार करने वाला गुण (व्यक्तिगत आदर्श चरित्र के आधार पर विचार प्रसार का सिद्धान्त) का मानक विचार-सिद्धान्त स्थापित हुआ।

08. कृष्ण अवतार - इस अवतार द्वारा आदर्श सामाजिक व्यक्ति चरित्र के गुण, समाज में व्याप्त अनेक मत-मतान्तर व विचारों के समन्वय और एकीकरण से सत्य-विचार के प्रेरक ज्ञान को निकालने वाले गुण (सामाजिक आदर्श व्यक्ति का सिद्धान्त और व्यक्ति से उठकर विचार आधारित व्यक्ति निर्माण का सिद्धान्त) का मानक विचार-सिद्धान्त स्थापित हुआ।

09. बुद्ध अवतार - इस अवतार द्वारा प्रजा को प्रेरित करने के लिए धर्म, संघ और बुद्धि के शरण में जाने का गुण (धर्म, संघ और बुद्धि का सिद्धान्त) का मानक विचार-सिद्धान्त स्थापित हुआ।

10. कल्कि अवतार- इस अवतार द्वारा आदर्श मानक सामाजिक व्यक्ति चरित्र समाहित आदर्श मानक वैश्विक व्यक्ति चरित्र अर्थात् सार्वजनिक प्रमाणित आदर्श मानक वैश्विक व्यक्ति चरित्र का मानक विचार-सिद्धान्त स्थापित करने का काम वर्तमान है और वो अन्तिम भी है।

उपरोक्त दस अवतार द्वारा स्थापित विचार-सिद्धान्त का संयुक्त रूप ही मानक पूर्ण मानव का रूप है। प्रत्येक पूर्व के अवतार द्वारा स्थापित विचार-सिद्धान्त अगले अवतार में वह संक्रमित अर्थात् विद्यमान रहते हुये अवतरण होता है। इस प्रकार अन्तिम अवतार में पूर्व के सभी अवतार के गुण विद्यमान होंगे और अन्तिम अवतार ही मानव समाज के लिए मानक मानव होगा।

सार्वभौम सत्य-सिद्धान्त के अनुसार काल, युग बोध एवं अवतार

सार्वभौम सत्य-सिद्धान्त के अनुसार काल और युग परिवर्तन और उसके माध्यम अन्तिम अवतार के सम्बन्ध में समय और रूप की व्याख्या निम्नवत् है।

विश्व-ब्रह्माण्ड के सर्वोच्च और अनन्त कार्यक्षेत्र का सार्वभौम दृश्य, विवादमुक्त, सार्वजनिक प्रमाणित सत्य-सिद्धान्त है- परिवर्तन। जिसे आदान-प्रदान (TRANSACTION) या क्रिया या व्यापार (TRADE) भी कहा जा सकता है। जिसे वैदिक साहित्य ने "सिद्धान्त", गीता ने "परिवर्तन", पुराण ने "शक्ति ", कपिलमुनि ने "क्रिया" कहा है। इसे ही प्राकृतिक- ब्रह्माण्डीय सत्य, कर्म, आदान-प्रदान, परिधि, व्यापार, काल, सर्वशक्तिमान भी कहा गया। इस सत्य की व्याख्या करने वाला शास्त्र-साहित्य सार्वजनिक प्रमाणित दृश्य समष्टि वेद, उत्पन्न नाम या शब्द को समष्टि ईश्वर नाम तथा नाम के अर्थ की व्याख्या करने वाले साहित्य को समष्टि उपनिषद् कहा जाता है।

उपरोक्त परिवर्तन जिस उत्प्रेरक की उपस्थिति में संचालित होता है उसे ही वैदिक साहित्य ने "ब्रह्म" या "आत्मा", गीता ने "मैं", पुराण ने "शिव "", कपिल मुनि ने "कारण", संतों ने "एक", हिन्दुओं ने "ईश्वर", सिखों ने "वाहे गुरू", इस्लाम ने "अल्ला" ईसाई ने "यीशु" इत्यादि कहा। इसे ही पूर्ण, धर्म, ज्ञान, सम, सार्वभौम, चौतन्य, केन्द्र, GOD, सत्य, अद्वैत, सर्वव्यापी, अनश्वर, अजन्मा, शाश्वत, सनातन इत्यादि भी कहा गया है। इस सत्य की व्याख्या करने वाला शास्त्र-साहित्य व्यक्तिगत प्रमाणित अदृश्य व्यष्टि वेद, उत्पन्न नाम या शब्द को व्यष्टि ईश्वर नाम तथा नाम के अर्थ की व्याख्या करने वाले साहित्य को व्यष्टि उपनिषद् कहा जाता है। इसी को सार्वभौम सत्य-सिद्धान्त में केन्द्र (CENTRE) कहा गया है।

वर्तमान पदार्थ विज्ञान भी यह स्वीकार कर चुका है कि इस ब्रह्माण्ड में कही भी कुछ भी स्थिर नहीं है। सभी का परिवर्तन या आदान-प्रदान हो रहा है। दृश्य पदार्थ विज्ञान के महान वैज्ञानिक आइन्सटाइन $E=MC^2$ से इसे सिद्ध भी किये है।

इस प्रकार विश्व-ब्रह्माण्ड को हम सर्वोच्च व्यापार केन्द्र (TRADE CENTRE) भी कह सकते हैं और विश्व-ब्रह्माण्ड के पर्यायवाची नाम के रूप में प्रयोग कर सकते हैं।

समस्त परिवर्तन या आदान-प्रदान मुख्यतः तीन बलो द्वारा ही संचालित होता है- मानवीय बल, प्राकृतिक बल व आत्मीय बल। और ये तीनो बल मूलतः तीन क्षेत्र के माध्यम से परिवर्तन लाता है। ये हैं- शारीरिक, आर्थिक व मानसिक। इस प्रकार हम देखते हैं कि यदि सर्वप्रथम मानवीय बल परिवर्तन लाने के लिए सक्रिय होता है तब वह पहले शारीरिक, फिर आर्थिक और अन्त में मानसिक कारण को माध्यम के रूप में प्रयोग करता है। इसी प्रकार प्राकृतिक बल और आत्मीय बल भी इसी क्रम से माध्यमों का प्रयोग करता है।

जब मानवीय बल और प्राकृतिक बल, आवश्यक परिवर्तन लाने में असफल हो जाता है तब सार्वाधिक शक्तिशाली व सर्वोच्च आत्मीय बल के प्रयोग का समय आ जाता है। चक्र रूप में मानवीय बल एक छोटा परिवर्तन, प्राकृतिक बल एक मध्यम स्तर का परिवर्तन तथा अन्तिम आत्मीय बल उस समय के सर्वोच्च स्तर का परिवर्तन लाता है जिस समय वह प्रभावी होता है।

यह आत्मीय बल ही अवतारों, पैगम्बरों, स्वर्गदूतों, धर्म प्रवर्तकों-स्थापकों के बल थे जो समयानुसार अपने-अपने क्षेत्रों में प्रयोग किये गये थे और जिसके कारण आज भी उनकी पहचान वर्तमान है। जब यह आत्मीय बल अंश रूप में अवतारों, पैगम्बरों, स्वर्गदूतों, धर्म प्रवर्तकों-स्थापकों द्वारा प्रयोग किये जाते हैं तब ये अंश अवतार, पैगम्बर, स्वर्गदूत, धर्म प्रवर्तक-स्थापक कहलाते हैं और जब यह आत्मीय बल पूर्ण रूप में अवतारों, पैगम्बरों, स्वर्गदूतों, धर्म प्रवर्तकों-स्थापकों द्वारा प्रयोग किये जाते हैं तब ये पूर्ण अवतार, पैगम्बर, स्वर्गदूत, धर्म प्रवर्तक-स्थापक कहलाते हैं।

वर्तमान समय में मानवीय बल व प्राकृतिक बल द्वारा परिवर्तन लाने के लिए शारीरिक, आर्थिक व मानसिक माध्यम का प्रयोग किया जा चुका है। साथ ही आत्मीय बल द्वारा भी परिवर्तन लाने के लिए शारीरिक व आर्थिक माध्यम का प्रयोग किया जा चुका है। अब केवल एक ही मार्ग आत्मीय बल द्वारा मानसिक माध्यम का प्रयोग बचा है। जो आने वाले समय में निश्चित रूप से होगा।

काल अर्थात् समय को समय से बांधा नहीं जा सकता। कोई भी व्यक्ति समष्टि के लिए किसी निश्चित दिन का दावा नहीं कर सकता कि इस दिन से किसी युग का परिवर्तन, किसी युग का अन्तिम दिन या किसी युग के प्रारम्भ का दिन है। क्योंकि हम दिन, दिनांक या कैलेण्डर का निर्धारण ब्रह्माण्डीय गतिविधि अर्थात् सूर्य, चाँद, ग्रह इत्यादि के गति को आधार बनाकर निर्धारित करते है। इसी प्रकार युग का निर्धारण पूर्णतया मानव मन की केन्द्रित स्थिति से निर्धारित होता है न कि किसी निर्धारित अवधि के द्वारा। मन की केन्द्रित स्थिति निम्न स्थितियों में होती है-

0 या 5. स्थिति - अदृश्य मार्ग से मन का आत्मीय केन्द्रित स्थिति।

1. **स्थिति** - व्यक्तिगत प्रमाणित अदृश्य मार्ग से मन का आत्मीय केन्द्रित स्थिति अर्थात् व्यक्तिगत प्रमाणित माध्यम द्वारा आत्मा पर केन्द्रित मन। यह स्थिति सतयुग की अन्तिम स्थिति है। इस युग में कुल 6 अवतार मत्स्य, कूर्म, वाराह, नृंसिंह, वामन और परशुराम हुये।

2. **स्थिति** -सार्वजनिक प्रमाणित अदृश्य मार्ग से मन का आत्मीय केन्द्रित स्थिति अर्थात् सार्वजनिक प्रमाणित माध्यम - प्रकृति व ब्रह्माण्ड द्वारा आत्मा पर केन्द्रित मन। यह स्थिति त्रेतायुग की अन्तिम स्थिति है। इस युग में सातवें अवतार श्री राम हुयें।

3. **स्थिति** - व्यक्तिगत प्रमाणित दृश्य मार्ग से मन का आत्मीय केन्द्रित स्थिति अर्थात् व्यक्तिगत प्रमाणित व्यक्ति व भौतिक वस्तु माध्यम द्वारा आत्मा पर केन्द्रित मन। यह स्थिति द्वापर युग की अन्तिम स्थिति है। इस युग में आँठवें अवतार श्री कृष्ण हुयें।

4. **स्थिति** - सार्वजनिक प्रमाणित दृश्य मार्ग से मन का आत्मीय केन्द्रित स्थिति अर्थात् सार्वजनिक प्रमाणित व्यक्ति व भौतिक वस्तु माध्यम द्वारा आत्मा पर केन्द्रित मन। यह स्थिति कलियुग की अन्तिम स्थिति है। इस युग में नवें अवतार बुद्ध हुये और दसवें और अन्तिम अवतार श्री लव कुश सिंह "विश्वमानव" व्यक्त हैं।

0 या 5. स्थिति - दृश्य मार्ग से मन का आत्मीय केन्द्रित स्थिति।

उपरोक्त स्थिति में स्थित मन से ही उस युग में शास्त्र-साहित्यों की रचना होती रही है। और उस अनुसार ही प्रत्येक व्यक्ति अपनी स्थिति का पता लगा सकता है कि वह किस युग में जी रहा है।

उपरोक्त में से कोई भी स्थिति जब व्यक्तिगत होती है तब वह व्यक्ति उस युग में स्थित होता है चाहे समाज या सम्पूर्ण विश्व किसी भी युग में क्यों न हो। इसी प्रकार जब उपरोक्त स्थिति में से कोई भी स्थिति में समाज या सम्पूर्ण विश्व अर्थात् अधिकतम व्यक्ति उस स्थिति में स्थित होते है तब समाज या सम्पूर्ण विश्व उस युग में स्थित हो जाता है।

युग परिवर्तन सदैव उस समय होता है जब समाज के सर्वोच्च मानसिक स्तर पर एक नया अध्याय या कड़ी जुड़ता है। और एक नये विचार से व्यवस्था या मानसिक परिवर्तन होता है। इस प्रकार यह आत्मसात् करना चाहिए कि सम्पूर्ण समाज इस समय चौथे युग-कलियुग के अन्त में है और जैसे-जैसे "विश्वशास्त्र" के ज्ञान से युक्त

होता जायेगा वह पाँचवे युग-स्वर्ण युग में प्रवेश करता जायेगा। और जब बहुमत हो जायेगा तब सम्पूर्ण समाज या विश्व पाँचवे युग-स्वर्ण युग में स्थित हो जायेगा।

सम्पूर्ण आध्यात्मिक सूक्ष्म एवं स्थूल सिद्धान्तों को व्यक्त करने का माध्यम मात्र मानव शरीर और कर्म क्षेत्र मात्र मानव समाज ही है। साथ ही उसका मूल्यांकनकर्ता मानव का अपना मन स्तर ही है। इसलिए अवतार सम्पूर्ण सिद्धान्तों को कालानुसार व्यक्त सगुण रूप मानव शरीर ही होता है। मूलरूप से अवतार शिव-आत्मा-ईश्वर-ब्रह्म अर्थात् सार्वभौम सत्य-सिद्धान्त के अवतार होते हैं परन्तु एकात्म ज्ञान अर्थात् ब्रह्मा और एकात्म ध्यान अर्थात् शंकर सार्वजनिक प्रमाणित दृश्य न हो सकने के कारण एकात्म कर्म-विष्णु के ही अवतार के रूप में जाना जाता है। क्योंकि एक मात्र कर्म ही मानव समाज में सार्वजनिक प्रमाणित होता है। इस एकात्म कर्म का कारण एकात्म प्रेम और एकात्म प्रेम का कारण मात्र एकात्म कर्म होता है।

विष्णु अर्थात् एकात्मकर्म का अव्यक्त रूप एकात्म प्रेम अर्थात् लक्ष्मी हैं। एकात्म कर्म का कारण एकात्म प्रेम तथा एकात्म प्रेम का कारण एकात्म कर्म होता है। वह कर्म जो आत्मा के लिए हो और वह प्रेम जो आत्मा के लिए हो अर्थात् समभाव और कर्म युक्त मानव शरीर ही विष्णु का अवतार है।

भगवान विष्णु के 24 अवतार (1. श्री सनकादि, 2. वाराह अवतार, 3. नारद मुनि, 4. नर-नारायण, 5. कपिल, 6. दत्तात्रेय, 7. यज्ञ, 8. ऋषभदेव, 9. पृथु, 10. मत्स्यावतार, 11. कूर्म अवतार, 12. धन्वन्तरि, 13. मोहिनी, 14. हयग्रीव, 15. नृसिंह, 16. वामन, 17. गजेन्द्रोधारावतार, 18. परशुराम, 19. वेदव्यास, 20. हन्सावतार, 21. राम, 22. कृष्ण, 23. बुद्ध, 24. कल्कि) का वर्णन श्री विष्णु पुराण एवं श्री भविष्य पुराण में स्पष्ट उल्लेख है। जिनमें मुख्य 10 अवतार (1. मत्स्य, 2. कूर्म, 3. वाराह, 4. नृसिंह, 5. वामन, 6. परशुराम, 7. राम, 8. कृष्ण, 9. बुद्ध, 10. कल्कि) ही माने जाते हैं।

ग्रन्थों में अवतारों की कई कोटि बतायी गई है जैसे अंशाशावतार, अंशावतार, आवेशावतार, कलावतार, नित्यावतार, युगावतार इत्यादि, जो भी सार्वभौम सत्य-सिद्धान्त को व्यक्त करता है वे सभी अवतार कहलाते हैं। व्यक्ति से लेकर समाज के सर्वोच्च स्तर तक सार्वभौम सत्य-सिद्धान्त को व्यक्त करने के क्रम में ही विभिन्न कोटि के अवतार स्तरबद्ध होते हैं। अन्तिम सार्वभौम सत्य-सिद्धान्त को व्यक्त करने वाला ही अन्तिम अवतार के रूप में व्यक्त होगा। अब तक हुये अवतार, पैगम्बर, ईशदूत इत्यादि को हम सभी उनके होने के बाद, उनके जीवन काल की अवधि में या उनके शरीर त्याग के बाद से ही जानते हैं। परन्तु भविष्य अर्थात् "आने वाले कल" के लिए कल्पित एक मात्र महाविष्णु के अवतार-कल्कि के आने से पूर्व ही जानने लगे हैं।

अदृश्य सत्य-सिद्धान्त से सार्वजनिक या ब्रह्माण्डीय प्रमाणित दृश्य सत्य-सिद्धान्त तक के व्यक्त होने की क्रिया में प्रयुक्त मानव शरीर ही अवतारों का शरीर है। इस क्रम में प्रत्येक अगला अवतार अपने पिछले अवतार का अगला चरण अर्थात् सामाजिक आवश्यकताओं की कालानुसार पूर्तिकर्ता सहित उसका पुर्नजन्म होता है। क्योंकि सत्य-सिद्धान्त को व्यक्त करने की इच्छा तब तक अवतारों में रहती है जब तक सत्य-सिद्धान्त पूर्णरूप से दृश्य सार्वजनिक या ब्रह्माण्डीय प्रमाणित रूप नहीं ले लेता। कोई भी मानव शरीर अवतारी ज्ञान, कर्म और ध्यान को रखते हुये भी यदि सम्पूर्ण सामाजिक या ब्रह्माण्डीय आवश्यकताओं का कालानुसार हल नहीं प्रस्तुत करता तो वह गुणों को रखते हुये भी अवतारी शरीर नहीं हो सकता। इस प्रकार प्रत्येक अगला अवतार, अपने पिछले अवतार का संग्रहणीय, संक्रमणीय, गुणात्मक रूप का प्रतीक होता है। अवतारों का स्थूल शरीर किसी भी स्थूल अटलनीय, अपरिवर्तनीय, प्राकृतिक नियम-परिवर्तन या आदान-प्रदान से मुक्त नहीं होता सिर्फ उनका सूक्ष्म शरीर और व्यक्त सत्य-सिद्धान्त ही उससे मुक्त और अप्रभावी होता है जिसे दुःख-सुख, जन्म-मृत्यु इत्यादि से मुक्त कहते हैं।

सत्य से सार्वभौम सत्य-सिद्धान्त तक का मार्ग अवतारों का मार्ग है। सार्वभौम सत्य-सिद्धान्त की अनुभूति ही अवतरण है। इसके अंश अनुभूति को अंश अवतार तथा पूर्ण अनुभूति को पूर्ण अवतार कहते हैं। अवतार मानव मात्र के लिए ही कर्म करते हैं न कि किसी विशेष मानव समूह या सम्प्रदाय के लिए। अवतार, धर्म, धर्मनिरपेक्ष व सर्वधर्मसमभाव से युक्त अर्थात् एकात्म से युक्त होते हैं। इस प्रकार अवतार से उत्पन्न शास्त्र मानव के लिए होते हैं, न कि किसी विशेष मानव समूह के लिए। उत्प्रेरक, शासक और मार्गदर्शक आत्मा सर्वव्यापी है।

इसलिए एकात्म का अर्थ संयुक्त आत्मा या सार्वजनिक आत्मा है। जब एकात्म का अर्थ संयुक्त आत्मा समझा जाता है तब वह समाज कहलाता है। जब एकात्म का अर्थ व्यक्तिगत आत्मा समझा जाता है तब व्यक्ति कहलाता है। अवतार, संयुक्त आत्मा का साकार रुप होता है जबकि व्यक्ति, व्यक्तिगत आत्मा का साकार रुप होता है। शासन प्रणाली में समाज का समर्थक दैवी प्रवृत्ति तथा शासन व्यवस्था प्रजातन्त्र या लोकतन्त्र या स्वतन्त्र या मानवतन्त्र या समाजतन्त्र या जनतन्त्र या बहुतन्त्र या स्वराज कहलाता है और क्षेत्र गणराज्य कहलाता है। ऐसी व्यवस्था सुराज कहलाती है। शासन प्रणाली में व्यक्ति का समर्थक असुरी प्रवृत्ति तथा शासन व्यवस्था राज्यतन्त्र या राजतन्त्र या एकतन्त्र कहलाता है और क्षेत्र राज्य कहलाता है ऐसी व्यवस्था कुराज कहलाती है। सनातन से ही दैवी और असुरी प्रवृत्तियों अर्थात् दोनों तन्त्रों के बीच अपने-अपने अधिपत्य के लिए संघर्ष होता रहा है। जब-जब समाज में एकतन्त्रात्मक या राजतन्त्रात्मक अधिपत्य होता है तब-तब मानवता या समाज समर्थक अवतारों के द्वारा गणराज्य की स्थापना की जाती है। या यूँ कहें गणतन्त्र या गणराज्य की स्थापना ही अवतार का मूल उद्देश्य अर्थात् लक्ष्य होता है शेष सभी साधन अर्थात् मार्ग।

अवतारों के प्रत्यक्ष और प्रेरक दो कार्य विधि हैं। प्रत्यक्ष अवतार वे होते हैं जो स्वयं अपनी शक्ति का प्रत्यक्ष प्रयोग कर समाज का सत्यीकरण करते हैं। यह कार्य विधि समाज में उस समय प्रयोग होता है जब अधर्म का नेतृत्व एक या कुछ मानवों पर केन्द्रित होता है। प्रेरक अवतार वे होते हैं जो स्वयं अपनी शक्ति का अप्रत्यक्ष प्रयोग कर समाज का सत्यीकरण जनता एवं नेतृत्वकर्ता के माध्यम से करते हैं। यह कार्य विधि समाज में उस समय प्रयोग होता है जब समाज में अधर्म का नेतृत्व अनेक मानवों और नेतृत्वकर्ताओं पर केन्द्रित होता है।

इन विधियों में से कुल दस अवतारों में से प्रथम सात (मत्स्य, कूर्म, वाराह, नृसिंह, वामन, परशुराम, राम) अवतारों ने समाज का सत्यीकरण प्रत्यक्ष विधि के प्रयोग द्वारा किया था। आठवें अवतार (श्रीकृष्ण) ने दोनों विधियों प्रत्यक्ष ओर प्रेरक का प्रयोग किया था। नवें (भगवान बुद्ध) और अन्तिम दसवें अवतार की कार्य विधि प्रेरक ही है।

जल-प्लावन (जहाँ जल है वहाँ थल और जहाँ थल है वहाँ जल) के समय मछली से मार्ग दर्शन (मछली के गतीशीलता से सिद्धान्त प्राप्त कर) पाकर मानव की रक्षा करने वाला ईश्वर (सार्वभौम सत्य-सिद्धान्त) का पहला अंशावतार मत्स्यावतार के बाद मानव का पुनः विकास प्रारम्भ हुआ। दूसरे कूर्मावतार (कछुए के गुण का सिद्धान्त), तीसरे- वाराह अवतार (सुअर के गुण का सिद्धान्त), चौथे- नृसिंह (सिंह के गुण का सिद्धान्त), तथा पाँचवें वामन अवतार (ब्राह्मण के गुण का सिद्धान्त) तक एक ही साकार शासक और मार्गदर्शक राजा हुआ करते थे और जब-जब वे राज्य समर्थक या उसे बढ़ावा देने वाले इत्यादि असुरी गुणों से युक्त हुए उन्हें दूसरे से पाँचवें अंशावतार ने साकार रुप में कालानुसार भिन्न-भिन्न मार्गों से गुणों का प्रयोग कर गणराज्य का अधिपत्य स्थापित किया।

ईश्वर (सार्वभौम सत्य-सिद्धान्त) के छठें अंश अवतार परशुराम के समय तक मानव जाति का विकास इतना हो गया था कि अलग-अलग राज्यों के अनेक साकार शासक और मार्गदर्शक राजा हो गये थे उनमें से जो भी राज्य समर्थक असुरी गुणों से युक्त थे उन सबको परशुराम ने साकार रुप में वध कर डाला। परन्तु बार-बार वध की समस्या का स्थाई हल निकालने के लिए उन्होंने राज्य और गणराज्य की मिश्रित व्यवस्था द्वारा एक व्यवस्था दी जो आगे चलकर "परशुराम परम्परा" कहलायी। व्यवस्था निम्न प्रकार थी-

1. प्रकृति में व्याप्त तीन गुण- सत्व, रज और तम के प्रधानता के अनुसार मनुष्य का चार वर्णों में निर्धारण। सत्व गुण प्रधान - ब्राह्मण, रज गुण प्रधान-क्षत्रिय, रज एवं तम गुण प्रधान-वैश्य, तम गुण प्रधान-शूद्र।
2. गणराज्य का शासक राजा होगा जो क्षत्रिय होगा जैसे-ब्रह्माण्डीय गणराज्य में प्रकृति जो रज गुण अर्थात् कर्म अर्थात् शक्ति प्रधान है।
3. गणराज्य में राज्य सभा होगी जिसके अनेक सदस्य होंगे जैसे-ब्रह्माण्डीय गणराज्य में प्रकृति के सत्व, रज एवं तम गुणों से युक्त विभिन्न वस्तु हैं।
4. राजा का निर्णय राज्यसभा का ही निर्णय है जैसे-ब्रह्माण्डीय गणराज्य में प्रकृति का निर्णय वही है जो सत्व, रज एवं तम गुणों का सम्मिलित निर्णय होता है।

5. राजा का चुनाव जनता करे क्योंकि वह अपने गणराज्य में सर्वव्यापी और जनता का सम्मिलित रुप है जैसे- ब्रह्माण्डीय गणराज्य में प्रकृति सर्वव्यापी है और वह सत्व, रज एवं तम गुणों का सम्मिलित रुप है।
6. राजा और उसकी सभा राज्यवादी न हो इसलिए उस पर नियन्त्रण के लिए सत्व गुण प्रधान ब्राह्मण का नियन्त्रण होगा जैसे- ब्रह्माण्डीय गणराज्य में प्रकृति पर नियन्त्रण के लिए सत्व गुण प्रधान आत्मा का नियन्त्रण होता है।

ईश्वर (सार्वभौम सत्य-सिद्धान्त) के सातवें अंश अवतार श्रीराम द्वारा इसी "परशुराम परम्परा" का ही प्रसार और स्थापना हुआ था।

ईश्वर (सार्वभौम सत्य-सिद्धान्त) के आठवें अवतार श्रीकृष्ण के समय तक स्थिति यह हो गयी थी राजा पर नियन्त्रण के लिए नियुक्त ब्राह्मण भी समाज और धर्म की व्याख्या करने में असमर्थ हो गये। क्योंकि अनेक धर्म साहित्यों, मत-मतान्तर, वर्ण, जातियों में समाज विभाजित होने से व्यक्ति संकीर्ण और दिग्भ्रमित हो गया था और राज्य समर्थकों की संख्या अधिक हो गयी थी परिणामस्वरुप मात्र एक ही रास्ता बचा था- "नवमानव सृष्टि"। इसके लिए उन्होंने सम्पूर्ण धर्म-साहित्यों और मत-मतान्तरों के एकीकरण के लिए आत्मा के सर्वव्यापी व्यक्तिगत प्रमाणित निराकार स्वरुप का उपदेश "गीता" व्यक्त किये और गणराज्य का उदाहरण "द्वारिका नगर" का निर्माण कर किये। उनकी गणराज्य व्यवस्था उनके जीवन काल में ही नष्ट हो गयी परन्तु "गीता" आज भी प्रेरक बनी हुई है।

ईश्वर (सार्वभौम सत्य-सिद्धान्त) के नवें अवतार भगवान बुद्ध के समय पुनः राज्य एकतन्त्रात्मक होकर हिंसात्मक हो गया परिणामस्वरुप बुद्ध ने अहिंसा के उपदेश के साथ व्यक्तियों को धर्म, बुद्धि और संघ के शरण में जाने की शिक्षा दी। संघ की शिक्षा गणराज्य की शिक्षा थी। धर्म की शिक्षा आत्मा की शिक्षा थी। बुद्धि की शिक्षा, प्रबन्ध और संचालन की शिक्षा थी जो प्रजा के माध्यम से प्रेरणा द्वारा गणराज्य के निर्माण की प्रेरणा थी।

ईश्वर (सार्वभौम सत्य-सिद्धान्त) के दसवें और अन्तिम अवतार के समय तक राज्य और समाज स्वतः ही प्राकृतिक बल के अधीन कर्म करते-करते सिद्धान्त प्राप्त करते हुए पूर्ण गणराज्य की ओर बढ़ रहा था परिणामस्वरुप गणराज्य का रुप होते हुए भी गणराज्य सिर्फ राज्य था और एकतन्त्रात्मक अर्थात् व्यक्ति समर्थक तथा समाज समर्थक दोनों की ओर विवशतावश बढ़ रहा था।

भारत में निम्लिखित रुप व्यक्त हो चुका था।

1. ग्राम, विकास खण्ड, नगर, जनपद, प्रदेश और देश स्तर पर गणराज्य और गणसंघ का रुप।
2. सिर्फ ग्राम व नगर स्तर पर राजा (ग्राम व नगर पंचायत अध्यक्ष) का चुनाव सीधे जनता द्वारा।
3. गणराज्य को संचालित करने के लिए संचालक का निराकार रुप- संविधान।
4. गणराज्य के तन्त्रों को संचालित करने के लिए तन्त्र और क्रियाकलाप का निराकार रुप-नियम और कानून।
5. राजा पर नियन्त्रण के लिए ब्राह्मण का साकार रुप- राष्ट्रपति, राज्यपाल, जिलाधिकारी इत्यादि।

विश्व स्तर पर निम्नलिखित रुप व्यक्त हो चुका था।

1. गणराज्यों के संघ के रुप में संयुक्त राष्ट्र संघ का रुप।
2. संघ के संचालन के लिए संचालक और संचालक का निराकार रुप- संविधान।
3. संघ के तन्त्रों को संचालित करने के लिए तन्त्र और क्रियाकलाप का निराकार रुप- नियम और कानून।
4. संघ पर नियन्त्रण के लिए ब्राह्मण का साकार रुप-पाँच वीटो पावर।
5. प्रस्ताव पर निर्णय के लिए सदस्यों की सभा।
6. नेतृत्व के लिए राजा- महासचिव।

जिस प्रकार आठवें अवतार द्वारा व्यक्त आत्मा के निराकार रुप "गीता" के प्रसार के कारण आत्मीय प्राकृतिक बल सक्रिय होकर गणराज्य के रुप को विवशतावश समाज की ओर बढ़ा रहा था उसी प्रकार अन्तिम अवतार द्वारा निम्नलिखित शेष समष्टि कार्य पूर्ण कर प्रस्तुत कर देने मात्र से ही विवशतावश उसके अधिपत्य की स्थापना हो जाना है।

1. गणराज्य या लोकतन्त्र के सत्य रुप- गणराज्य या लोकतन्त्र के स्वरुप का अन्तर्राष्ट्रीय/ विश्वमानक।

2. राजा और सभा सहित गणराज्य पर नियन्त्रण के लिए साकार ब्राह्मण का निराकार रुप- मन का अन्तर्राष्ट्रीय/ विश्वमानक।
3. गणराज्य के प्रबन्ध का सत्य रुप- प्रबन्ध का अन्तर्राष्ट्रीय/ विश्वमानक।
4. गणराज्य के संचालन के लिए संचालक का निराकार रुप- संविधान के स्वरुप का अन्तर्राष्ट्रीय/ विश्वमानक।
5. साकार ब्राह्मण निर्माण के लिए शिक्षा का स्वरुप- शिक्षा पाठ्यक्रम का अन्तर्राष्ट्रीय/ विश्वमानक।

इस समष्टि कार्य द्वारा ही काल व युग परिवर्तन होगा न कि सिर्फ चिल्लाने से कि "सतयुग आयेगा" , "सतयुग आयेगा" से। यह समष्टि कार्य जिस शरीर से सम्पन्न होगा वही अन्तिम अवतार के रूप में व्यक्त होगा। धर्म में स्थित वह अवतार चाहे जिस सम्प्रदाय (वर्तमान अर्थ में धर्म) का होगा उसका मूल लक्ष्य यही शेष समष्टि कार्य होगा और स्थापना का माध्यम उसके सम्प्रदाय की परम्परा व संस्कृति होगी।

जिस प्रकार केन्द्र में संविधान-संसद है, प्रदेश में संविधान-विधान सभा है उसी प्रकार ग्राम नगर में भी संविधान होना चाहिए जिस प्रकार केन्द्र और प्रदेश के न्यायालय और पुलिस व्यवस्था है उसी प्रकार ग्राम नगर के भी होने चाहिए, कहने का अर्थ ये है कि जिस प्रकार की व्यवस्थाये केन्द्र और प्रदेश की अपनी हैं उसी प्रकार की व्यवस्था छोटे रुप में ग्राम नगर की भी होनी चाहिए। संघ (राज्य) या महासंघ (केन्द्र) से सम्बन्ध सिर्फ उस गणराज्य से होता है प्रत्येक नागरिक से नहीं संघ या महासंघ का कार्य मात्र अपने गणराज्यों में आपसी समन्वय व सन्तुलन करना होता है उस पर शासन करना नहीं तभी तो सच्चे अर्थों में गणराज्य व्यवस्था या स्वराज-सुराज व्यवस्था कहलायेगी। यही राष्ट्रपिता महात्मा गाँधी की प्रसिद्ध युक्ति "भारत ग्राम (नगर) गणराज्यों का संघ हो" और "राम राज्य" का सत्य अर्थ है।

काल का प्रथम रूप

पूर्ण मनुष्य के निर्माण प्रक्रिया में निम्नलिखित दस चरण पूरे हुए हैं अर्थात् पूर्णता के लिए इन दस चरण में व्यक्त मुख्य-गुण सिद्धान्त का संयुक्त व्यक्तित्व ही पूर्ण मनुष्य के रूप में निर्मित होता है। विष्णु के निम्न दस अवतार के मुख्य-गुण सिद्धान्त निम्न प्रकार हैं-

अदृश्य काल

धर्म ज्ञान का प्रारम्भ

01. वैदिक धर्म-ऋषि-मुनि गण-ईसापूर्व 6000-2500

पहलायुग: सत्ययुग
02. ब्राह्मण धर्म-ब्राह्मण गण-ईसापूर्व 6000-2500

अ. व्यक्तिगत प्रमाणित पूर्ण प्रत्यक्ष अवतार

01. अदृश्य काल के व्यक्तिगत प्रमाणित काल में व्यक्तिगत प्रमाणित अदृश्य प्राकृतिक चेतना से युक्त सत्य आधारित सतयुग में विष्णु के प्रथम अवतार - मत्स्य अवतार

मुख्य-गुण सिद्धान्त - मछलियों के स्वभाव जल की धारा के विपरीत दिशा (राधा) में गति करने से ज्ञान (अर्थात् राधा का सिद्धान्त) प्रथम अवतार मत्स्य अवतार का गुण था जो अगले अवतार में संचरित हुई।

02. अदृश्य काल के व्यक्तिगत प्रमाणित काल में व्यक्तिगत प्रमाणित अदृश्य प्राकृतिक चेतना से युक्त सत्य आधारित सतयुग में विष्णु के द्वितीय अवतार - कूर्म या कच्छपावतार

मुख्य-गुण सिद्धान्त - एक सहनशील, शांत, धैर्यवान, लगनशील, दोनों पक्षों के बीच मध्यस्थ की भूमिका वाला गुण (समन्वय का सिद्धान्त) सहित प्रथम अवतार के गुण सहित वाला गुण द्वितीय अवतार कूर्म अवतार का गुण था जो अगले अवतार में संचरित हुई।

03. अदृश्य काल के व्यक्तिगत प्रमाणित काल में व्यक्तिगत प्रमाणित अदृश्य प्राकृतिक चेतना से युक्त सत्य आधारित सतयुग में विष्णु के तृतीय अवतार - बाराह अवतार

मुख्य-गुण सिद्धान्त - एक मेधावी, सूझ-बुझ, सम्पन्न, पुरूषार्थी, धीर-गम्भीर, निष्कामी, बलिष्ठ, सक्रिय, अहिंसक और समूह प्रेमी, लोगों का मनोबल बढ़ाना, उत्साहित और सक्रिय करने वाला गुण (प्रेरणा का सिद्धान्त) सहित द्वितीय अवतार के समस्त गुण से युक्त वाला गुण तृतीय अवतार वाराह अवतार का गुण था जो अगले अवतार में संचरित हुई।

04. अदृश्य काल के व्यक्तिगत प्रमाणित काल में व्यक्तिगत प्रमाणित अदृश्य प्राकृतिक चेतना से युक्त सत्य आधारित सतयुग में विष्णु के चौथे अवतार - नृसिंह अवतार

मुख्य-गुण सिद्धान्त - प्रत्यक्ष रूप से एका-एक लक्ष्य को पूर्ण करने वाले (लक्ष्य के लिए त्वरित कार्यवाही का सिद्धान्त) गुण सहित तृतीय अवतार के समस्त गुण से युक्त वाला गुण चतुर्थ अवतार नरसिंह अवतार का गुण था जो अगले अवतार में संचरित हुई।

05. अदृश्य काल के व्यक्तिगत प्रमाणित काल में व्यक्तिगत प्रमाणित अदृश्य प्राकृतिक चेतना से युक्त सत्य आधारित सतयुग में विष्णु के पाचवें अवतार - वामन अवतार

मुख्य-गुण सिद्धान्त - भविष्य दृष्टा, राजा के गुण का प्रयोग करना, थोड़ी सी भूमि पर गणराज्य व्यवस्था की स्थापना व व्यवस्था को जिवित करना, उसके सुख से प्रजा को परिचित कराने वाले गुण (समाज का

सिद्धान्त) सहित चतुर्थ अवतार के समस्त गुण से युक्त गुण पाँचवें अवतार का गुण था जो अगले अवतार में संचरित हुई।

ब. सार्वजनिक प्रमाणित अंश प्रत्यक्ष अवतार

06. अदृश्य काल के व्यक्तिगत प्रमाणित काल में व्यक्तिगत प्रमाणित अदृश्य प्राकृतिक चेतना से युक्त सत्य आधारित सतयुग में विष्णु के छठवें अवतार - परशुराम अवतार

मुख्य-गुण सिद्धान्त - गणराज्य व्यवस्था को ब्रह्माण्ड में व्याप्त व्यवस्था सिद्धान्तों को आधार बनाने वाले गुण और व्यवस्था के प्रसार के लिए योग्य व्यक्ति को नियुक्त करने वाले गुण (लोकतन्त्र का सिद्धान्त और उसके प्रसार के लिए योग्य उत्तराधिकारी नियुक्त करने का सिद्धान्त) सहित पाँचवें अवतार के समस्त गुण से युक्त वाला गुण छठें अवतार परशुराम का गुण था जो अगले अवतार में संचरित हुई।

दूसरायुग: त्रेतायुग

03. वैदिक धर्म-श्रीराम-ईसापूर्व 6000-2500

स. सार्वजनिक प्रमाणित पूर्ण प्रत्यक्ष अवतार

07. अदृश्य काल के सार्वजनिक प्रमाणित काल में सार्वजनिक प्रमाणित अदृश्य प्राकृतिक चेतना से युक्त यज्ञ (अदृश्य कर्म) आधारित त्रेता युग में विष्णु के सातवें अवतार - श्री राम अवतार- रामायण (मानक व्यक्ति चरित्र)

मुख्य-गुण सिद्धान्त - आदर्श चरित्र के गुण तथा छठें अवतार तक के समस्त गुण को प्रसार करने वाला गुण (व्यक्तिगत आदर्श चरित्र के आधार पर विचार प्रसार का सिद्धान्त) सातवें अवतार श्रीराम का गुण था जो अगले अवतार में संचरित हुई।

तीसरायुग: द्वापरयुग

04. वेदान्त अद्वैत धर्म-श्रीकृष्ण-ईसापूर्व 3000

द. व्यक्तिगत प्रमाणित पूर्ण प्रेरक अवतार

08. दृश्य काल के व्यक्तिगत प्रमाणित काल में व्यक्तिगत प्रमाणित पूर्ण दृश्य सत्य चेतना से युक्त भक्ति और प्रेम आधारित द्वापर युग में विष्णु के आठवें अवतार -योगेश्वर श्री कृष्ण अवतार महाभारत (मानक सामाजिक व्यक्ति चरित्र)

मुख्य-गुण सिद्धान्त - आदर्श सामाजिक व्यक्ति चरित्र के गुण, समाज में व्याप्त अनेक मत-मतान्तर व विचारों के समन्वय और एकीकरण से सत्य-विचार के प्रेरक ज्ञान को निकालने वाले गुण (सामाजिक आदर्श व्यक्ति का सिद्धान्त और व्यक्ति से उठकर विचार आधारित व्यक्ति निर्माण का सिद्धान्त) सहित सातवें अवतार तक के समस्त गुण आठवें अवतार श्रीकृष्ण का गुण था। जिससे व्यक्ति, व्यक्ति पर विश्वास न कर अपने बुद्धि से स्वयं निर्णय करें और प्रेरणा प्राप्त करता रहे। जो अगले अवतार में संचरित हुई।

चौथा युग: कलियुग

05. यहूदी धर्म
06 .पारसी धर्म-जरथ्रुस्ट-ईसापूर्व 1700
07. बौद्‌ध धर्म-भगवान बुद्ध-ईसापूर्व 1567-487
08. कन्फ्यूसी धर्म-कन्फ्यूसियश-ईसापूर्व 551-479

09. टोईज्म धर्म-लोओत्से-ईसापूर्व 604-518
10. जैन धर्म-भगवान महावीर-ईसापूर्व 539-467
11. ईसाइ धर्म-ईसा मसीह-सन् 33 ई0
12. इस्लाम धर्म-मुहम्मद पैगम्बर-सन् 670 ई0
13. सिक्ख धर्म-गुरु नानक-सन् 1510 ई0

य. सार्वजनिक प्रमाणित अंश प्रेरक अवतार

09. दृश्य काल के व्यक्तिगत प्रमाणित काल में सार्वजनिक प्रमाणित अंश दृश्य सत्य चेतना से युक्त संघ और योजना आधारित कलियुग के प्रारम्भ में विष्णु के नवें अवतार - बुद्ध अवतार

मुख्य-गुण सिद्धान्त - प्रजा को प्रेरित करने के लिए धर्म, संघ और बुद्धि के शरण में जाने की मूल शिक्षा देना नवें अवतार भगवान बुद्ध का गुण (धर्म, संघ और बुद्धि का सिद्धान्त) था। जो अगले अवतार में संचरित हुई।

काल का द्वितीय और अन्तिम रूप

दृश्य काल

धर्म ज्ञान का अन्त

पाँचवाँयुग: सत्ययुग/स्वर्णयुग

14. विश्व/सत्य/धर्मनिरपेक्ष/लोकतन्त्र धर्म-लव कुश सिंह "विश्वमानव"-सन् 2012 ई0

र. सार्वजनिक प्रमाणित पूर्ण प्रेरक अवतार

10. दृश्य काल के सार्वजनिक प्रमाणित काल में सार्वजनिक प्रमाणित पूर्ण दृश्य सत्य चेतना से युक्त संघ और योजना (दृश्य यज्ञ या कर्म) आधारित कलियुग के अन्त में विष्णु के दसवाँ और अन्तिम - भोगेश्वर श्री लव कुश सिंह "विश्वमानव" निष्कलंक कल्कि अवतार - विश्वभारत (मानक वैश्विक व्यक्ति चरित्र)

आदर्श वैश्विक व्यक्ति चरित्र सहित सभी अवतारों का सम्मिलित गुण व मन निर्माण की प्रक्रिया से निर्मित अन्तिम मन स्वामी विवेकानन्द के मन के गुण मिलकर दसवें अन्तिम अवतार श्री लव कुश सिंह "विश्वमानव" में व्यक्त हुआ।

मुख्य-गुण सिद्धान्त - विश्व धर्म / वेदान्त धर्म / अद्वैत धर्म / एकता धर्म / लोकतन्त्र धर्म / समष्टि धर्म / प्राकृतिक धर्म / सत्य धर्म / संयुक्तमन धर्म / ईश्वर धर्म / हिन्दू धर्म / सार्वजनिक धर्म / दृश्य धर्म / मानव धर्म / धर्मनिरपेक्ष धर्म - लव कुश सिंह "विश्वमानव" - सन् 2012 ई0 - पूर्ववर्ती सभी धर्मों व मतों का समन्वय व एकीकरण करते हुये निराकार आधारित लोकतंत्र व्यवस्था का वृक्ष शास्त्र विश्व-नागरिक धर्म का धर्मयुक्त धर्मशास्त्र-कर्मवेद: प्रथम, अन्तिम तथा पंचम वेदीय श्रृंखला विश्व-राज्य धर्म का धर्मनिपेक्ष धर्मशास्त्र- विश्वमानक-शून्य: मन की गुणवत्ता का विश्वमानक श्रृंखला, आदर्श मानक सामाजिक व्यक्ति चरित्र समाहित आदर्श मानक वैश्विक व्यक्ति चरित्र अर्थात् सार्वजनिक प्रमाणित आदर्श मानक वैश्विक व्यक्ति चरित्र का प्रस्तुतीकरण।

व्यास और लव कुश सिंह "विश्वमानव"

मानव के पूर्ण संस्कारण क्रिया के विभिन्न चरणों में गति देने वाले महापुरूषों, विभिन्न मुख्य विषयों एवं भविष्य के प्रति कर्मरत महापुरूषों के साथ "मन के मानक" प्रस्तुत करने वाले "अन्तिम समन्वयाचार्य" लव कुश सिंह "विश्वमानव" और उनके समन्वयक सार्वभौम सत्य-सिद्धान्त से तुलानात्मक अध्ययन। इनमें यदि कोई भी सकारात्मक या नकारात्मक विषयों के साथ तुलना न आ पाया हो तो यह न समझना चाहिए कि वे लव कुश सिंह "विश्वमानव" में विद्यमान नहीं है कि परन्तु वे सूक्ष्म और आवश्यक न होने के कारण प्रस्तुत करना आवश्यक नहीं समझा गया है। व्यक्तिगत प्रमाणित मन और आत्मा से सार्वजनिक प्रमाणित मन के मानक अर्थात् आत्मा या स्व या मैं के दृश्यरूप के व्यक्त होने तक की यात्रा पूर्ण अव्यक्त से पूर्ण व्यक्त होने की क्रिया है। मन हो या मन का मानक उसके व्यक्त होने का माध्यम शरीर ही है लेकिन मन के मानक के व्यक्तकर्ता मानव शरीर के साथ यह आवश्यक हो जाता है कि उनके पूर्व सभी महापुरूषों के जीवन, ज्ञान, कर्म, नीति के सत्य अंशों सहित सम्पूर्ण शास्त्र का उनमें समावेश हो अर्थात् मन के मानक का व्यक्तकर्ता मानव सम्पूर्ण ब्रह्माण्ड का दर्पण हो, ब्रह्माण्ड के समक्ष इस भाँति खड़ा हो कि बिना उसे आत्मसात् किये ब्रह्माण्डीय विकास का कोई रास्ता न हो। वे स्वयं सम्पूर्ण शास्त्र का जीवन्त मूर्ति हो। यह कुछ इस भाँति होता है जैसे उसे असंख्य, अनन्त, असीमित व्यापक के व्यक्त होने की तैयारी के लिए समय समय पर महापुरूषों ने आकर विभिन्न दिशाओं से अपना-अपना योगदान दे मन का निर्माण मानवों में कर रखा हो ताकि जब वह विश्वात्मा व्यक्त हो तो वह मात्र अपने स्वरूप को उन निर्मित मनों से जोड़कर स्वयं को व्यक्त कर दे, जैसे ईंट, पत्थर, छड़, सीमेन्ट, बालू इत्यादि और मानव की शक्ति से मिलकर एक सुन्दर भवन का निर्माण हो जाता है। और वह ईंट, पत्थर, छड़ इत्यादि किसी ने पहले से उस मानव के लिए ला रखा हो जिसे भवन का निर्माण करना है। इस प्रकार यह भी आसानी से सिद्ध हो जाता है कि प्रत्येक महापुरूषों में विश्वात्मा ही है लेकिन उनमें सिर्फ कोई विशेष गुण ही मुख्य रूप से प्राथमिकता के साथ व्यक्त हुआ। प्रत्येक की अन्तिम इच्छा जो शरीर त्याग के बाद सूक्ष्म शरीर में विद्यमान रहती है, उस विश्वात्मा में लीन हो शान्ति, स्थिरता, एकता, मोक्ष प्राप्त कर रही है। कभी-कभी अन्तिम इच्छा शरीर त्याग के पूर्व किसी दूसरे योग्य शरीर में संचारित कर दी जाती है। जिससे उनका कार्य जो वे न कर सकें दूसरे शरीर द्वारा समयानुसार पूर्ण हो सके। जैसा कि श्री रामकृष्ण परमहंस ने स्वामी विवेकानन्द में शरीर त्याग के दो-तीन दिन पूर्व संचरित कर दिया था। समयान्तराल अधिक होने के कारण स्वामी विवेकानन्द शरीर त्याग कर सूक्ष्म शरीर में रहे पुनः समयानुसार होने पर लव कुश सिंह "विश्वमानव" के रूप में व्यक्त हो गये।

चेतना शक्ति द्वारा मानव को पशुमानव से ईश्वर मानव के रूप मे संस्कारित करने के पूर्ण चक्र में मुख्य चार चरण है। वे है देश-काल बद्ध कर्म, देश-काल मुक्त ज्ञान, देश-काल बद्ध कर्म, देश-काल मुक्त कर्मज्ञान। जिसमें प्रथम दो व्यक्तिगत प्रमाणित अदृश्य आध्यात्म विज्ञान तथा अन्तिम दो सार्वजनिक प्रमाणित दृश्य आध्यात्म विज्ञान आधारित आध्यात्म के दो चरण हैं। ये दोनों चरण एक दूसरे के दृश्य और अदृश्य रूप हैं जबकि "आत्मा" या "मैं" या "स्व" या "ब्रह्म" या "शिव" दोनों में विद्यमान और व्याप्त है। दृश्य चरण में ये दृश्य, अदृश्य चरण में ये अदृश्य होते हैं।

देश-काल बद्ध कर्म से देश-काल मुक्त ज्ञान का चरण मानव सभ्यता का विकास, सांख्य दर्शन, वैदिक संस्कृति, वेद और वेद आधारित साहित्यों की रचना का काल रहा। देश-काल मुक्त ज्ञान से देश-काल बद्ध कर्म का चरण ज्ञानयुक्त कर्म की ओर श्रीकृष्ण द्वारा प्रेरित करने का समय रहा है। देश-काल बद्ध कर्म से देश-काल मुक्त कर्मज्ञान का वर्तमान और भविष्य का चरण मानव को परिणाम के ज्ञान से युक्त कर्म की ओर लव कुश सिंह "विश्वमानव" द्वारा प्रेरित करने का समय है और होगा। यही अन्तिम चरण है।

देश-काल मुक्त ज्ञान से देश-काल मुक्त कर्मज्ञान के व्यक्त होने के बीच के समय में संत, अन्य धर्म, सम्प्रदाय, भक्ति, योग, नीति, बुद्धि, ज्ञान, वेदान्त इत्यादि के विकास और मानव मन के निर्माण का समय रहा है। संत सम्प्रदाय के कबीर, नानक, रविदास इत्यादि समभाव अर्थात् अद्वैत योग के अन्तर्गत आ जाते हैं जो व्यक्ति के

लिए सत्य ज्ञान तो देते हैं लेकिन ब्रह्माण्डीय विकास के लिए कर्म की ओर प्रेरित नहीं करते हैं। जिन्हें व्यक्तिगत सन्तोष, निवृत्ति, मोक्ष इत्यादि प्राप्त करना है उनके लिए ये पूर्ण सत्य हैं लेकिन यह कहना कि ये या इनमें कोई ही सर्वोपरि है, शुद्ध अज्ञानता और उनके प्रति अंधभक्ति है परन्तु जिन्हें असन्तुष्ट प्रवृति और सभी के साथ मोक्ष प्राप्त करना हो वे समभाव या अद्वैत योग के साथ कर्म की ओर प्रेरित होते हैं।

विभिन्न सम्प्रदायों का जन्म तो श्रीकृष्ण के समय में ही होने लगा था इसके कारण ही उन्होंने सभी विचारों का समन्वय करते हुये गीता उपदेश देकर प्रथम समन्वयाचार्य के रूप में स्वयं को व्यक्त भी किये। सत्य ज्ञान व्यक्तिगत प्रमाणित होता है। इसी कारण उनके द्वारा कहा गया आत्मा के लिए ये शब्द "आदि में मैं हूँ और अन्त में भी मैं हूँ" सत्य होते हुये भी आज तक सार्वजनिक प्रमाणित और सर्वमान्य नहीं हो सका। धर्म-सम्प्रदायों के बढ़ने के कारण वह मानव समाज में आपसी मदभेदों और साम्प्रदायिक दंगों का कारण बना जिसका मुख्य उद्देश्य अपने-अपने धर्म सम्प्रदायों की सर्वोच्चता सिद्ध करना था। परिणामस्वरूप सार्वजनिक प्रमाणित आधार पर इनके बीच स्वयं को प्रयोगशाला बनाकर श्री रामकृष्ण परमहंस "जितने मत उतने पथ" का संदेश देकर समन्वय प्रक्रिया का भाव जगत से प्रारम्भ किये और उन्ही के सिद्धान्तों को स्वामी विवेकानन्द ने विश्वव्यापी रूप से ज्ञान जगत और भौतिक जगत के माध्यम द्वारा समन्वय स्थापित करने का प्रयत्न किये। पुनः उसी क्रम में आगे बढ़ाते हुये अन्तिम चरण में सत्य ज्ञान का दृश्यरूप सार्वजनिक प्रमाणित देश काल मुक्त सार्वभौम सत्य-सिद्धान्त को लेकर अन्तिम सामन्वयार्चाय के रूप मे वर्तमान समय में लव कुश सिंह "विश्वमानव" सम्पूर्ण विश्व के समक्ष व्यक्त हैं जिससे "आदि में मैं था और अन्त में भी मैं हूँ" का सार्वजनिक रूप और सर्वमान्य होने की विवशता व्यक्त है। परिणामस्वरूप भारतीय ऋषि-मुनियों का प्राचीन आविष्कार आत्मा ही एक सत्य है विश्वव्यापी स्तर पर पूर्ण रूप से सिद्ध हो चुका है। दृश्य काल के लिए वेद, ईश्वर नाम, उपनिषद, पुराण , शास्त्र और बुसधैव-कुटुम्बकम के लिए उसके विश्वव्यापी स्थापनार्थ योजना-नीति का निर्माण ऋषि व्यास कार्य है। जसके उदाहरण लव कुश सिंह "विश्वमानव" हैं।

"सृष्टि" का अर्थ होता है- सम्पूर्ण ब्रह्माण्ड की रुकी स्थिति के आगे एकात्मता के साथ नवनिर्माण। "सृष्टि करने की स्थिति" में भूतकाल की चर्चा की स्थिति आ जाने पर उसे "सृष्टि रूकना" कहते हैं ऐसी ही स्थिति महाभारत युद्ध के समय श्रीकृष्ण के समक्ष आ गया था जब अर्जुन ने युद्ध से मना कर दिया था परिणामस्वरूप श्रीकृष्ण "गीता" उपदेश के लिए भूतकाल की चर्चा में उलझ गये थे। **"रचना" का अर्थ होता है-** उपलब्धता पर आधारित एकात्मता के साथ नवनिर्माण। **"विकास" का अर्थ होता है-** उपलब्धता पर आधारित नवनिर्माण। विकास का कोई लक्ष्य नहीं होता। जब विकास एकात्मता की ओर होती है तो वह रचना बन जाती है। विकास लक्ष्य विहिन होता है इसलिए कालान्तर में वह विनाश का रुप ले लेती है।

वर्तमान में "पुनर्निर्माण" के अन्तर्गत वही कार्य हैं जो सरकार के वैधानिक प्रक्रिया के अनुसार, उसके सहयोग और उससे मुक्त अवस्था में रहकर व्यक्ति स्वयं सामाजिक, आर्थिक और मानसिक नवनिर्माण के लिए कर सकता है। क्योंकि इस संसार में कुछ भी सुधार के लिए नहीं है, या तो वह पूर्ण है या वह विकसित करने के लिए है। वृक्ष की शाखा को पुनः तने में नहीं समेटा जा सकता बल्कि उसे विकसित कर बीज तक अवश्य पहुँचाया जा सकता है, जिससे पुनः वृक्ष का नवनिर्माण हो। किसी व्यक्ति का सुधार नहीं होता बल्कि वह विकसित होता है। और वह नया मानव बनता है। समस्त सुधारों का एक मात्र रास्ता है-नवनिर्माण। इसलिए वातावरण को बदलना आवश्यक है जिससे व्यक्ति स्वयं बदल जायेगा और यही एक मात्र उपाय है।

सभी नवनिर्माण मुख्यतः तीन क्षेत्रों में होते हैं-शारीरिक, आर्थिक व मानसिक। जिस प्रकार किसी व्यक्ति (व्यष्टि) का शारीरिक, आर्थिक व मानसिक नवनिर्माण होता है उसी प्रकार व्यक्ति-समूह या देश (समष्टि) का शारीरिक, आर्थिक व मानसिक नवनिर्माण होता है। "पुनर्निर्माण" व्यष्टि व समष्टि दोनों के लिए नवनिर्माण का एक मात्र उपाय है।

पौराणिक कथाओं में एवं आधारित फिल्म या दूरदर्शन के धारावाहिकों में दिखाया जाता है कि नारद जी देव लोक जाते हैं और पृथ्वी की समस्याओं को देवताओं के समक्ष रखते हैं और उस अनुसार देवतागण अपने कार्य क्षेत्रानुसार समस्या पर चिन्तन करते हैं एवं हल निकालकर पृथ्वीवासियों को उपलब्ध कराते हैं।

शिक्षा में सुधार, सामाजिक परिवर्तन या कोई अन्य समस्या पर सम्मेलन, सेमिनार, संवाद इत्यादि केवल समस्या विषय पर चिन्तन हैं। जैसे पौराणिक कथाओं में देवताओं का समस्या पर चिन्तन होता है लेकिन समस्या का हल ही ना निकले तो चिन्तन केवल एक आयोजन मात्र बनकर रह जाता है। हाँ, देश-विदेश में इस प्रकार के होने वाले आयोजन से निकले विचार उनके लिए महत्वपूर्ण जरूर बन जाता है जो कहीं दूर से इसे आकड़ें के रूप में देखते हुये मनुष्यों के लिए आवश्यकता समझते हुये हल पर कार्य करने वाले होते हैं। इसलिए ही तो कहा गया है-

भक्त वही, जो भगवान को बेच सके,
चेला वही, जो गुरू से कुछ ले सके,
संत वही, जो समाज को कुछ दे सके,
और
अवतार वही, जो पृथ्वी की आवाज सुन सके।

वो आवाज सुनी गयी और उसका हल तैयार किया गया। जो निम्न मूल सिद्धान्त पर आधारित है। यदि यह सार्वजनिक रूप से सत्य है, स्वीकार है तो यह समझना चाहिए कि सार्वभौम समस्या समाधान के लिए विकसित प्रणाली पूर्णतया सार्वभौम सत्य सैद्धान्तिक है क्योंकि प्रणाली का विकास इन पर ही आधारित है चाहे वह समष्टि समाधान के लिए हो या व्यष्टि समाधान के लिए।

ये सिद्धान्त हैं-

1. **सम्पूर्ण ब्रह्माण्ड में कुछ भी स्थिर नहीं है।**
2. **सभी स्वयं की स्थिरता और शान्ति के लिए गतिशील हैं।**
3. **उस सार्वभौम एकात्म (सार्वभौम आत्मा) का कोई नाम नहीं हैं, उसका नाम मानवीय भाषा के केवल शब्द हैं।**

समष्टि (संयुक्त) समाधान

समष्टि रचना के लिए आवश्यक कार्य है- उपलब्ध संसाधनों का ज्ञान और उस पर एकात्म (सार्वभौम आत्मा) आधारित विकास की योजना। समष्टि समाधान के लिए निम्नलिखित प्रणाली को प्रेरणा के रूप में विकसित किया गया है जिसे इस दिशा से कार्य करने वाले राष्ट्रीय पार्टी/सामाजिक संस्था/दल/रचनात्मक/आन्दोलन/मोर्चा इत्यादि को मार्ग प्राप्त हो जाये। वे इसका प्रयोग बिना किसी के अनुमति के कर सकते हैं।

- विश्व राजनीतिक पार्टी संघ (World Political Party Organisation - WPPO)
- राष्ट्रीय क्रान्ति मोर्चा
- राष्ट्रीय सहजीवन आन्दोलन
- स्वराज-सुराज आन्दोलन
- विश्व एकीकरण आन्दोलन (सैद्धान्तिक)
- विश्वव्यापी स्थापना का स्पष्ट मार्ग
- एक विश्व - श्रेष्ठ विश्व के निर्माण के लिए आवश्यक कार्य

व्यष्टि (व्यक्तिगत) समाधान

व्यष्टि रचना के लिए आवश्यक कार्य है- एकात्म (सार्वभौम आत्मा) आधारित पूर्ण ज्ञान की शिक्षा। "सत्य मानक शिक्षा" का विवादमुक्त पाठ्यक्रम प्राप्त किया जा चुका है और वह मैकाले शिक्षा पाठ्यक्रम को बदले बिना "पूरक शिक्षा पाठ्यक्रम" के रूप में उपलब्ध है। इस आधार पर "सत्य मानक शिक्षा" का पाठ्यक्रम और उसे जन-

जन तक पहुँचाने के लिए योजना बनाया गया है। राष्ट्र के पूर्णत्व के लिए पूर्ण शिक्षा निम्नलिखित शिक्षा का संयुक्त रूप है-

अ-सामान्यीकरण (Generalisation) शिक्षा

ज्ञान के लिए-यह शिक्षा व्यक्ति और राष्ट्र का बौद्धिक विकास कराती है जिससे व्यक्ति व राष्ट्रीय सुख में वृद्धि होती है।

ब-विशेषीकरण (Specialisation) शिक्षा

कौशल के लिए-यह शिक्षा व्यक्ति और राष्ट्र का कौशल विकास कराती है जिससे व्यक्ति व राष्ट्रीय उत्पादकता में वृद्धि होती है।

स-सत्य नेटवर्क (REAL NETWORK) – समाज में प्रकाशित होने के लिए

वर्तमान समय में विशेषीकरण की शिक्षा, भारत में चल ही रहा है और वह कोई बहुत बड़ी समस्या भी नहीं है। समस्या है सामान्यीकरण शिक्षा की। व्यक्तियों के विचार से सदैव व्यक्त होता रहा है कि-मैकाले शिक्षा पद्धति बदलनी चाहिए, राष्ट्रीय शिक्षा नीति व पाठ्यक्रम बनना चाहिए। ये तो विचार हैं। पाठ्यक्रम बनेगा कैसे?, कौन बनायेगा? पाठ्यक्रम में पढ़ायेंगे क्या? ये समस्या थी। और वह हल की जा चुकी है। जो भारत सरकार के सामने सरकारी-निजी योजनाओं जैसे ट्रांसपोर्ट, डाक, बैंक, बीमा की तरह निजी शिक्षा के रूप में "पुनर्निर्माण-सत्य शिक्षा का राष्ट्रीय तीव्र मार्ग (RENEW-Real Education National Express Way)" द्वारा पहली बार इसके आविष्कारक द्वारा प्रस्तुत है।

सत्य सिद्धान्त के सम्पूर्ण विषयों में व्याप्त शाखाओं का सम्पूर्ण ज्ञान से युक्त हो एक साथ सभी दिशाओं से लव कुश सिंह "विश्वमानव" को देखने पर उनके विश्वरूप को तथा जीवन, कर्म और ज्ञान को एक साथ सभी दिशाओं से देखने पर लव कुश सिंह "विश्वमानव" के दिव्यरूप को देखा जा सकता है। विश्वरूप और दिव्यरूप को देखने के लिए पहले ज्ञान की व्याप्त शाखा और फिर दिव्य दृष्टि "अनेक दिशाओं से एक साथ देखना" से युक्त होना आवश्यक है।

व्याप्त रूप इस प्रकार है।

01. धर्म प्रवर्तक और उनका धर्म चक्र मार्ग से

स्वर्णयुग धर्म
(धर्म ज्ञान का अन्त)
पहले विभिन्न धर्म प्रवर्तक और अब अन्त में "मैं" और मेरा "विश्वधर्म"

02. आचार्य और दर्शन चक्र मार्ग से

पहले विभिन्न आचार्य तथा उनके दर्शन और अब अन्त में "मैं" और मेरा "कर्मवेदांत" और "विकास दर्शन"

03. गुरू चक्र मार्ग से

पहले विभिन्न गुरू और अब अन्त में विश्वगुरू "मैं"

04. संत चक्र मार्ग से

पहले विभिन्न संत और अब अन्त में विश्वसंत "मैं"

05. समाज और सम्प्रदाय चक्र मार्ग से

पहले विभिन्न समाज सुधारक और अब अन्त में मेरा "ईश्वरीय समाज"

06. सत्य शास्त्र-साहित्य चक्र मार्ग से
पहले विभिन्न सत्य शास्त्र-साहित्य और अब अन्त में मेरा "विश्वशास्त्र"

07. कृति चक्र मार्ग से
पहले विभिन्न कृति और अब अन्त में मेरी कृति "सत्यकाशी ब्रह्माण्डीय एकात्म विज्ञान विश्वविद्यालय"

08. भूतपूर्व धार्मिक-राजनैतिक-सामाजिक नेतृत्वकर्ता चक्र मार्ग से
पहले विभिन्न भूतपूर्व धार्मिक-राजनैतिक-सामाजिक नेतृत्वकर्ता और अब अन्त में "मैं"

09. वर्तमान धार्मिक-राजनैतिक-सामाजिक नेतृत्वकर्ता चक्र मार्ग से
पहले विभिन्न वर्तमान धार्मिक-राजनैतिक-सामाजिक नेतृत्वकर्ता और अब अन्त में "मैं"

10. "भारत माता मन्दिर (ऋषिकेश) "
पहले भारतमाता मन्दिर और अब अन्त में उसमें "मैं" और "विश्वधर्म मन्दिर"

11. प्रकृति, काल और पुर्नजन्म चक्र मार्ग से

प्रकृति चक्र
पहले सर्वोच्च सत्-रज-तम मार्ग के श्रीकृष्ण, स्वामी विवेकानन्द एवं रावण और अब अन्त में "मैं"

पुर्नजन्म चक्र
पहले श्रीकृष्ण, स्वामी विवेकानन्द एवं रावण और अब अन्त में उनका पुनर्जन्म "मैं"

काल चक्र
पहले सर्वोच्च काल मार्ग के श्रीकृष्ण एवं स्वामी विवेकानन्द और अब अन्त में काल "मैं"

12. आत्मा चक्र मार्ग से
पहले सभी आत्मा और अब अन्त में विश्वात्मा "मैं"

13. मनु चक्र मार्ग से
पहले अदृश्य सात मनु और अब दृश्य आठवाँ सावर्णि मनु "मैं"

14. पहले सभी ऋषि और व्यक्तिगत प्रमाणित अदृश्य "मैं", अब अन्त में विश्व ऋषि और सार्वजनिक प्रमाणित दृश्य "सार्वभौम मैं"

कल्कि अवतार और लव कुश सिंह “विश्वमानव”

जिस प्रकार पुनर्जन्म केवल मानसिक आधार पर ही सिद्ध हो पाता है उसी प्रकार अवतार भी केवल मानसिक आधार पर ही पहचाने जाते हैं। वे अपने से पिछले अवतार के गुण से युक्त तो होते हैं परन्तु पिछले अवतार की धर्मस्थापना की कला से अलग एक नई कला का प्रयोग करते हैं और वह प्रयोग कर देने के उपरान्त ही मानव समाज को ज्ञात होता है अर्थात् प्रत्येक अवतार का शरीर अलग-अलग व समाज के सत्यीकरण की कला अलग-अलग होती है। इस सम्बन्ध में आचार्य रजनीश “ओशो” का कहना है कि - “एक तरह का सिद्ध एक ही बार होता है, दोबारा नहीं होता। क्योकि जो सिद्ध हो गया, फिर नही लौटता। गया फिर वापस नहीं आता। एक ही बार तुम उसकी झलक पाते हो- बुद्ध की, महावीर की, क्राइस्ट की, मुहम्मद की, एक ही बार झलक पाते हो, फिर गये सो गये। फिर विराट में लीन हो गये। फिर दोबारा उनके जैसा आदमी नहीं होगा, नहीं हो सकता। मगर बहुत लोग नकलची होंगे। उनको तुम साधु कहते हो। उन नकलीची का बड़ा सम्मान है। क्योंकि वे तुम्हारे शास्त्र के अनुसार मालूम पड़ते हैं। जब भी सिद्ध आयेगा सब अस्त व्यस्त कर देगा सिद्ध आता ही है क्रान्ति की तरह ! प्रत्येक सिद्ध बगावत लेकर आता है, एक क्रान्ति का संदेश लेकर आता है एक आग की तरह आता है- एक तुफान रोशनी का! लेकिन जो अँधेरे में पड़े हैं। उनकी आँखे अगर एकदम से उतनी रोशनी न झेल सके और नाराज हो जाय तो कुछ आश्चर्य नहीं। जो एक गुरू बोल रहा है, वह अनन्त सिद्धों की वाणी है। अभिव्यक्ति में भेद होगा, शब्द अलग होंगे, प्रतीक अलग होंगे मगर जो एक सिद्ध बोलता है, वह सभी सिद्धों की वाणी है। इनसे अन्यथा नहीं हो सकता है। इसलिए जिसने एक सिद्ध को पा लिया, उसने सारे सिद्धों की परम्परा को पा लिया। क्योंकि उनका सूत्र एक ही है। कुंजी तो एक ही है, जिसमें ताला खुलता है अस्तित्व का।”

जिस प्रकार सुबह में कोई व्यक्ति यह कहे कि रात होगी तो वह कोई नई बात नहीं कह रहा। रात तो होनी है चाहे वह कहे या ना कहे और रात आ गई तो उस रात को लाने वाला भी वह व्यक्ति नहीं होता क्योंकि वह प्रकृति का नियम है। इसी प्रकार कोई यह कहे कि “सतयुग आयेगा, सतयुग आयेगा” तो वह उसको लाने वाला नहीं होता। वह नहीं भी बोलेगा तो भी सतयुग आयेगा क्योंकि वह अवतारों का नियम है। सुबह से रात लाने का माध्यम प्रकृति है। युग बदलने का माध्यम अवतार होते हैं। जिस प्रकार त्रेतायुग से द्वापरयुग में परिवर्तन के लिए वाल्मिकि रचित “रामायण” आया, जिस प्रकार द्वापरयुग से कलियुग में परिवर्तन के लिए महर्षि व्यास रचित “महाभारत”आया। उसी प्रकार प्रथम अदृश्य काल से द्वितीय और अन्तिम दृश्य काल व चौथे युग-कलियुग से पाँचवें युग-स्वर्णयुग में परिवर्तन के लिए शेष समष्टि कार्य का शास्त्र “विश्वशास्त्र” सत्यकाशी क्षेत्र जो वाराणसी-विन्ध्याचल-शिवद्वार-सोनभद्र के बीच का क्षेत्र है, से भारत और विश्व को अन्तिम महावतार श्री लव कुश सिंह “विश्वमानव” द्वारा मानवों के अनन्त काल तक के विकास के लिए व्यक्त किया गया है।

कारण, अन्तिम महावतार श्री लव कुश सिंह “विश्वमानव” और “आध्यात्मिक सत्य” आधारित क्रिया “विश्वशास्त्र” से उन सभी ईश्वर के अवतारों और शास्त्रों, धर्माचार्यों, सिद्धों, संतों, महापुरूषों, भविष्यवक्ताओं, तपस्वीयों, विद्वानों, बुद्धिजिवीयों, व्यापारीयों, दृश्य व अदृश्य विज्ञान के वैज्ञानिकों, सहयोगीयों, विरोधीयों, रक्त-रिश्ता-देश सम्बन्धियों, उन सभी मानवों, समाज व राज्य के नेतृत्वकर्ताओं और विश्व के सबसे बड़े लोकतन्त्र के संविधान को पूर्णता और सत्यता की एक नई दिशा प्राप्त हो चुकी है जिसके कारण वे अधूरे थे। इस प्रकार अन्तिम महावतार के रूप में ”विश्वशास्त्र“ के द्वारा स्वयं को स्थापित करने वाले श्री लव कुश सिंह “विश्वमानव” पूर्णतया योग्य सिद्ध होते हैं और शास्त्रों व अनेक भविष्यवक्ताओं के भविष्यवाणीयों को पूर्णतया सिद्ध करते हैं। भविष्यवाणीयों के अनुसार ही जन्म, कार्य प्रारम्भ और पूर्ण करने का समय और जीवन है। जिन्हें इन्टरनेट पर लव कुश सिंह “विश्वमानव”, सत्यकाशी, विश्वशास्त्र, विश्वमानव (LAVA KUSH SINGH “VISHWMANAV”, SATYAKASHI, VISHWSHASTRA, VISHWMANAV) इत्यादि से सर्च कर पाया जा सकता है।

व्यक्तिगत प्रमाणित अदृश्य सार्वभौम सत्य-सिद्धान्त से सार्वजनिक या ब्रह्माण्डीय प्रमाणित दृश्य सार्वभौम सत्य-सिद्धान्त तक व्यक्त होने की पूर्ण प्रक्रिया में- विष्णु के प्रथम छः अवतार एकात्म कर्म की प्रधानता

लेकर प्रत्यक्ष अंशावतार के रुप में, सातवां- एकात्म ज्ञान की प्रधानता लेकर प्रत्यक्ष अंशावतार के रुप में, आठवां- एकात्म-ज्ञान और एकात्म-कर्म की प्रधानता लेकर अदृश्य व्यक्तिगत प्रमाणित प्रत्यक्ष एवं प्रेरक पूर्णावतार के रुप में, नौवां- एकात्म कर्म और एकात्म ध्यान की प्रधानता लेकर आठवें अवतार के प्रेरक अंशावतार के रुप में। ब्रह्मा अर्थात् एकात्म ज्ञान के अनेक अवतार तथा शंकर अर्थात् एकात्म-ध्यान के 21 अवतार अदृश्य व्यक्तिगत प्रमाणित काल मानव समाज के वर्तमान श्रृंखला के समक्ष व्यक्त हो चुके हैं। दृश्य सार्वजनिक प्रमाणित काल में मानव समाज के वर्तमान श्रृंखला के समक्ष-ब्रह्मा अर्थात् एकात्म-ज्ञान के अन्तिम, विष्णु अर्थात् एकात्म कर्म के दसवें अन्तिम निष्कलंक कल्कि तथा शंकर अर्थात् एकात्म ध्यान के बाइसवें अन्तिम भोगेश्वर सहित शिव-आत्मा-ईश्वर-ब्रह्म के दृश्य सार्वजनिक या ब्रह्माण्डीय प्रमाणित सिद्धान्त से युक्त पूर्ण दृश्य सार्वजनिक या ब्रह्माण्डीय प्रमाणित प्रथम एवं अन्तिम प्रेरक पूरण अवतार या दृश्य शिव-आत्मा-ईश्वर-ब्रह्म व्यक्त हो चुके हैं। इस प्रकार ईश्वर और ईश्वर के अवतारों की श्रृंखला समाप्त होती है। और अब सम्पूर्ण मानव जाति को शिवमय होकर इस ब्रह्माण्ड को स्वर्ग में परिवर्तित करने की ओर कर्म द्वारा अग्रसर होना है। यही उसके कल्याण का अन्तिम मार्ग है।

व्यक्तिगत प्रमाणित अदृश्य सार्वभौम सत्य-सिद्धान्त से सार्वजनिक या ब्रह्माण्डीय प्रमाणित दृश्य सार्वभौम सत्य-सिद्धान्त तक व्यक्त होने का मार्ग ही अवतार का मार्ग है जो अलग-अलग समय में एक या एक ही समय में अनेक भी हो सकते हैं। प्रत्येक अवतार का मूल समष्टि धर्म की स्थापना रहा है। व्यष्टि धर्म (व्यक्ति-परिवार) केन्द्रित धर्म, सदैव अवतारों द्वारा या आत्मीय/प्राकृतिक बल द्वारा अवनति को प्राप्त होते रहते हैं।

अदृश्य काल के व्यक्तिगत प्रमाणित अदृश्य काल में प्रमाणित प्राकृतिक चेतना से युक्त विष्णु के प्रथम छः मत्स्य, कर्म, वाराह, नृसिंह, वामन और परशुराम अंशावतार एकात्म कर्म से युक्त होकर व्यक्त के सार्वजनिक प्रमाणित अदृश्य काल के सार्वजनिक प्रमाणित प्राकृतिक चेतना से विष्णु के सातवें-श्रीराम अंशावतार एकात्मज्ञान से युक्त हुये। दृश्य काल के व्यक्तिगत प्रमाणित दृश्य काल में व्यक्तिगत प्रमाणित सत्य चेतना से युक्त विष्णु के आठवें- श्रीकृष्ण व्यक्तिगत प्रमाणित पूर्णावतार एकात्मज्ञान और एकात्मकर्म से तथा नवें-बुद्ध श्रीकृष्ण के अंशावतार एकात्मकर्म अैर एकात्मध्यान से युक्त हुये। सार्वजनिक या ब्रह्माण्डीय प्रमाणित वर्तमान सार्वजनिक प्रमाणित सत्य चेतना से विष्णु के दसवें और अन्तिम निष्कलंक कल्कि-श्री लव कुश सिंह "विश्वमानव" एकात्म ज्ञान, एकात्मकर्म, एकात्मध्यान से युक्त पूर्ण दृश्य पूर्णावतार के रूप में व्यक्त हुये हैं।

श्री विष्णु पुराण (तृतीय अंश, अध्याय-दो) में लिखा है कि-स्थितिकारक भगवान विष्णु चारों युगों में इस प्रकार व्यवस्था करते हैं-समस्त प्राणियों के कल्याण में तत्पर वे सर्वभूतात्मा सत्ययुग में कपिल आदिरूप धारणकर परम ज्ञान का उपदेश करते हैं। त्रेतायुग में वे सर्वसमर्थ प्रभु चक्रवर्ती भूपाल होकर दुष्टों का दमन करके त्रिलोक की रक्षा करते हैं। तदन्तर द्वापरयुग में वे वेदव्यास रूप धारण कर एक वेद के चार विभाग करते हैं और सैकड़ों शाखाओं में बाँटकर बहुत विस्तार कर देते हैं। इस प्रकार द्वापर में वेदों का विस्तार कर कलियुग के अन्त में भगवान कल्किरूप धारणकर दुराचारी लोगों को सन्मार्ग में प्रवृत्त करते हैं। इसी प्रकार, अनन्तात्मा प्रभु निरन्तर इस सम्पूर्ण जगत् के उत्पत्ति, पालन और नाश करते रहते हैं। इस संसार में ऐसी कोई वस्तु नहीं है जो उनसे भिन्न हो।

श्री विष्णु पुराण (तृतीय अंश, अध्याय-तीन) में लिखा है कि-वेद रूप वृक्ष के सहस्त्रों शाखा-भेद हैं, उनका विस्तार से वर्णन करने में तो कोई भी समर्थ नहीं है अत-संक्षेप यह है कि प्रत्येक द्वापरयुग में भगवान विष्णु व्यासरूप से अवतीर्ण होते हैं और संसार के कल्याण के लिए एक वेद के अनेक भेद कर देते हैं। मनुष्यों के बल, वीर्य और तेज को अलग जानकर वे समस्त प्राणियों के हित के लिए वेदों का विभाग करते हैं। जिस शरीर के द्वारा एक वेद के अनेक विभाग करते हैं भगवान मधुसूदन की उस मूर्ति का नाम वेदव्यास है।

सार्वभौम आत्मा पर केन्द्रित प्रवृत्ति मार्गी अवतारों का कार्य सकारात्मक व नकारात्मक दोनों के मनों को सार्वभौम आत्मीय केन्द्रित करना होता है। सकारात्मक मन बार-बार पुर्नजन्म लेकर सार्वभौम आत्मीय केन्द्र की ओर गति करता है। इस प्रकार जो भी अन्तिम अवतार होगा व सकारात्मक मन से आये सर्वोच्च अन्तिम मन का पुनर्जन्म भी होगा और अवतारों की श्रृंखला की अगली कड़ी भी होगा। साथ ही सर्वोच्च नकारात्मक मन की अगली कड़ी भी होगा। अर्थात् सकारात्मक मन की ओर से आये वर्तमान तक के अन्तिम सार्वभौम मन स्वामी विवेकानन्द

हैं इसलिए अन्तिम कल्कि अवतार उनका पुनर्जन्म भी होगा। सार्वभौम आत्मा पर केन्द्रित प्रवृत्ति मार्ग की ओर से आये अन्तिम अवतार श्री कृष्ण हैं इसलिए अन्तिम कल्कि अवतार उनकी अगली कड़ी भी होगा। नकारात्मक मन की ओर से आये वर्तमान तक के अन्तिम रावण है इसलिए अन्तिम कल्कि अवतार उनकी अगली कड़ी भी होगा।

इसी प्रकार काल (समय) के दो रूप हैं- अदृश्य काल और दृश्य काल। अदृश्य काल व्यक्तिगत प्रमाणित आध्यात्म विज्ञान पर आधारित केन्द्रित मन है तो दृश्य काल सार्वजनिक प्रमाणित पदार्थ विज्ञान पर आधारित केन्द्रित मन है। दूसरे रूप में जब व्यक्ति का मन अन्तः विषयों पर केन्द्रित रहता है तब वह अदृश्य काल में तथा जब बाह्य विषय पर केन्द्रित रहता है तब वह दृश्य काल में स्थित रहता है। इस प्रकार अन्तिम अवतार का सम्बन्ध काल चक्र और पुनर्जन्म चक्र से निम्न प्रकार होगा-

प्रकृति चक्र

01. सत् मार्ग के श्रीकृष्ण
02. रज मार्ग के स्वामी विवेकानन्द
03. तम मार्ग के रावण

पुर्नजन्म चक्र

01. सत्व मार्ग से-श्रीकृष्ण और अन्तिम कल्कि अवतार
02. तम मार्ग से-रावण और अन्तिम कल्कि अवतार
03. रज मार्ग से-स्वामी विवेकानन्द और अन्तिम कल्कि अवतार

काल चक्र

01. प्रथम भाग-अदृश्य काल में विश्वात्मा का प्रथम जन्म-योगेश्वर श्रीकृष्ण
02. द्वितीय भाग-दृश्य काल में विश्वात्मा के जन्म का पहला भाग-स्वामी विवेकानन्द
03. द्वितीय भाग-दृश्य काल में विश्वात्मा के जन्म का अन्तिम भाग- अन्तिम कल्कि अवतार

जो भी अपने आप को कल्कि अवतार के रूप में व्यक्त करेगा वह उपरोक्त सार्वभौम सत्य-सिद्धान्त सम्बन्ध से युक्त होना चाहिए। यदि श्री लव कुश सिंह "विश्वमानव" कल्कि अवतार हैं तो उपरोक्त सम्बन्ध अवश्य होंगे और इसका विवरण "विश्वशास्त्र" में विस्तार से दिया गया है। सम्पूर्ण शास्त्र का संगठन इस पर ही आधारित है।

मनुष्य "पाने" में अधिक विश्वास करता है इसके लिए वह "दर्शन", "दान" इत्यादि का कार्य कर सब-कुछ पा लेना चाहता है जबकि जो "हो जाने या बन जाने" में विश्वास करते हैं वहीं अवतार, महापुरूष इत्यादि के रूप में व्यक्त होते हैं। शरीर प्राप्त कर, उसका पालन और संसाधन प्राप्त करना तथा पीढ़ी बढ़ाना ये सामान्य सी जैविक प्रक्रिया है, मनुष्य का शरीर पाने के कारण यह जीवन का एक अनिवार्य कर्म तो है ही परन्तु लक्ष्य नहीं। किसी अवतार, महापुरूष या कालानुसार प्रसिद्ध व्यक्ति का दर्शन या उनसे मिल लेने से कोई लाभ नहीं होता जब तक कि मनुष्य उन जैसा बनने का प्रयत्न ना करे या उनके द्वारा निर्धारित कार्य न करे।

उपरोक्त मुख्य मूल आविष्कार के उपरान्त अनेक आविष्कार पर आविष्कार होते गये और मनुष्य आविष्कारक के जीवन, ज्ञान व कर्म से सम्बन्धित व्यापार से अपने जीवन को विकास की ओर ले जा रहा है। कोई भी विचारधारा (आविष्कार) चाहे उसकी उपयोगिता कालानुसार समाज को हो या न हो, यदि वह संगठन का रूप लेकर अपना आय स्वयं संचालित करने लगती है तो उसके साथ व्यक्ति जीवकोपार्जन, श्रद्धा व विश्वास से जुड़ता है न कि ज्ञान के लिए।

अनिर्वचनीय कल्कि महाअवतार भोगेश्वर श्री लव कुश सिंह "विश्वमानव" के अवतरण से पुनः पूर्वानुसार उनके जीवन, कर्म व ज्ञान से अनेक दिशाओं में व्यष्टि व समष्टि केन्द्रित नये आविष्कार व व्यापार को दिशा मिली है।

सभी प्रकार के सत्व, रज और तम से युक्त मन और उनसे व्यक्त मनु, अवतार, संत, महापुरूष के मनों से युक्त अर्थात् "विश्व मन से युक्त आत्मा - एक पूर्ण मानव", विश्वात्मा मैं (लव कुश सिंह "विश्वमानव") ही हूँ।

भगवान श्री रामकृष्ण ने नरेन्द्र नाथ दत्त (स्वामी विवेकानन्द का पूर्व नाम) को सर्वस्व त्याग द्वारा पूर्णज्ञान दिये। नरेन्द्र नाथ दत्त द्वारा रामकृष्ण परमहंस से शरीर त्याग के अन्तिम दिनों में पूछे जाने पर कि आप कौन हैं। उन्होंने कहा- "जो राम है, जो कृष्ण है, अब दोनों ही इस शरीर में है" अर्थात् "जो एकात्म ज्ञान है, जो एकात्म ज्ञान सहित एकात्म कर्म है अब दोनों ही इस शरीर में है"। (स्वामी विवेकानन्द के संग में, पृष्ठ संख्या-54) तथा फिल्म "स्वामी विवेकानन्द" में फिल्मांकन भी किया गया है। स्वामी विवेकानन्द इस पूर्णज्ञान को 100 वर्ष पूर्व ही प्राप्त कर चुके थे लेकिन उसकी स्थापना नहीं कर सकते थे क्योंकि उस वक्त न तो भारत स्वतन्त्र था न ही समष्टि आधारित विश्व स्तरीय संगठन - संयुक्त राष्ट्र संघ का ही जन्म हुआ था परिणामस्वरूप उस समय के लिए जितना कार्य आवश्यक था पूर्ण करके अन्तिम इच्छा, सूक्ष्म शरीर के रूप में रही और समयानुसार आत्मा के दृश्य रूप और बहुरूप में प्रकाशित एक सत्ता- श्री लव कुश सिंह "विश्वमानव" के रूप में अब व्यक्त हुई है।

स्वामी विवेकानन्द के ये दो कथन - "सम्भव है काल के प्रवाह में, कभी कभी ऐसा भास होता है कि वेदान्त का महाप्रकाश अब बुझा और जब ऐसी स्थिति आती है, तब भगवान मानवदेह धारण कर, पृथ्वी पर आते है और फिर धर्म में पुनः एक ऐसी शक्ति ऐसे जीवन का संचार हो जाता है कि वह फिर एकाध युग तक अदम्य उत्साह से आगे बढ़ता जाता है। आज वही शक्ति और जीवन उसमें फिर आ गया है। (विवेकानन्द जी के सन्निध्य में, पृष्ठ संख्या-6) और मुझे अपनी मुक्ति की इच्छा अब बिल्कुल नहीं। सांसारिक भोग तो मैंने कभी चाहा नहीं। मुझे सिर्फ अपने यन्त्र को मजबूत और कार्योपयोगी देखना है और फिर निश्चित रूप से यह जानकर कि कम से कम भारत में मैंने मानव जाति के कल्याण का एक ऐसा यंत्र स्थापित कर दिया है, जिसका कोई शक्ति नाश नहीं कर सकती, मैं सो जाउँगा और आगे क्या होने वाला है, इसकी परवाह नहीं करूँगा। मेरी अभिलाषा है कि मैं बार बार जन्म लूँ और हजारों दुःख भोगता रहूँ, ताकि मैं उस एक मात्र सम्पूर्ण आत्माओं के समिष्टरूप ईश्वर की पूजा कर सकूँ जिसकी सचमुच सत्ता है और जिसका मुझे विश्वास है। सबसे बढ़कर सभी जातियों और वर्गों के पापी और दरिद्र रूपी ईश्वर ही मेरा विशेष उपास्य है।" (स्वामी विवेकानन्द का मानवतावाद, पृष्ठ संख्या-38) स्वंय प्रमाण है।

भविष्यवाणीयों के अनुसार ही आज विश्व में घटनाएँ घट रही हैं। युग परिवर्तन प्रकृति का अटल सिद्धान्त है। वैदिक दर्शन के अनुसार चार युगों- सतयुग, त्रेतायुग, द्वापरयुग और कलियुग की व्यवस्था है। जब पृथ्वी पर पापियों का एक छत्र साम्राज्य हो जाता है, तब भगवान पृथ्वी पर मानव रूप में प्रकट होते हैं। मानवता के इस पूर्ण विकास का कार्य अनादि काल से भारत ही करता आया है। इसी पुण्य भूमि पर अवतारों का अवतरण अनादि काल से होता रहा है। लेकिन कैसी बिडम्बना है कि ऋषि-मुनियों, महापुरूषों व अवतारों के जीवन काल में उनके अधिकतम उपयोग के लिए उस समय के शासन व्यवस्था व जनता ने उनकी दिव्य बातों व आदर्शों पर ध्यान नहीं दिया और उनके अन्त्रतध्यान होने पर दुगने उत्साह से उनकी पूजा शुरू कर पूजने लग गये। यह भी एक बिडम्बना ही है कि हम जीवन व समय रहते उनकी नहीं मानते अपितु उनका विरोध व अपमान ही करते रहते हैं। कुल मिलाकर "कारवाँ गुजर गया, गुबार पूजते रह गये" वाली स्थिति मनुष्यों की रहती है।

सार्वभौम सत्य-सिद्धान्त अनुसार कथा

सार्वजनिक प्रमाणित दृश्य काल के समष्टि दृश्य काल में दृश्य सत्य चेतना के पूर्ण रुप से युक्त संघ और योजना आधारित कलियुग में ब्रम्हा के अन्तिम, विष्णु के दसवें और अन्तिम निष्कलंक कल्कि, शंकर के बाइसवें और अन्तिम भोगेश्वर तथा शिव के अन्तिम दृश्य सार्वजनिक अर्थात् ब्रह्माण्डीय प्रमाणित पूर्णावतार लव कुश सिंह "विश्वमानव" के अवतरित होने तक सर्वाधिक क्रान्ति वाले समाज में सभी विषय विकसित अवस्था को प्राप्त हो रहे थे। साथ ही अवनति, दुरुपयोग और विनाश की ओर भी बढ़ रहे थे।

विस्तार के लिए "विश्वशास्त्र" पढ़ें

पुर्नजन्म चक्र मार्ग के

सत्व मार्ग से –
श्रीकृष्ण और श्री लव कुश सिंह "विश्वमानव"

तम मार्ग से –
रावण और श्री लव कुश सिंह "विश्वमानव"

रज मार्ग से –
स्वामी विवेकानन्द और श्री लव कुश सिंह "विश्वमानव"

काल चक्र मार्ग के

01. काल चक्र के प्रथम भाग
अदृश्य काल में विश्वात्मा का प्रथम जन्म –
योगेश्वर श्रीकृष्ण
(पूर्ण ब्रह्म की प्रथम कड़ी)

02. काल चक्र के द्वितीय और अन्तिम भाग
दृश्य काल में विश्वात्मा के जन्म का पहला भाग –
स्वामी विवेकानन्द
(प्रथम एवं अन्तिम पूर्ण ब्रह्म के बीच की कड़ी)

03. काल चक्र के द्वितीय और अन्तिम भाग
दृश्य काल में विश्वात्मा के जन्म का अन्तिम भाग –
भोगेश्वर श्री लव कुश सिंह "विश्वमानव"
(स्वामी विवेकानन्द की अगली एवं पूर्ण ब्रह्म की अन्तिम कड़ी)

भाग-5
परिवर्तन

सीधी समझ
नये भारत में, नये मनुष्य के उदय के लिए
व्यवस्था के परिवर्तन या सत्यीकरण का पहला प्रारूप और उसकी कार्य विधि
वे शब्द जिसके बिना युग परिवर्तन सम्भव नहीं

उपाधियाँ मिलती है- पीएच0 डी0, डी0 लिट0 और डी0 फिल0 और उनका बड़ा सम्मान होता है। उनका काम क्या है? उनका काम यह है कि वे तय करते हैं कि गोरखनाथ कब पैदा हुए थे। कोई कहता है दसवीं सदी के अंत में, कोई कहता है ग्यारहवीं सदी के प्रारम्भ में। इस पर बड़ा विवाद चलता है। बड़े-बड़े विश्वविद्यालयों के ज्ञानी सिर खपा कर खोज में लगे रहते हैं। शास्त्रों की, प्रमाणों की, इसकी, उसकी। उनकी पूरी जिन्दगी इसी में जाती है। इससे बड़ा अज्ञान और क्या होगा? गोरख कब पैदा हुए, इसे जानकर करोगे क्या? इसे जान भी लिया तो पाओगे क्या? गोरख न भी पैदा हुए, यह भी सिद्ध हो जाये, तो भी क्या फायदा? हुए हों या न हुए हों, अर्थहीन है। गोरख ने क्या जिया उसका स्वाद लो। इसलिए तुम्हारे विश्वविद्यालय ऐसी व्यर्थता के कामों में संलग्न हैं कि बड़ा आश्चर्य होता है कि इन्हें विश्वविद्यालय कहो या न कहो। इनका काम ही........तुम्हारे विश्वविद्यालय में चलने वाली जितनी शोध है, सब कूड़ा-करकट है।

-आचार्य रजनीश "ओशो"

(अक्टुबर व नवम्बर 1978 में दिये गये प्रवचन का अंश)

FINAL KNOWLEDGE BOMB BLAST

AFTER FIRST NOBEL DISCOVERY OF ZERO BY INDIA AGAIN ZERO BASED FINAL DISCOVERY

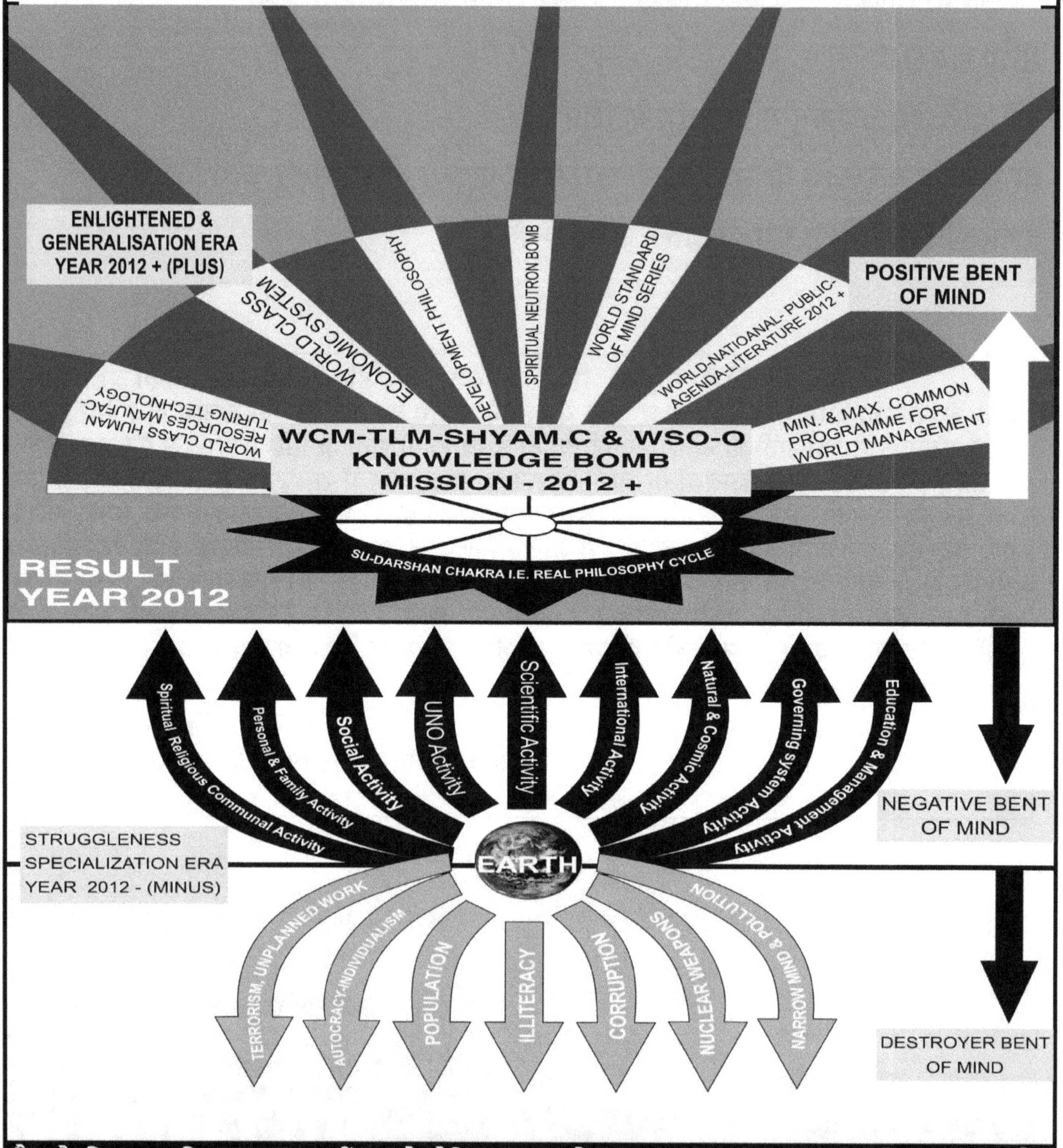

मैकाले शिक्षा पद्धति हम बदल नहीं सकते लेकिन अलग से “सत्य मानक शिक्षा” ग्रहण तो कर सकते हैं।

सरकारी पाठ्यक्रम बनाम नीजी पाठ्यक्रम / सार्वभौम आत्मीय पाठ्यक्रम / ईश्वरीय पाठ्यक्रम

ज्ञान के इस युग में ज्ञान की ओर चलें

FINAL KNOWLEDGE BOMB BLAST

यह चित्र **"FINAL KNOWLEDGE BOMB BLAST"** एक गहन वैचारिक मानचित्र है, जो मानव चेतना, ज्ञान, दर्शन और वैश्विक व्यवस्था के परिवर्तन को प्रतीकात्मक रूप में प्रस्तुत करता है।

इसमें यह दिखाया गया है कि वर्ष 2012 को एक *युग-संधि* के रूप में देखा गया है- जहाँ संघर्ष, विशेषज्ञता और विखंडन (2012–minus) से निकलकर मानवता को प्रबोधन, सामान्यीकरण और समन्वय (2012–plus) की ओर बढ़ना है।

चित्र के केंद्र में **WCM–TLM–SHYAM.C & WSO-O Knowledge Bomb Mission** और **सु-दर्शन चक्र (Real Philosophy Cycle)** को रखा गया है, जो यह संकेत देता है कि वास्तविक परिवर्तन शस्त्रों से नहीं, बल्कि दर्शन, विवेक और समग्र ज्ञान से आता है। ऊपर की ओर उठती संरचना *Positive Bent of Mind* को दर्शाती है, जहाँ विश्व-स्तरीय सोच, आध्यात्मिक दर्शन, मानवीय मूल्य, वैश्विक एजेंडा और कॉमन प्रोग्राम के माध्यम से मानव चेतना का विस्तार होता है।

चित्र के निचले भाग में पृथ्वी को केंद्र बनाकर मानव गतिविधियों-आध्यात्मिक, सामाजिक, वैज्ञानिक, अंतरराष्ट्रीय, शैक्षिक और प्रशासनिक-को दर्शाया गया है, जो यदि संतुलित हों तो उन्नति का मार्ग बनती हैं, और यदि असंतुलित हों तो *Negative* तथा *Destroyer Bent of Mind* की ओर ले जाती हैं।

वहीं नीचे की ओर गिरते तीर आतंकवाद, तानाशाही, जनसंख्या विस्फोट, अशिक्षा, भ्रष्टाचार, परमाणु खतरे और संकीर्ण सोच जैसे विनाशकारी तत्वों का प्रतिनिधित्व करते हैं। समग्र रूप से यह चित्र यह संदेश देता है कि वर्तमान युग में मानवता के सामने विकल्प स्पष्ट है-या तो संकीर्ण, नकारात्मक और विनाशकारी सोच, या फिर **"ज्ञान आधारित सार्वभौमिक दर्शन"** के माध्यम से पृथ्वी और मानव सभ्यता का संतुलित, शांतिपूर्ण और प्रबुद्ध भविष्य।

सीधी समझ

बड़ा वट वृक्ष (Big Banyan Tree), सैकड़ों वर्ष पुराना एक विशाल क्षेत्र में फैला वट वृक्ष है। जिसका मूल वृक्ष अब अस्तित्व में नहीं है उसके तनों से निकले सैंकड़ों जड़ वर्तमान में स्वयं एक वृक्ष, फिर उनके तनों से निकले सैंकड़ों जड़ भी वर्तमान में एक-एक वृक्ष के रूप में स्थापित हैं और सभी एक-दूसरे से जुड़े हुये हैं, बस जो नहीं है, वह है मूल वृक्ष। इस प्रकार सम्पूर्ण वृक्ष परिवार एक बड़े क्षेत्र में फैल चुका है और निरन्तर जारी भी है। प्रत्येक स्वयं स्वतन्त्र वृक्ष के रूप में स्थापित वृक्ष का अपने परिवार के रूप में तना, पत्ता, फूल और फल सब निकलते रहते हैं और जिसे जहाँ अर्थात् नजदीकी स्रोत से सुविधा अर्थात् खुराक मिल सकता हैं वहाँ से प्राप्त करते हुये विकास कर रहे हैं। इस कार्य में आपस में कोई विवाद नहीं है। कोई किसी पर अधिपत्य जमाना नहीं चाहता, ना ही अन्य के विकास में कोई बाधा पहुँचाता है। जिसको जिस ओर उचित वातावरण मिलता जाता है, उस ओर वह विकास कर रहा है। कुल मिलाकर स्व प्रेरित सुशासन की भाँति संचालित है। इस वट वृक्ष के सबसे बाद अर्थात् वर्तमान के तनों-पत्तों के लिए उसका जन्मदाता व पालनकर्ता के रूप में उसका नजदीकी जड़ ही है इसलिए उसकी कथा-कहानी वहीं से शुरू होती है और वहीं तक उसका ज्ञान है जो एक संकुचित और सीमित ज्ञान है। वह पूर्ण को नहीं जान रहा, उसका पूर्णत्व, सार्वभौम पूर्णत्व नहीं बल्कि सीमित पूर्णत्व है। सीमित पूर्णत्व में भी वह आनन्द में हैं और विकासशील है। उसका विकास होना सार्वभौम का ही विकास होना है परन्तु उसे उसका ज्ञान नहीं है और वह उस सार्वभौम के विकास में अपने योगदान को करते हुये भी स्वयं को गौरवान्वित नहीं अनुभव कर रहा है। सार्वभौम से युक्त होने के बाद भी उसे अपने परिवार से ही जुड़ा रहना उसकी विवशता भी है और इसके अलावा कोई अन्य मार्ग भी नहीं हैं। उसके सार्वभौम का मार्ग भी उसके अपने परिवार के ही मार्ग से होकर जाता है। वृक्ष के साथ यह मजबूरी भी है कि क्योंकि वह स्थिर है इसलिए उसका छोटा परिवार केवल पड़ोस तक के ही दायरे के सम्पर्क में है। दूसरे छोर के परिवार का क्या हाल है उसे कुछ नहीं पता।

हे मानवों, ये संसार भी उपरोक्त वट वृक्ष के सामन ही फैला हुआ है। परन्तु उस भाँति विकास नहीं कर रहा है। मनुष्य के अन्दर बीमारी की भाँति अधिकतम "शक्ति और लाभ (पावर और प्राफिट)" की दौड़ ने उसे अधिपत्य, अत्याचार, दूसरे को दबाना इत्यादि से युक्त कर दिया है। और जो इस दौड़ में नहीं हैं वे सीमित पूर्णत्व में आनन्द के साथ विकासशील हैं। उन्हें और भी तेज विकास की इच्छा है परन्तु उनके बुद्धि का दायरा ही सीमित है इसलिए उन्हें मार्ग नहीं मिल रहा है। यदि उनको मार्ग भी मिल रहा हो तो वट वृक्ष की भाँति उसके नजदीकी जन्मदाता ने उसे यह बता रखा है कि जब उस सार्वभौम का मार्ग मेरे ही रास्ते से जाता है तो जो मैं कह रहा हूँ उसे करो। और इसके लिए वे अपने परिवार के लिए अनेक प्रकार की प्रणाली दे रखे हैं। जबकि ये प्रणाली देने वाले उनके नजदीकी जन्मदाता स्वयं कहाँ से आये हैं स्वयं उन्हे भी नहीं पता। क्योंकि वे स्वयं भी उस वट वृक्ष के खो गये मूल जड़ की तरह अपने मूल जड़ को नहीं जानते। वे भी अपने नजदीकी जन्मदाता का ही अनुसरण कर रहे होते हैं। ये प्रणालीयाँ अनेक प्रकार की हैं उदाहरणस्वरूप कुछ मुख्य निम्नवत् हैं-

1 उनके द्वारा प्रस्तुत कुछ पुस्तकें होती हैं जिन्हें नियमानुसार प्रतिदिन पढ़ना होता है। पढ़ने के पूर्व शुद्धता की भी प्रक्रिया अनिवार्य होती है अन्यथा पुस्तकें परिणाम नहीं दे पायेंगी, ये भी शर्त होती हैं।
2 उनके द्वारा भोजन से सम्बन्धित कुछ नियम बना दिये जाते हैं कि क्या खाना है और क्या नहीं खाना है।
3 उनके द्वारा कोई मन्त्र दे कर उसे नियमानुसार जपने के लिए दे दिया जाता है।
4 उनके द्वारा किसी यन्त्र-तन्त्र द्वारा समस्या मुक्ति का उपाय बता दिया जाता है।
5 उनके द्वारा किसी विशेष प्रकार के रंग और ढ़ग के वस्त्र निर्धारित कर दी जाती है जिससे उनकी पहचान एक अलग रूप में हो। अर्थात् समाज का एक और विभाजन कर उसे प्रस्तुत कर देते हैं।

सामान्य रूप से सभी द्वारा अनिवार्य रूप से ये भी निर्धारित कर दी जाती है कि किसी दूसरे के नियमों को न तो जानना है, न सुनना है, न पढ़ना है और न ही उसमें शामिल होना है। अर्थात् एक गतिशील प्राणी मनुष्य को जिसे सदैव श्रेष्ठ से, श्रेष्ठतम और सर्वोच्च तक उठने-विकास करने के लिए निर्मित किया गया था, उसे एक सीमित

दायरे में बुद्धिबद्ध कर दिया गया। मनुष्य जिसका निर्माण अपनी मस्तिष्क को असीम क्षमता को विकसित कर ईश्वर रूप में व्यक्त होना था, उसे जड़ (स्थिर) बना दिया गया।

हे मानवों, मनुष्यों की सबसे बड़ी कमजोरी "स्वयं में गुणों का विकास कर स्वयं बन जाने या हो जाने" में नहीं बल्कि "पाने" की इच्छा है। इस पाने की इच्छा की कमजोरी का परिणाम ही है उपरोक्त अनेक प्रकार के बुद्धिबद्ध करने की विधियाँ।

हे मानवों, उपरोक्त के पृष्ठभूमि में उनका उद्देश्य केवल अपने स्वार्थ की पूर्ति के सिवाय कुछ नहीं होता। क्योंकि मार्गदर्शक या प्रेरक या शिक्षक का उद्देश्य स्वयं से श्रेष्ठ मानव का निर्माण होता है न कि सदैव जीवन भर एक ही प्रणाली या प्रक्रिया या कक्षा में पढ़ते-दुहराते रहने के लिए विवश करना। उपरोक्त के पृष्ठभूमि में शारीरिक-आर्थिक-मानसिक शोषण का ही कार्य विभिन्न प्रकार से चल रहा है। कोई अपने कृषि कार्य को मुफ्त में हल करवा रहा है, तो कोई अपने नाम के उत्पादों को सिर्फ उन्हें ही खरीदने के लिए बुद्धिबद्ध कर दिया है।

हे मानवों, इन सबको आस्था का व्यापार कहते हैं। जबकि मैं देख रहा हूँ कि प्रत्येक संस्कारित करने की क्रिया जो उस काल के लिए आस्था का विषय था। उसके अगले काल के लिए संस्कारित करने की नयी क्रिया उपलब्ध हो जाने के बावजूद, मानव शरीर पिछले काल के संस्कारित करने वाली क्रिया के प्रति आस्था रखते हुये मूर्खता का स्पष्ट प्रदर्शन कर रहा है। सभी कालों में, सभी संस्कारित करने की क्रियाओं में मैं (सार्वभौम आत्मा) ही आस्था का विषय था परन्तु क्रिया के प्रति आस्था रखना मूर्खता का स्पष्ट प्रमाण ही तो है। चाहे वह व्यक्तिगत इच्छा से हो या सामाजिक प्रदर्शन की इच्छा से। इन समस्त संस्कारित करने के क्रिया के पीछे जो रहस्य आज तक गोपनीय था उसे मैंने तुम्हारें समक्ष सार्वजनिक प्रकाशित कर दिया है। अब कुछ भी गोपनीय नहीं। बावजूद इसके प्रत्येक मनुष्य अपनी मूर्खता रूपी आस्था को प्रदर्शित करने के लिए स्वतन्त्र है। परन्तु वह मुझ (सार्वभौम आत्मा) को प्राप्त नहीं कर सकता। हे मानवों, ईश्वर बहुमत से नहीं निर्धारित किया जाता इसलिए ही उसे अनिवर्चनीय कहा गया है। किसी भी वस्तु के प्रति आस्था के विकास से और समस्त मानवों को उसके प्रति आस्थावान् बना देने से वह वस्तु गुण प्रकट कर वैसा नहीं बन सकती जैसा आप उम्मीद करते हो।

हे मानवों, एक तरह से देखा जाये तो उपरोक्त व्यवस्था से कोई समस्या है ही नहीं क्योंकि जिसकी इच्छा जहाँ से पूर्ति हो रही है और विकास का मार्ग मिल रहा है, वह वहाँ से जुडा हुआ है। इसलिए मानव सभ्यता पर आया यह दसवाँ और अन्तिम संकट, संकट होते हुये भी संकट जैसा नहीं दिखता। इस व्यवस्था से हमें कोई समस्या भी नहीं है। समस्या ये है कि धर्म को जिस उद्देश्य के लिए निर्मित किया गया था वही धर्म, संकट में है। यह धर्म ही उस वट वृक्ष का मूल है, सार्वभौम है, समष्टि है। इसके ज्ञान से युक्त दोनों को अर्थात् विशाल संसार रूपी वट वृक्ष के छोटे-छोटे परिवार के नेतृत्वकर्ता मुखिया सहित उसके सदस्यों को होना आवश्यक है। तभी परिवार के नेतृत्वकर्ता मुखिया द्वारा बनाये गये उपरोक्त प्रणाली-नियम परिणाम-फल दे पायेंगे जिसकी इच्छा परिवार के सदस्य करते हैं।

हमारी उत्पत्ति ज्ञान से हुई है। जिन्हें ज्ञान है वही अपने आप को संघर्ष में पाते हैं और सर्वश्रेष्ठता के लिए कर्मशील हैं। शेष सभी तो प्रकृति के अनुसार आते-जाते रहते हैं। इस ज्ञान को ही ब्रह्म (सार्वभौम एकात्म ज्ञान) कहते हैं। देवता रूप में इस ज्ञान को ब्रह्मा के रूप में प्रक्षेपित किया गया है। यह ज्ञान जिस-जिस अंगो द्वारा प्राथमिकता से अनुभव में आता है उतने प्रकार के मानव अपने-आप को उत्पन्न समझते हैं।

पुराण रचनाकार महर्षि व्यास ने ब्रह्मा अर्थात ज्ञान के पुत्रों का प्रक्षेपण किये हैं। ब्रह्मा के 10 मानस पुत्रों

01.मन (विचार) से ज्ञान प्राप्त करने वाले मरीचि

02.नेत्रों (देखकर) ज्ञान प्राप्त करने वाले अत्रि

03.मुख (वाणी) से ज्ञान प्राप्त करने वाले अंगिरा

04.कान (सुन) कर ज्ञान प्राप्त करने वाले पुलस्त्य

05.नाभि (केन्द्र) से ज्ञान प्राप्त करने वाले पुलह

06.हाथ (कर्म) से ज्ञान प्राप्त करने वाले कृतु

07.त्वचा (स्पर्श) से ज्ञान प्राप्त करने वाले भृगु

08.प्राण (श्वास) से ज्ञान प्राप्त करने वाले वशिष्ठ

09.अँगूठे (आत्मा) से ज्ञान प्राप्त करने वाले दक्ष

10.गोद (प्रेम) से ज्ञान प्राप्त करने वाले नारद

ये दस प्रकार ज्ञान से उत्पन्न है और इतने प्रकार के मानव निर्मित होकर संसार में विचरण कर रहे हैं। इसे ये न समझना चाहिए कि मन या नेत्र इत्यादि से कैसे ब्रह्मा ने अपने पुत्रों को उत्पन्न किया? चूंकि शरीर का अस्तित्व अस्थायी है इसलिए विचार के आधार पर ये मनुष्य के वर्ग या श्रेणी का निर्धारण है। इसे मानकीकरण (Standardization) या वर्गीकरण (Classification) भी कहा जा सकता है। जिस प्रकार आजकल मानकीकरण के शब्द ISOऔर ISI मार्का दिये जाते हैं।

नये भारत में, नये मनुष्य के उदय के लिए

आप लंगोट से जौकी पर आ गये...पायजामे से पतलून पर आ गये...नाड़े से बेल्ट पर आ गये...खड़ाऊँ से बूट पर आ गये...कलम से कीबोर्ड पर आ गये। पगडंडियों से एक्सप्रेस वे पर आ गये...चूल्हे से इंडक्शन कुकर पर आ गये...जंगलो से अपार्टमेंट तक आ गये। हल से ट्रैक्टर पर आ गये...पैदल से लक्ज़री जहाज़ों पर आ गये...दीये-मशाल से एलईडी पर आ गये...आप लैंडलाइन से ओरियो एंड्रॉयड तक आ गये...तीर-कमान और गदा से ऑटोमैटिक बंदूकों और मिसाइलों पर आ गये। दुनियां चाँद पे चली गई...मंगल की छाती पर नासा ने रोबोट उतार दिया....शनि मंगल सूर्यग्रहण-चन्द्रग्रहण के हर रहस्य से पर्दा उठ गया!

आप पाँच हज़ार ईसापूर्व और पाँचवी-छठवीं शताब्दी से इक्कीसवी शताब्दी में आ गये...आप लगातार अपडेट होते रहे हैं!!! मगर फिर भी तुम ग्रह-नक्षत्रों को...शनि-मंगल को जन्मकुंडली में देख-देख कर काँप रहे हो। अपना भविष्य सुधारने के लिए बाबा-बाबियों का रास्ता नाप रहे हो। क्या इसी दिन के लिए तुमने बी.एससी, एम.एससी पीएच.डी की थी?? कि तुम पढ़े-लिखे जाहिलों की फौज में शामिल हो जाना! क्या इसी दिन के लिए तुम डॉक्टर, इंजीनियर, वकील, मजिस्ट्रेट या प्रोफेसर बने थे? कि बंगले पर काली हांडी टांगना! निम्बू मिर्ची टांगना! नजर न लगने से एक पैर में काला धागा बांधना?? और अपने उज्ज्वल भविष्य की भीख किसी बाबा-बाबी के दर पर नाक रगड़ के मांगना?

देश आजाद हो गया! दुनिया आजाद हो गई! आखिर कब मिलेगी तुम्हें आजादी?? इस अंधी मानसिक गुलामी से? दुनिया रोज नए-नए आविष्कार कर रही है! तुम हजारों साल पुरानी भाषा, संस्कृति, रीति, रिवाजो की वैज्ञानिक व्याख्या करने में लगे हो! क्या भारत पुनः विश्वगुरु तुम्हारे जैसे मनोरोगियों की वजह से कभी बन पाएगा? बंद कमरे में तुम्हारी चोटी कट जाती! अँधेरे में अकेले में तुम्हें भूत-पलीत सताते हैं! तुम्हें ही सारी दुनिया की नजर लगती है! डायन तो तुम्हारे हर घर में मौजूद है!! तुम्हारे तंत्र-मंत्र-यंत्र काम क्यों नहीं करते हैं? एक पैर में काले धागे वाला रक्षा सूत्र तुम्हारी चोंटी क्यों नहीं बचाता है? आखिर कब तक तुम मानसिक गुलाम रहोगे?

तुम्हारी समस्याएं लौकिक है। मगर तुम्हें हर समस्या का हल परलोक में नजर आता है! संसार तुम्हारे लिए स्वप्नवत् है माया है! भगवान की लीला है! नाटक है! भ्रम है! आखिर तुम्हें इस सपने से कौन जगाए? कब तक शब्दों के साथ बलात्कार करोगे? कब तक धोखे में रहोगे? कब तक हर सिद्धान्त हर आविष्कार को शास्त्रों ऋषि-मुनियों के माथे मड़ोगे??

तुम लोग को जो जगाए वही धर्मद्रोही, देशद्रोही, जातिवादी या नास्तिक है? चारुवाक, बुद्ध, महावीर, कपिल, कणाद गौतम, नागसेन, अश्वघोष, कबीर, नानक, रविदास, ओशो, फुले, शाहू, पेरियार, भीम, भगतसिंह, कोवूर, राहुल संस्कृत्यायन, दयानन्द, विवेकानंद, सबने विवेक लगाया! मगर फिर भी तुम्हारा विवेक नहीं जागा!

तुम्हारा धर्म कब अपडेट (Update) होगा?
तुम्हारी आस्था कब अपडेट (Update) होगी?
तुम्हारा ईश्वर कब अपडेट (Update) होगा?
तुम्हारी सोच कब अपडेट (Update) होगी?
तुम्हारे धर्म की किताबें कब अपडेट (Update) होंगी?

कम्प्यूटर और मोबाइल का साफ्टवेयर तो तुरन्त करते हो, तुम्हारे मस्तिष्क का साफ्टवेयर कब अपडेट (Update) होगा?

क्योंकि तुम विश्वगुरु के अहंकार की दारू पीकर गरीबी, अनपढ़ता, लिंगभेद, जातिभेद, भाषाभेद, क्षेत्रभेद, साम्प्रदायिकता की नाली में पड़े हो! आखिर तुम्हें कब मिलेगी आजादी? इस उम्दा मानसिक गुलामी से?

सोच के बता देना!!
आओ एक कदम शब्दों के उँचाइयों की ओर..........

IDEAS + ACTION = CHANGE

व्यवस्था के परिवर्तन या सत्यीकरण का पहला प्रारूप और उसकी कार्य विधि

उदाहरण के रूप में, यदि किसी शिक्षित व्यक्ति जिसे अंकगणित का ज्ञान हो, उसके समक्ष संख्या 5 लिख दिया जाये और उससे कहा जाये कि इस संख्या के आगे और पीछे की संख्या लिखें तो वह आसानी से उसे लिख देगा परन्तु अंकगणित का अज्ञानी ऐसा नहीं कर पायेगा। उसका सारा ध्यान केवल संख्या 5 पर ही टिका रह जायेगा क्योंकि वह संख्या पद्धति से अपरिचित है। अगर वह कुछ लिख भी देगा तो वह आवश्यक नहीं कि सत्य हो और उसमें सुधार की पूरी सम्भावना बनी रहेगी। समाज सुधार के क्षेत्र में भी यही बात है। हम एक समस्या देखते हैं फिर उसमें कुछ सुधार कर देते हैं। फल यह होता है कि कुछ समय बाद पुनः उसमें सुधार की आवश्यकता आ जाती है।

जितने अधिक आकड़ों को विश्लेषित कर हम परिणाम को खोजेंगे उतने ही सत्य परिणाम हमारे सामने आयेंगे। प्रस्तुत शास्त्र व्यक्त अधिकतम आकड़ों के व्यवस्थित प्रस्तुतीकरण का शास्त्र है। दूसरे रूप में इसे धर्म ज्ञान का बैलेन्ससीट भी कह सकते है। इन सम्पूर्ण आकड़ों पर आधारित होकर व्यक्ति, समाज और विश्व राष्ट्र के लिए लिया गया निर्णय ही एक सत्य निर्णय हो सकता है। समाज सुधार के सम्बन्ध में स्वामी विवेकानन्द का कहना है कि-"तथाकथित समाज-सुधार के विषय में हस्तक्षेप न करना क्योंकि पहले आध्यात्मिक सुधार हुये बिना अन्य किसी भी प्रकार का सुधार हो नहीं सकता (राम पृष्ठ मिशन, पत्रावली भाग-1, पृष्ठ-29), भारत के शिक्षित समाज से मैं इस बात पर सहमत हूँ कि समाज का आमूल परिवर्तन करना आवश्यक है। पर यह किया किस तरह जाये? सुधारकों की सब कुछ नष्ट कर डालने की रीति व्यर्थ सिद्ध हो चुकी है। मेरी योजना यह है, हमने अतीत में कुछ बुरा नहीं किया। निश्चय ही नहीं किया। हमारा समाज खराब नहीं, बल्कि अच्छा है। मैं केवल चाहता हूँ कि वह और भी अच्छा हो। हमें असत्य से सत्य तक अथवा बुरे से अच्छे तक पहुँचना नहीं है। वरन् सत्य से उच्चतर सत्य तक, श्रेष्ठ से श्रेष्ठतर और श्रेष्ठतम तक पहुँचना है। मैं अपने देशवासियों से कहता हूँ कि अब तक जो तुमने किया, सो अच्छा ही किया है, अब इस समय और भी अच्छा करने का मौका आ गया है।"-(राम पृष्ठ मिशन, जितने मत उतने पथ, पृष्ठ-46)

व्यक्ति हो या ज्ञानी, समाज हो या राज्य, देश हो या विश्व, समाज नेता हों या राजनेता सभी को अब यह जान लेना चाहिए कि विश्व एक परिवार है और उस परिवार का शास्त्र-"विश्वशास्त्र" है। जब तक यह शास्त्र उपलब्ध नहीं था तब तक इस विश्व परिवार के एकीकरण का मार्ग नहीं खुला था, अब वह मार्ग मिल चुका है। कोई भी समाज निर्माण या युग परिवर्तन का कार्य एक क्षण का कार्य नहीं है। यह एक लम्बी अवधि की प्रक्रिया का कार्य है। इसे हम उन समाज सुधारकों के संस्थाओं के कार्य को देख कर अनुभव कर सकते हैं।

व्यवस्था परिवर्तन, एक राजनीतिक लुभावना वाला शब्द है। वह कैसे होगा, इसके लिए एक प्रारूप की आवश्यकता होती है अगर वह नहीं है तो व्यवस्था परिवर्तन चिल्लाने से नहीं होता। फिर व्यवस्था परिवर्तन किस बात का? मानव समाज को संचालित करने के लिए तो सिर्फ दो ही मूल व्यवस्था है-एक राजतन्त्र, जिसका युग जा चुका है। दूसरा-लोकतन्त्र, जिसका युग चल रहा है और यही अन्तिम व्यवस्था भी बनी रहेगी क्योंकि ब्रह्माण्डीय व्यवस्था भी लोकतन्त्र से ही चल रहा है और मनुष्य के मस्तिष्क से अन्ततः वही व्यक्त हो रहा है। लोकतन्त्र से हम राजतन्त्र में नहीं जा सकते इसलिए व्यवस्था परिवर्तन का अर्थ ही निरर्थक है।

आवश्यकता है वर्तमान लोकतन्त्र व्यवस्था को ही सत्य आधारित करने की जिसे व्यवस्था सत्यीकरण कहा जा सकता है। इस कार्य में हमें मानकशास्त्र की आवश्यकता है जिससे तोल कर यह देख सके कि इस लोकतन्त्र व्यवस्था में कहाँ सुधार करने से सत्यीकरण हो जायेगा। यह मानकशास्त्र ही "विश्वशास्त्र" है। सिर्फ मतदाता बनने व वोट डालने से ही लोकतन्त्र स्वस्थ नहीं हो सकता। उसके लिए देश व विश्व के पूर्ण ज्ञान की आवश्यकता होगी। इसलिए आवश्यक है कि प्रत्येक मतदाता "विश्वशास्त्र" के ज्ञान से युक्त हो।

अच्छा होता कि हमारे राजनेतागण कुछ दिनों के लिए सन्यास लेकर थोड़ा कुछ अध्ययन-चिंतन करते रहते ताकि उन्हें बार-बार लक्ष्य के लिए शब्दों का परिवर्तन न करना पड़ता। एक ही स्थिति में बहुत समय तक रहने पर बुद्धि, बद्ध हो जाती है। एक-एक सीढ़ी चढ़कर, पहुँच गये-पहुँच गये चिल्लाने से अच्छा है कि अन्तिम सीढ़ी पर पर बैठकर चिल्लाना कि पहुँच गये।

चाहे कुछ हो यदि प्रारूप नहीं, तो न तो व्यवस्था परिवर्तन हो सकता है, न ही व्यवस्था सत्यीकरण हो सकता है, न ही सम्पूर्ण क्रान्ति। भीड़ से क्रान्ति नहीं सिर्फ हंगामा होता है। भीड़ में जोश होता है, होश नहीं।

इस मानक शास्त्र के प्रस्तुत हो जाने से व्यवस्था परिवर्तन की नहीं बल्कि व्यवस्था के सत्यीकरण का मार्ग खुल चुका है। जिसका व्यक्ति, समाज और विश्व राष्ट्र को आवश्यकता भी है। किसी एक विषय पर बहुत अधिक पुस्तक मस्तिष्क को भ्रमित ही करती है। यह शास्त्र प्रारम्भ से अन्त तक के विकास को क्रमबद्ध प्रस्तुत करता है जिससे हम सभी एक सत्य निर्णय करने में सक्षम हों और पूर्ण ज्ञान से युक्त हो जायें और हमारा कोई भी सुधार एक स्थायी, अच्छा और दूरगामी परिणाम देने वाला हो।

प्रश्न यह भी उठता है कि परिवार का मुखिया जिसके द्वारा परिवार का संचालन होता है, यदि वह परिवार के हित व विकास के विषय में कर्म न करता हो तो क्या परिवार का सदस्य उसमें हस्तक्षेप करने का अधिकारी है या नहीं? यही बात देश को चलाने वाले संसद के विषय में भी है। यदि संसद स्वयं देशहित व जनहित के प्रति उदासीन हो जाये तो क्या जनता संसद को मार्गदर्शन देने का अधिकार नहीं रखती? यदि नहीं तो संविधान की धारा-51(ए) के अन्तर्गत नागरिक का मौलिक कर्तव्य की उपयोगिता क्या है? ध्यान रखने योग्य विषय यह है कि कोई भी चुना हुआ प्रतिनिधि सिर्फ उतने ही बड़े क्षेत्र का प्रतिनिधि होता है जिस क्षेत्र से वह चुना जाता है। भारत में ऐसा कोई प्रतिनिधि जनता से नहीं चुना जाता जो भारत का प्रतिनिधित्व करता हो और जब तक भारत का प्रतिनिधित्व करने वाला चुनाव नहीं होता या भारत की जनता का राष्ट्रीय मुद्दों पर विचार कर संसद के कर्तव्य का बोध कराने वाली स्वतन्त्र संस्था नहीं बन जाती, तब तक जनता को संसद को संविधान की धारा-51(ए) के अन्तर्गत नागरिक का मौलिक कर्तव्य के अनुसार न्यायालय व संसद के माध्यम से सरकार को मार्गदर्शन देने का कर्तव्य करना चाहिए जो उसका अधिकार भी है।

वे शब्द जिसके बिना युग परिवर्तन सम्भव नहीं

सन् 1893 से सन् 1993 के 100 वर्षों के समय में विश्व के बौद्धिक शक्ति को जिन्होंने सबसे अधिक हलचल दी वे हैं-धर्म की ओर से स्वामी विवेकानन्द और धार्मिकता की ओर से आचार्य रजनीश"ओशो"। मनुष्य जिस प्रकार भौतिक विज्ञान के नवीन आविष्कारों को आसानी से ग्रहण करता है उसी प्रकार धर्म-आध्यात्म-दर्शन के नवीन आविष्कारों को भी मनुष्य को ग्रहण करना चाहिए, तभी मानसिक-आध्यात्मिक स्वतन्त्रता का अनुभव हो सकेगा। अन्यथा पूर्ण शारीरिक गुलामी का समय बीत चुका, आर्थिक गुलामी का काल चल रहा है और मानसिक गुलामी के काल चक्र में मनुष्य फँस जायेगा।

स्वामी विवेकानन्द जी का कहना था-

- "उसी मूल सत्य की फिर से शिक्षा ग्रहण करनी होगी, जो केवल यहीं से, हमारी इसी मातृभूमि से प्रचारित हुआ था। फिर एक बार भारत को संसार में इसी मूल तत्व का-इसी सत्य का प्रचार करना होगा। ऐसा क्यों है? इसलिए नहीं कि यह सत्य हमारे शास्त्रों में लिखा है वरन् हमारे राष्ट्रीय साहित्य का प्रत्येक विभाग और हमारा राष्ट्रीय जीवन उससे पूर्णतः ओत-प्रोत है। इस धार्मिक सहिष्णुता की तथा इस सहानुभूति की, मातृभाव की महान शिक्षा प्रत्येक बालक, स्त्री, पुरुष, शिक्षित, अशिक्षित सब जाति और वर्ण वाले सीख सकते हैं। तुमको अनेक नामों से पुकारा जाता है, पर तुम एक हो।" (जितने मत उतने पथ, राम कृष्ण मिशन, पृष्ठ-39)।
- "अत: यदि भारत को महान बनाना है, तो इसके लिए आवश्यकता है संगठन की, शक्ति संग्रह की और बिखरी हुई इच्छाशक्ति को एकत्र कर उसमें समन्वय लाने की। अथर्ववेद संहिता की एक विलक्षण ऋचा याद आ गयी जिसमें कहा गया है, "तुम सब लोग एक मन हो जाओ, सब लोग एक ही विचार के बन जाओ। एक मन हो जाना ही समाज गठन का रहस्य है बस इच्छाशक्ति का संचय और उनका समन्वय कर उन्हें एकमुखी करना ही सारा रहस्य है।" (देखें "नया भारत गढ़ो" पृष्ठ संख्या-55)
- "यह भी न भूलना चाहिए कि हमारे बाद जो लोग आएंगे, वे उसी तरह हमारे धर्म और ईश्वर सम्बन्धी धारणा पर हँसेंगे, जिस तरह हम प्राचीन लोगों के धर्म और ईश्वर की धारणा पर हँसते हैं। यह सब होने पर भी, इन सब ईश्वर सम्बन्धित धारणाओं का संयोग करने वाला एक स्वर्ण सूत्र है और वेदान्त का उद्देश्य है-इस सूत्र की खोज करना। भागवान कृष्ण ने कहा है-""भिन्न भिन्न मणियाँ जिस प्रकार एक सूत्र में पिरोयी जा सकती हैं, उसी प्रकार इन सब विभिन्न भावों के भीतर भी एक सूत्र विद्यमान है।" (देखें "ज्ञानयोग", पृष्ठ संख्या-65) ,
- "एक शब्द में वेदान्त का आदर्श है-मनुष्य के सच्चे स्वरूप को जानना।" (देखें "विवेकानन्द राष्ट्र को आह्वान", पृष्ठ सं0-48)।
- यदि हम अपने व्यक्तिगत एवं सामूहिक जीवन में वैज्ञानिक चेतना सम्पन्न एवं आध्यात्मिक एक साथ न हो पाए, तो मानवजाति का अर्थपूर्ण अस्तित्व ही संशय का विषय हो जाएगा। (विज्ञान और आध्यात्मिकता, पृष्ठ-9)
- हमेशा यूरोप से सामाजिक तथा एशिया से आध्यात्मिक शक्तियों का उद्भव होता रहा है एवं इन दोनों शक्तियों के विभिन्न प्रकार के सम्मिश्रण से ही जगत का इतिहास बना है। वर्तमान मानवेतिहास का एक और नवीन पृष्ठ धीरे-धीरे विकसित हो रहा है एवं चारो ओर उसी का चिन्ह दिखाई दे रहा है। कितनी ही नवीन योजनाओं का उद्भव तथा नाश होगा, किन्तु योग्यतम वस्तु की प्रतिष्ठा सुनिश्चित है, सत्य और शिव की अपेक्षा योग्यतम वस्तु और हो ही क्या सकती है? (पत्रावली भाग-1, पृष्ठ-310)

स्वामी विवेकानन्द के अनुसार शब्द से सृष्टि का रहस्य

01. बृहत् ब्रह्माण्ड में भी ब्रह्मा, हिरण्यगर्भ या समष्टि महत् ने पहले अपने आप को नाम के, और फिर बाद में रुप के आकार में अर्थात् इस परिदृश्यमान जगत के आकार में अभिव्यक्त किया। (भक्ति योग, पृष्ठ-44)
02. यह सारा व्यक्त इन्द्रियग्राह्य जगत रुप है, और इसके पीछे है अनन्त अव्यक्त स्फोट। स्फोट का अर्थ-समस्त जगत की अभिव्यक्ति का कारण शब्द-ब्रह्म है। समस्त नामों अर्थात् भावों की नित्य समवायी उपादान स्वरुप यह नित्य स्फोट ही वह शक्ति है, जिससे भगवान इस विश्व की सृष्टि करते हैं। यही नहीं बल्कि भगवान पहले स्फोट रुप में परिणत हो जाते हैं और तत्पश्चात् अपने को उससे भी स्थूल इस इन्द्रियग्राह्य जगत के रुप में परिणत कर लेते हैं। (भक्ति योग, पृष्ठ-45)
03. इस स्फोट का एक मात्र वाचक शब्द है-"ॐ"। और चूँकि हम किसी भी उपाय से शब्द को भाव से अलग नहीं कर सकते, इसलिए यह "ॐ" भी इस नित्य स्फोट से नित्य संयुक्त है। (भक्ति योग, पृष्ठ-45)
04. एकमेव यह "ॐ" ही इस प्रकार सर्वभावाव्यापी वाचक शब्द है, अन्य कोई भी इसके समान नहीं। स्फोट ही सारे भावों का उपादान है, फिर भी वह स्वयं पूर्ण रुप से विकसित कोई विशिष्ट भाव नहीं है। अर्थात् यदि उन सब भेदों को, जो एक भाव को दूसरे से अलग करते हैं, निकाल दिया जाय, तो जो कुछ बचा रहता है, वही स्फोट है। इसलिए इस स्फोट को "नादब्रह्म" कहते हैं। (भक्ति योग, पृष्ठ-45)
05. जो वाचक शब्द उसे सब से कम विशेषभावापन्न करेगा, पर साथ ही उसके स्वरुप को यथासम्भव पूरी तरह प्रकाशित करेगा, वही उसका सबसे सच्चा वाचक होगा। और यह वाचक शब्द है-एकमात्र "ॐ" क्योंकि ये तीनों अक्षर अ, उ और म्, जिनका एक साथ उच्चारण करने से "ॐ" होता है, समान शब्दों के साधारण वाचक के तौर पर लिये जा सकते हैं। (भक्ति योग पृष्ठ, पृष्ठ-46)
06. अक्षर "अ" सारे अक्षरों में सबसे कम विशेषभावापन्न है। इसीलिए भगवान श्रीकृष्ण गीता में कहते हैं-"अक्षरों में मैं "अ" कार हूँ। " (गीता,10/33) स्पष्ट रुप से उच्चारित जितने भी शब्द हैं, उनकी उच्चारण क्रिया मुख में जिह्वा के मूल से आरम्भ होती है और ओठों में आकर समाप्त हो जाती है। "अ" जिह्वा मूल अर्थात् कण्ठ से उच्चारित होता है, और "म" ओठों से होने वाला अन्तिम शब्द है। और "उ" उस शक्ति का सूचक है, जो जिह्वा मूल से आरम्भ होकर मुँह भर में लुढ़कती हुई ओठों में आकर समाप्त हो जाती है। यदि "ॐ" का उच्चारण ठीक ढंग से किया जाय, तो इसके शब्दोच्चारण की सम्पूर्ण क्रिया सम्पन्न हो जाती है-दूसरे किसी भी शब्द में यह शक्ति नहीं। (भक्ति योग, पृष्ठ-46)
07. जिस प्रकार अल्पतम् विशेष भावात्मक तथा सार्वभौमिक वाचक शब्द "ॐ" के सम्बन्ध में वाच्य और वाचक आपस में अभेद्य रुप से सम्बद्ध हैं उसी प्रकार वाच्य और वाचक का यह अविच्छिन्न सम्बन्ध भगवान और विश्व के विभिन्न खण्ड भावों पर भी लागू है, अतएव उनमें से प्रत्येक का एक विशिष्ट वाचक शब्द होना आवश्यक है। (भक्ति योग, पृष्ठ-47)
08. ये वाचक शब्द ऋषियों की गम्भीरतम आध्यात्मिक अनुभूति से उत्पन्न हुए हैं और वे भगवान तथा विश्व के जिन विशेष-विशेष खण्ड भाव के वाचक हैं, उन विशेष भावों को यथासम्भव प्रकाशित करते हैं। जिस प्रकार "ॐ" अखण्ड ब्रह्म का वाचक है, उसी प्रकार अन्यान्य मंत्र भी उसी परम पुरुष के खण्ड-खण्ड भावों के वाचक हैं। ये सभी ईश्वर के ध्यान और प्रकृत ज्ञान की प्राप्ति में सहायक हैं। (भक्ति योग, पृष्ठ-47)
09. सृष्टि के पूर्व ब्रह्म शब्दात्मक बनते है, फिर ओंकारात्मक या नादात्मक होते है। तत्पश्चात पहले कल्पों के विशेष शब्द जैसे-भूः, भुवः, स्व-अथवा गो, मानव, घट, पट इत्यादि का प्रकाश उसी ओंकार से होता है। सिद्ध संकल्प ब्रह्म में क्रमश-एक-एक शब्द के होते ही उसी क्षण उन सब पदार्थो का भी प्रकाश हो जाता है और इस विचित्र जगत् का विकास हो उठता है। अब समझे न कि कैसे शब्द ही सृष्टि का मूल है। -स्वामी विवेकानन्द (विवेकानन्द जी के संग में पृष्ठ-62)
10. यह सारा व्यक्त इन्द्रिय ग्राह्य जगत रूप है, और इसके पीछे है अनन्त अव्यक्त स्फोट। स्फोट का अर्थ-समस्त जगत की अभिव्यक्ति का कारण शब्द-ब्रह्म। समस्त नामों अर्थात् भावों की नित्य समवायी उपादान स्वरूप यह नित्य स्फोट ही वह शक्ति है, जिससे भगवान इस विश्व की सृष्टि करते है। यही नहीं बल्कि भगवान पहले स्फोट-रूप में परिणत हो जाते है और तत्पश्चात अपने को उससे भी स्थूल इस इन्द्रिय ग्राह्य जगत् के रूप में परिणत कर लेते है। -स्वामी विवेकानन्द (राजयोग-पृष्ठ-45)

आचार्य रजनीश"ओशो" का कहना था-

- "श्रीकृष्ण का महत्व अतीत के लिए कम भविष्य के लिए ज्यादा है। सच ऐसा है कि कृष्ण अपने समय से कम से कम पाँच हजार वर्ष पहले पैदा हुये। सभी महत्वपूर्ण व्यक्ति अपने समय से पहले पैदा होते हैं और

सभी गैर महत्वपूर्ण व्यक्ति अपने समय के बाद पैदा होते हैं। बस महत्वपूर्ण और गैर महत्वपूर्ण में इतना फर्क है और सभी साधारण व्यक्ति अपने समय के साथ पैदा होते हैं महत्वपूर्ण व्यक्ति को समझना आसान नहीं होता। उसका वर्तमान और अतीत उसे समझने में असमर्थता अनुभव करता है जब हम समझने योग्य नहीं हो पाते तब हम उसकी पूजा शुरु कर देते हैं या तो हम उसका विरोध करते हैं। दोनों पूजाएं हैं एक मित्र की एक शत्रु की।"

- उसके लिए सब हंसी खेल है, सब लीला है। इसलिए हमने कृष्ण को पूर्णावतार कहा। राम गम्भीर हैं छोटी-छोटी बात का हिसाब रखते हैं। नियम मर्यादा से चलते हैं- मर्यादा पुरूषोत्तम हैं। कृष्ण अमर्याद हैं न कोई नियम है न कोई मर्यादा। कृष्ण के लिए जीवन लीला है।
- धर्म कोई विषय थोड़े ही है। धर्म की कोई सीमा थोड़े ही है। धर्म तो समस्त जीवन का नाम है। जीवन में जो कुछ भी समाविष्ट है, धर्म उस सभी के सम्बन्ध में वक्तव्य देने का हकदार है। राजनीतिज्ञ, धर्म के सम्बन्ध में वक्तव्य नहीं दे सकता क्योंकि राजनीति की सीमा है। लेकिन धार्मिक व्यक्ति, राजनीति के सम्बन्ध में वक्तव्य दे सकता है क्योंकि धर्म की कोई सीमा नही है धर्म असीम है, धर्म तो पूरे जीवन को घेरता है जैसे आकाश घेरता है। धर्म से तो कोई भी चीज छोड़ी नहीं जा सकती। धार्मिक व्यक्ति की दृष्टि तो सब सम्बन्धों में होगी।
- जो एक गुरू बोल रहा है, वह अनन्त सिद्धों की वाणी है। अभिव्यक्ति में भेद होगा, शब्द अलग होंगे, प्रतीक अलग होंगे मगर जो एक सिद्ध बोलता है, वह सभी सिद्धों की वाणी है। इनसे अन्यथा नहीं हो सकता है। इसलिए जिसने एक सिद्ध को पा लिया, उसने सारे सिद्धों की परम्परा को पा लिया। क्योंकि उनका सूत्र एक ही है। कुंजी तो एक ही है, जिसमें ताला खुलता है अस्तित्व का।
- "इस देश को कुछ बाते समझनी होगी। एक तो इस देश को यह बात समझनी होगी कि तुम्हारी परेशानियों, तुम्हारी गरीबी, तुम्हारी मुसीबतों, तुम्हारी दीनता के बहुत कुछ कारण तुम्हारे अंध विश्वासों में है, भारत कम से कम डेढ़ हजार साल पिछे घिसट रहा है। ये डेढ़ हजार साल पूरे होने जरूरी है। भारत को खिंचकर आधुनिक बनाना जरूरी है। मेरी उत्सुकता है कि इस देश का सौभाग्य खुले, यह देश भी खुशहाल हो, यह देश भी समृद्ध हो। क्योंकि समृद्ध हो यह देश तो फिर राम की धुन गुंजे, समृद्ध हो यह देश तो फिर लोग गीत गाँये, प्रभु की प्रार्थना करें। समृद्ध हो यह देश तो मंदिर की घंटिया फिर बजे, पूजा के थाल फिर सजे। समृद्ध हो यह देश तो फिर बाँसुरी बजे कृष्ण की, फिर रास रचे! यह दीन दरिद्र देश, अभी तुम इसमें कृष्ण को भी ले आओंगे तो राधा कहाँ पाओगे नाचनेवाली? अभी तुम कृष्ण को भी ले आओगे, तो कृष्ण बड़ी मुश्किल में पड़ जायेंगे, माखन कहाँ चुरायेगें? माखन है कहाँ? दूध दही की मटकिया कैसे तोड़ोगे? दूध दही की कहाँ, पानी तक की मटकिया मुश्किल है। नलों पर इतनी भीड़ है! और एक आध गोपी की मटकी फोड़ दी, जो नल से पानी भरकर लौट रही थी, तो पुलिस में रिपोर्ट दर्ज करा देगी कृष्ण की, तीन बजे रात से पानी भरने खड़ी थी नौ बजते बजते पानी भर पायी और इन सज्जन ने कंकड़ी मार दी। धर्म का जन्म होता है जब देश समृद्ध होता है। धर्म समृद्ध की सुवास है। तो मैं जरूर चाहता हूँ यह देश सौभाग्यशाली हो लेकिन सबसे बड़ी अड़चन इसी देश की मान्यताएं है। इसलिए मैं तुमसे लड़ रहा हूँ। तुम्हारे लिए।"

व्यक्ति-समाज-राज्य-विश्व की आवश्यकता, भविष्यवक्ताओं की भविष्यवाणीयां, ग्रहों के चालों, सूर्य व चन्द्र ग्रहण, सामाजिक-राजनीतिक विचारकों के विचार-सपनें-उम्मीद इत्यादि युग परिवर्तन की ओर दिशा निर्देश कर रहीं हैं। ऐसे में सृष्टि के लिए सार्वभौम सर्वोच्च अन्तिम अर्थों वाले शब्दों (जिसकी सूची अगले पृष्ठ पर दी गई है।) **पर चर्चा ही एक मात्र युग परिवर्तन का मार्ग है।**

वे सार्वभौम एकात्म शब्द जिसके बिना युग परिवर्तन सम्भव नहीं (सर्वोच्च, अन्तिम और दृश्य)

क्र.सं. विषय क्षेत्र	सम्बन्धित क्षेत्र से मुख्य नाम
01. विश्व क्षेत्र	विश्व संविधान/साहित्य/विचार/सिद्धान्त/प्रबन्ध/दर्शन/मत/मानव/एकता/शान्ति/विकास/स्थिरता/आत्मा / अभिनेता/बुद्धि/राजनीति/क्रांति
02. राज्य क्षेत्र	विश्व (राष्ट्र) ऐजेण्डा–2012+ (WORLD NATION AGENDA-2012+) विश्व व्यवस्था का अधिकतम एवं न्यूनतम साझा कार्यक्रम
03. समाज क्षेत्र	लोक/गण/जन ऐजेण्डा–2012+ (PUBLIC AGENDA-2000+)
04. धर्म क्षेत्र	वेदान्त धर्म स्थापना
05. साहित्य क्षेत्र	विश्व साहित्य–"विश्वभारत" समाहित "विश्वशास्त्र" साहित्य– आदर्श वैश्विक व्यक्ति चरित्र कथा साहित्य
06. सामाज शास्त्र	मानक/जन/गण/लोक शास्त्र
07. धर्मशास्त्र	धर्मयुक्त नाम – कर्मवेदः प्रथम, अन्तिम और पंचम वेद और आधारित उपनिषद् (व्यष्टि एवं समष्टि) सर्वधर्मसमभाव / धर्मनिरपेक्ष नाम – मन की गुणवत्ता का विश्व मानक : शून्य श्रृंखला (व्यष्टि एवं समष्टि)
08. मानक क्षेत्र	मन की गुणवत्ता का विश्व मानक : शून्य श्रृंखला
09. अदृश्य विज्ञान	दृश्य आध्यात्म विज्ञान
10. दृश्य विज्ञान	धर्म विज्ञान या एकात्म विज्ञान (Integration Science)
11. इंजीनियरिंग	सत्य सामाजिक अभियंत्रण (Real Social Engineering)
12. तकनीकी	सत्य सामाजिक तकनीकी (Real Social Technology) : WCM-TLM-SHYAM.C Technology
13. संविधान	विवादमुक्त तन्त्रों पर आधारित संविधान
14. राजनीति	सत्य राजनीति/राजनीति–2012+ (POLITICS-2012+)
15. संगठन	विश्व राजनीतिक पार्टी संघ (World Political Party Organisation- WPPO)
16. शिक्षा	पूर्णज्ञान/पूर्ण शिक्षा प्रणाली/शिक्षा -2012+ (EDUCATION-2012+)
17. राष्ट्र सम्बन्ध	आदर्श राष्ट्रीय नागरिक
18. वेदान्त	कर्म वेदान्त : वेदान्त की अन्तिम शाखा
19. मतवाद	एकात्म कर्मवाद : एकात्म मानवतावाद का व्यावहारिक रुप
20. दार्शनिक	विकास दर्शन (Development Philosophy)
21. क्रांति	संपूर्ण क्रांति (Complete Revolution) : प्रलय, स्थिति एवं सृष्टि
22. सांस्कृतिक	भोगेश्वरः भोग (पाश्चात्य) + ईश्वर (प्राच्य) = एकात्म या ईश्वरत्व भाव से भोग
23. मन	विश्व मन (WOLD MIND)
24. मानव	विश्वमानव (विश्वमन से युक्त)
25. मनु	8वें मनु – सावर्णि मनु
26. अवतार	भगवान विष्णु के 10वें और अन्तिम तथा भगवान शंकर के 22वें और अन्तिम संयुक्तावतार (निष्कलंक कल्कि एवं भोगेश्वर)
27. निराकार ब्रह्म	सार्वभौम सत्य–सिद्धान्त (UNIVERSAL TRUTH-THEORY) : विश्व–बन्धुत्व का सिद्धान्त
28. साकार ब्रह्म	लव कुश सिंह
29. पुनर्जन्म–सत् मार्ग से	बुड्ढा कृष्ण (कृष्ण भाग – 2 और अन्तिम) – कृष्ण की अगली और अन्तिम कड़ी
30. पुनर्जन्म–रज मार्ग से	स्वामी विवेकानन्द का पुनर्जन्म
31. पुनर्जन्म–तम मार्ग से	रावण की अगली कड़ी
32. आत्मा	दृश्य विश्वात्मा/ शिव/ ब्रह्म/ मैं
33. अभिनय	वास्तविक जीवन का अभिनेता (Real Life Actor)
34. बम	ज्ञान बम – आध्यात्मिक न्यूट्रान बम
35. अस्त्र	अनियन्त्रित पशुपास्त्र (नारायणास्त्र या सु–दर्शन चक्र व ब्रह्मास्त्र समाहित)
36. माया	योग माया समाहित भोगमाया
37. ज्ञान	एकात्म कर्मज्ञान (शास्वत) : व्यष्टि एवं समष्टि
38. बुद्धि	विश्व बुद्धि व चेतना या सत्य चेतना : पूर्व व्यक्त सत्य चेतना
39. ध्यान व योग	दृश्य सत्य–क्रियाकलाप–एकात्म योग व ध्यान (अन्तिम योग व अन्तिम ध्यान)
40. मिशन	प्राकृतिक सत्य मिशन (Natural Truth Mission)–सर्वोच्च और अन्तिम मिशन
41. धार्मिक नगर	एकात्म काशी– जीवनदायिनी सत्यकाशी : पंचम, अन्तिम तथा सप्तम काशी
42. शक्ति	आत्मशक्ति (SPIRIT POWER),मस्तिष्क शक्ति (BRAIN POWER), मन शक्ति (MIND POWER),सत्य शक्ति (TRUTH POWER)
43. जीवन कथा	विश्वमानव लीला/दर्पण : दो विपरीत दिशाओं के साथ प्रथम एवं अन्तिम कथा
44. प्रेम और कर्म	शास्वत प्रेम और कर्म
45. समन्वय	अन्तिम समन्वय–सिद्धान्त
46. आचार्य	अन्तिम समन्वयाचार्य
47. कला	विश्वमानव कला (कृष्ण कला समाहित)
48. परिचालन प्रणाली	अवतार का परिचालन प्रणाली : मानव–10 (Avatar's Operating System-AOS : Human-10)
49. शंकराचार्य पीठ	सत्यकाशी पीठ : पंचम और अन्तिम शंकराचार्य पीठ

भाग-6

केन्द्र या मध्य (भारत) में पांचवां और अन्तिम सत्यकाशी पीठ

सत्यकाशी पीठः स्थान

सत्यकाशी पीठः इतिहास और उद्देश्य

पाँचवाँ और अंतिम शंकराचार्य पीठः इसकी विशेषता

"हिन्दू धर्म की जो पकड़ थी, वह इस समय कमजोर पड़ गयी है क्योंकि भारतीय स्वतंत्रता आन्दोलन के समय से राजनेताओं का वर्चस्व बढ़ा और उन्होंने धर्म रक्षकों को दबा दिया, जिसके परिणामस्वरूप 163 साल तक शंकराचार्य की पदवी खाली रही। इसलिए आवश्यक है कि शिक्षा के क्षेत्र में धर्म की स्थापना हो। स्वस्थ एवं श्रेष्ठ साहित्य का सृजन हो। महापुरूषों को घूम-घूम कर सनातन धर्म का प्रचार-प्रसार करना चाहिए जिससे लोगों के हृदय में भारतीय धर्म-शास्त्र के प्रति आस्था-विश्वास बढ़े।"

- स्वामी स्वरूपानन्द (द्वारिका पीठाधीश्वर जगद्गुरू शंकराचार्य)
साभार - दैनिक आज, समाचार पत्र, वाराणसी, दि0 10-5-1997

स्पष्टिकरण

सत्य से सार्वभौम सत्य-सिद्धान्त तक का मार्ग अवतारों का मार्ग है। सार्वभौम सत्य-सिद्धान्त की अनुभूति ही अवतरण है। इसके अंश अनुभूति को अंश अवतार तथा पूर्ण अनुभूति को पूर्ण अवतार कहते है। ग्रन्थों में अवतारों की कई कोटि बतायी गई है जैसे अंशाशावतार, अंशावतार, आवेशावतार, कलावतार, नित्यावतार, युगावतार इत्यादि, जो भी सार्वभौम सत्य-सिद्धान्त को व्यक्त करता है वे सभी अवतार कहलाते हैं। व्यक्ति से लेकर समाज के सर्वोच्च स्तर तक सार्वभौम सत्य-सिद्धान्त को व्यक्त करने के क्रम में ही विभिन्न कोटि के अवतार स्तरबद्ध होते हैं। अवतार मानव मात्र के लिए ही कर्म करते हैं न कि किसी विशेष मानव समूह या सम्प्रदाय के लिए। अवतार, धर्म, धर्मनिरपेक्ष व सर्वधर्मसमभाव से युक्त अर्थात एकात्म से युक्त होते है। इस प्रकार अवतार से उत्पन्न शास्त्र मानव के लिए होते हैं, न कि किसी विशेष मानव समूह के लिए। उत्प्रेरक, शासक और मार्गदर्शक आत्मा सर्वव्यापी है। इसलिए एकात्म का अर्थ संयुक्त आत्मा या सार्वजनिक आत्मा है। अवतारों के प्रत्यक्ष और प्रेरक दो कार्य विधि हैं। प्रत्यक्ष अवतार वे होते हैं जो स्वयं अपनी शक्ति का प्रत्यक्ष प्रयोग कर समाज का सत्यीकरण करते हैं। यह कार्य विधि समाज में उस समय प्रयोग होता है जब अधर्म का नेतृत्व एक या कुछ मानवों पर केन्द्रित होता है। प्रेरक अवतार वे होते हैं जो स्वयं अपनी शक्ति का अप्रत्यक्ष प्रयोग कर समाज का सत्यीकरण जनता एवं नेतृत्वकर्ता के माध्यम से करते हैं। यह कार्य विधि समाज में उस समय प्रयोग होता है जब समाज में अधर्म का नेतृत्व अनेक मानवों और नेतृत्वकर्ताओं पर केन्द्रित होता है।

इन विधियों में से कुल दस अवतारों में से प्रथम सात (मत्स्य, कूर्म, वाराह, नृसिंह, वामन, परशुराम, राम) अवतारों ने समाज का सत्यीकरण प्रत्यक्ष विधि के प्रयोग द्वारा किया था। आठवें अवतार (श्रीकृष्ण) ने दोनों विधियों प्रत्यक्ष ओर प्रेरक का प्रयोग किया था। नवें (भगवान बुद्ध) और अन्तिम दसवें अवतार की कार्य विधि प्रेरक ही है।

सनातन अद्वैत दर्शन के अनुसार यह जगत ही ईश्वर का दृश्य रूप है। ऐसे में सभी ईश्वर हैं। सभी ईश्वर के बहुरूप हैं और सभी में प्रकाशित वही ईश्वरीय सत्ता है। सार्वभौम एकात्म की ओर ले जाने वाले सभी प्रक्षेपित

मानक चरित्र सनातन हैं जैसे ब्रह्मा परिवार, विष्णु परिवार और महेश परिवार। इस सार्वभौम एकात्म की ओर विचार व्यक्त करने वाला अर्थात उसी का प्रचार-प्रसार व स्थापना करने वाला युगावतार तो नहीं हो सकता लेकिन वह अवतार अवश्य होता है क्योंकि उसने भी उस सार्वभौम सत्य-सिद्धान्त का साक्षात्कार किया है।

ईश्वर के मानवीयकरण व मानव के ईश्वरीयकरण के लिए आपके भौतिक शरीर से व्यक्त विश्वात्मा की इच्छा को धर्म क्षेत्र से नाम कर्मवेदः प्रथम, अन्तिम तथा पंचम वेद एवं धर्मनिरपेक्ष क्षेत्र से मन का विश्वमानकः शून्य श्रृंखला समाहित "विश्वशास्त्र-द नाॅलेज आॅफ फाइनल नाॅलेज" के रूप में पूर्ण किया जा चुका है। जिसमें पुराणों का धर्मनिरपेक्ष और सर्वधर्मसमभाव रूप भी सम्पूर्ण मानव जाति को स्पष्ट दृष्टिगत होगा। परिणामस्वरूप भारतीय धर्म शास्त्रों के प्रति विश्वव्यापी आस्था बढ़ना स्वाभाविक है। साथ ही अनेक सत्य-साहित्यों की रचना के लिए भी मार्ग प्रशस्त और रचना कर दिये गये हैं।

तीनों देवताओं ब्रह्मा, विष्णु और शिव-शंकर के मूल गुणों के आधार पर उनके वास्तविक रुप अर्थात् चार वेदों को व्यक्त करने वाले चार मुखों से युक्त सृष्टिकर्ता ब्रह्मा का रुप, चार भुजाओं से युक्त पालनकर्ता विष्णु का रुप तथा ब्रह्मा और विष्णु समाहित पाँचों वेदों को व्यक्त करने वाले पाँच मुखों से युक्त कल्याणकर्ता शिव-शंकर का अन्तिम रुप, तीनों देवताओं का दिव्यरुप कहलाता है। इसी अनुसार शिव-शंकर के अवतार ही केवल पंचमुखी होते हैं। इसी क्रम में पंचमुखी हनुमान और वेद माता मां गायत्री को भी दिखाया गया है। इस अनुसार पांचवें वेद और पांचवें शंकराचार्य पीठ की स्थापना ही युग परिवर्तन की प्रक्रिया का आरम्भ और सनातन विश्व की ओर कदम है।

व्यक्ति-समाज-राज्य-विश्व की आवश्यकता, भविष्यवक्ताओं की भविष्यवाणीयां, ग्रहों के चालों, सूर्य व चन्द्र ग्रहण, सामाजिक-राजनीतिक विचारकों के विचार-सपनें-उम्मीद इत्यादि युग परिवर्तन की ओर दिशा निर्देश कर रहीं हैं। ऐसे में सृष्टि के लिए सार्वभौम सर्वोच्च अन्तिम अर्थों वाले शब्दों पर चर्चा ही एक मात्र युग परिवर्तन का मार्ग है।

आविष्कार उपयोगी होता है, आविष्कारक नहीं। रचना अधिक समय तक रहती है रचनाकार अद्दश्य हो जाता है और रचना के आधार पर अन्य रचना भी होती रहती है।

सनातन विश्व के लिए समस्त प्रक्रिया 150 पुस्तकों के रूप में वेबसाइट

www.64inch.com

पर उपलब्ध है और कार्य समाप्त होता है। व्यक्ति और नेतृत्वकर्ता अपने धर्म

का पालन करें, समाधान उपलब्ध हो चुका है।

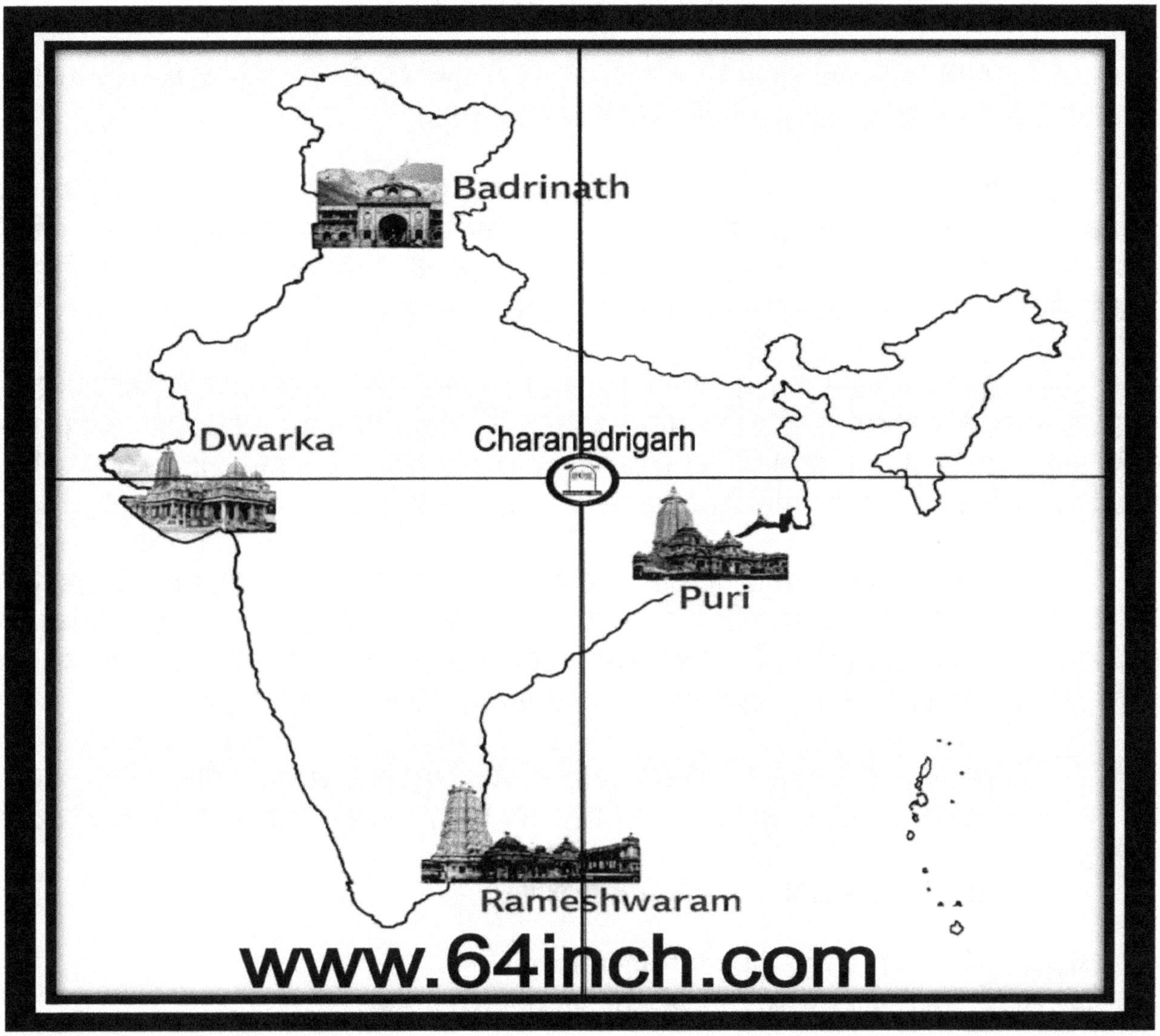

दिशा	पीठ का नाम/ स्थान	उद्देश्य	संबंधित वेद	महावाक्य	तत्व
उत्तर	बदरी ज्योतिर्मठ पीठ उत्तराखंड, जोशीमठ	ज्ञान और विवेक	अथर्ववेद	अयमात्मा ब्रह्म (यह आत्मा ब्रह्म है)	वायु
दक्षिण	श्रींगेरी शारदा पीठ कर्नाटक, श्रींगेरी	स्थिरता और परंपरा	यजुर्वेद	अहम् ब्रह्मास्मि (मैं ब्रह्म हूँ)	पृथ्वी
पूर्व	पुरी गोवर्धनमठ पीठ ओडिशा, पुरी	भक्ति और समर्पण	ऋग्वेद	प्रज्ञानं ब्रह्म (चेतना ब्रह्म है)	जल
पश्चिम	द्वारका शारदा पीठ गुजरात, द्वारका	कर्म और संकल्प	सामवेद	तत्त्वमसि (तू ब्रह्म है)	अग्नि
केन्द्र या मध्य	सत्यकाशी पीठ उत्तर प्रदेश, चरणाद्रिगढ़	चेतना और एकत्व	कर्मवेद	सर्वे ब्रह्म (सभी ब्रह्म हैं)	आकाश

क्षिति, जल, पावक, गगन, समीरा। पंच तत्व मिलि बनेहु शरीरा ।।

सत्यकाशी पीठः स्थान

मानव जीवन की यात्रा को हम चार स्तरों में देख सकते हैं - **संभल (Shambhal), संभला (Shambhala), ज्ञानगंज (Gyanganj) और संगरीला (Sangrila)**

संभल (Shambhal) को हम भौतिक जगत का प्रतीक मान सकते हैं। यह धरती पर बसा हुआ वास्तविक नगर है, जहाँ लोग रहते हैं, संघर्ष करते हैं और जीवन की यात्रा करते हैं। धार्मिक मान्यता के अनुसार यहाँ भविष्य में कल्कि अवतार का जन्म होगा। इसका अर्थ यह भी है कि संभल हमें यह याद दिलाता है कि परिवर्तन और नवजागरण हमेशा इसी सांसारिक धरती से प्रारंभ होता है।

संभला (Shambhala) आध्यात्मिक जगत का प्रतीक है। यह उस आदर्श समाज और चेतना की ओर संकेत करता है, जहाँ धर्म, करुणा और सत्य का शासन है। बौद्ध ग्रंथों में इसे एक अदृश्य, पवित्र राज्य बताया गया है। इसका दार्शनिक अर्थ यह है कि हर मनुष्य के भीतर एक संभला है - एक ऐसा क्षेत्र जहाँ शांति, संतुलन और धर्म की शक्ति हमेशा जीवित रहती है। यह हमारे भीतर के आदर्श और परम लक्ष्य का रूप है।

ज्ञानगंज (Gyanganj) गूढ़ और रहस्यमय चेतना का प्रतीक है। यह वह क्षेत्र है, जहाँ अमर योगी और सिद्ध रहते हैं, और जो साधारण दृष्टि से छिपा हुआ है। इसका अर्थ यह है कि सत्य और सर्वोच्च ज्ञान कभी सतही रूप में उपलब्ध नहीं होते, बल्कि गहन साधना और आंतरिक परिवर्तन से ही प्राप्त किए जा सकते हैं। ज्ञानगंज हमें यह सिखाता है कि परम सत्य अदृश्य है, परंतु साधना से प्रकट हो सकता है।

इस प्रकार, ये चारों स्तर - **भौतिक, आध्यात्मिक, गूढ़ और आदर्श** - मानव जीवन और चेतना की समग्र यात्रा का प्रतिनिधित्व करते हैं, जहाँ साधना, अनुभव और ज्ञान मिलकर आत्मा को पूर्णता की ओर ले जाते हैं।

इस प्रकार, इन तीनों को मिलाकर देखा जाए तो:

- **संभल** = जीवन और समाज का यथार्थ (भौतिक जगत)
- **संभला** = आदर्श और धर्म का उच्च स्वरूप (आध्यात्मिक जगत)
- **ज्ञानगंज** = रहस्यमय सत्य और अमर ज्ञान (गूढ़ जगत)

ये तीनों मिलकर मानव जीवन की पूर्ण यात्रा का संकेत देते हैं - भौतिक से आध्यात्मिक और फिर गूढ़ एवं परम सत्य तक।

संगरीला (Sangrila/Shangri-La) एक कल्पित पर्वतीय स्थल है, जिसे आदर्श समाज और शांति का प्रतीक माना जाता है। यह जगह सामान्य दृष्टि से अदृश्य या दूरस्थ मानी जाती है, जहाँ जीवन सुखमय, स्वस्थ और सामंजस्यपूर्ण होता है। दार्शनिक रूप से इसे मानव चेतना के उच्चतम स्तर, आत्मा की शांति और आदर्श जीवन का प्रतीक माना जाता है। **संगरीला (Sangrila)** का अर्थ यह भी है कि सच्ची खुशी और संतुलन केवल भीतर की यात्रा और साधना से ही प्राप्त होते हैं, बाहरी समृद्धि से नहीं।

1. **शब्द-संदर्भ में**: “Sangrila” अक्सर “Shangri-La” का रूपांतर होता है, जो कि एक कल्पित, आदर्श, रहस्यमयी और शांति-पूर्ण स्थान है।
2. **दार्शनिक/आध्यात्मिक संदर्भ में**: इसे ज्ञानगंज या संभला जैसे गूढ़ और रहस्यमयी क्षेत्रों के समान माना जा सकता है।
3. **अन्य संदर्भ**: यदि यह किसी किताब, स्थान या परियोजना का नाम है, तो उसका अलग अर्थ हो सकता है।

पीठ (Peeth) स्थापित करने की योजना

उद्देश्य और दर्शन तय करना

- पहले यह स्पष्ट करें कि पीठ का उद्देश्य क्या होगा:
    - **अद्वैत वेदांत का प्रचार**
    - **साधकों का प्रशिक्षण और मोक्ष की ओर मार्गदर्शन**
    - **धार्मिक शिक्षा, योग और ध्यान केंद्रित करना**
- पीठ का नाम “Satyakashi” इसलिए चुना गया है क्योंकि यह **सत्य और ज्ञान के प्रकाश का प्रतीक** है।

गुरु या आध्यात्मिक मार्गदर्शक

- पीठ को वैध और आध्यात्मिक मान्यता प्राप्त करने के लिए **एक योग्य गुरु या शिष्य परंपरा वाला व्यक्ति** आवश्यक है।
- गुरु का कार्य होगा:
    - **साधकों का प्रशिक्षण**
    - **धर्म और वेदांत का प्रचार**
    - **पीठ की प्रतिष्ठा बनाना**

स्थान और इमारत का चयन

- स्थान चुनते समय ध्यान दें:
    - **शांत और आध्यात्मिक वातावरण**
    - **साधकों के लिए आवास और साधना स्थल**
    - **भक्तों और पर्यटकों के आने-जाने की सुविधा**
- इमारत में हो सकते हैं:
    - मुख्य मंदिर / पूजा स्थल
    - ध्यान और साधना कक्ष
    - वेदांत शिक्षण कक्ष
    - गुरुकुल या आश्रम

धार्मिक और आध्यात्मिक गतिविधियाँ

- नियमित क्रियाएँ:

    - **साधना, ध्यान और कीर्तन**
    - **वेदांत और शास्त्र अध्ययन**
    - **धार्मिक कार्यशालाएँ और प्रवचन**
- विशेष आयोजन:
    - **अस्थायी या वार्षिक उत्सव**
    - **अद्वैत वेदांत पर सेमिनार**
    - **साधक प्रशिक्षण शिविर**

समुदाय और साधकों का निर्माण

- पीठ केवल इमारत नहीं, **साधकों और भक्तों का केंद्र** होना चाहिए।
- इसके लिए करें:
    - सामाजिक और आध्यात्मिक गतिविधियों का आयोजन
    - साधकों के लिए निवास और शिक्षा सुविधाएँ
    - पीठ का प्रचार: पुस्तकों, वेबसाइट और सामाजिक मंचों के माध्यम से

आधिकारिक मान्यता और नेटवर्क

- भारत में शंकराचार्य परंपरा के मुख्य पीठों के साथ **संपर्क और मार्गदर्शन**।
- नए पीठ को स्थानीय प्रशासन और धार्मिक संस्थानों से **मान्यता और सहयोग** दिलाना।
- अन्य पीठों और गुरु परिषदों के साथ **संवाद और सहयोग**।

दीर्घकालीन योजना

- पीठ को स्थायी और प्रतिष्ठित बनाने के लिए:
    - नियमित साधना और शिक्षा कार्यक्रम
    - नए साधकों और भक्तों को जोड़ना
    - पीठ के **अध्यात्मिक, सामाजिक और शैक्षिक प्रभाव** को बढ़ाना

निष्कर्ष:

नया **Satyakashi Peeth** बनाया जा सकता है, लेकिन यह केवल इमारत नहीं, बल्कि **ज्ञान, साधना और आध्यात्मिक मार्गदर्शन का केंद्र** होना चाहिए। एक योग्य गुरु, साधक समुदाय और सही दृष्टिकोण इसके लिए अनिवार्य हैं।

अन्तिम अवतार कल्कि
का संभल (Shambhal), संभला (Shambhala), ज्ञानगंज (Gyanganj) और संगरीला (Sangrila) से सम्बन्ध

इसका उत्तर गहराई से समझा जाए तो यह केवल भूगोल या कथा का नहीं, बल्कि चेतना के विकास का रहस्य है।

1. संभल (Shambhal) - अवतार का धरातल

हिन्दू ग्रन्थों में कहा गया है कि **कल्कि अवतार का जन्म 'संभल' नामक स्थान पर होगा।** यह स्थान भौतिक जगत में मौजूद है - उत्तर प्रदेश का एक नगर, परंतु प्रतीक रूप से यह मानवता के भीतर जन्म लेती दिव्यता का संकेत है। जब धर्म क्षीण होता है, तब वही संभल - अर्थात् "संभलने का बिंदु" - अवतार का आधार बनता है।

संभल = पृथ्वी पर दिव्यता का उद्भव बिंदु।

2. संभला (Shambhala) - धर्मराज्य या दिव्य व्यवस्था

बौद्ध और हिन्दू दोनों परम्पराओं में **Shambhala** को धर्म का गुप्त राज्य माना गया है। बौद्ध ग्रंथ 'कालचक्र तंत्र' में कहा गया है कि जब अधर्म चरम पर होगा, तब Shambhala से एक राजा प्रकट होगा जो अधर्म का अंत करेगा - यह प्रतीक रूप से **कल्कि अवतार का ही वर्णन** है।

संभला = दिव्य शासन या धर्मराज्य, जहाँ से कल्कि की प्रेरणा उठती है।

3. ज्ञानगंज (Gyanganj) - सिद्धों का अदृश्य लोक

ज्ञानगंज को अमर योगियों का क्षेत्र कहा जाता है, जहाँ से विश्व के आध्यात्मिक प्रवाह को दिशा मिलती है। कई सिद्ध परंपराएँ मानती हैं कि कल्कि का आध्यात्मिक मार्गदर्शन इन्हीं योगियों द्वारा किया जाएगा।

ज्ञानगंज = दिव्य ऊर्जा और योगिक शक्ति का स्रोत, जहाँ से कल्कि को आत्मिक बल प्राप्त होगा।

4. संगरीला (Sangrila / Shangri-La) - आदर्श समाज या चेतना का चरम स्वरूप

संगरीला का विचार पश्चिमी और तिब्बती रहस्य परंपराओं में आता है - एक अमर, शांति-पूर्ण, आदर्श स्थान, जहाँ कोई रोग, संघर्ष या अधर्म नहीं होता। यह उस अवस्था का प्रतीक है जो **कल्कि युग के बाद की सृष्टि** होगी - अर्थात सत्ययुग का पुनर्स्थापन।

संगरीला = वह दिव्य युग या चेतना का चरम, जो कल्कि अवतार के कार्य का परिणाम है।

सारांश (संक्षेप में सम्बन्ध)

स्तर	प्रतीक	सम्बन्ध कल्कि से
संभल (Shambhal)	भौतिक जन्मभूमि	कल्कि अवतार का पृथ्वी पर अवतरण
संभला (Shambhala)	दिव्य धर्मराज्य	धर्म का पुनःस्थापन करने की शक्ति का उद्गम
ज्ञानगंज (Gyanganj)	गूढ़ योगिक लोक	कल्कि को आत्मिक दिशा और सिद्ध शक्ति का आधार
संगरीला (Sangrila)	आदर्श चेतना का युग	कल्कि कार्य का अंतिम परिणाम - पुनः सत्ययुग

अर्थात् -

संभल में कल्कि अवतरित होते हैं, संभला से उन्हें धर्म की प्रेरणा मिलती है, ज्ञानगंज से योगिक शक्ति, और संगरीला उनके कार्य का लक्ष्य है - सत्य और शांति का पुनर्स्थापन।

सत्यकाशी पीठ: योग्य स्थान

इस संसार को अन्तिम सन्देश देने से पहले आपको उस क्षेत्र से परिचय कराना चाहता हूँ जिस क्षेत्र से यह सन्देश देने का साहस किया गया है क्योंकि कोई भी क्रिया बिना कारण के नहीं होती।

समस्त मूल कार्य जिस क्षेत्र से सम्पूर्ण हुआ, उस क्षेत्र को सत्यकाशी क्षेत्र कहता हूँ और जिस ग्राम का निवासी हूँ वह काशी (वाराणसी) के चौरासी कोस यात्रा तथा सत्यकाशी क्षेत्र का उभय क्षेत्र में स्थित है। इसलिए जितना काशी (वाराणसी) का हूँ उतना ही सत्यकाशी का हूँ। इस प्रकार यह सन्देश काशी-सत्यकाशी का संयुक्त सन्देश है।

सत्यकाशी क्षेत्र जो काशी (वाराणसी), विन्ध्याचल, शिवद्वार और सोनभद्र के बीच का क्षेत्र है, एक पौराणिक-आध्यात्मिक और साधना के लिए उपयुक्त क्षेत्र के रूप में प्राचीन काल से आकर्षण में रहा है। इस क्षेत्र का हृदय क्षेत्र चुनार है। चुनार का किला राजा विक्रमादित्य ने अपने भाई भर्तहरि के तपस्या में हिंसक जानवरों द्वारा व्यवधान न उत्पन्न हो इसके लिए बनवाया था। ये राजा विक्रमादित्य वही हैं जिनके नाम से विक्रम सम्वत् कैलेण्डर स्थापित है। चुनार ईश्वर के पाँचवें अवतार-वामन अवतार का क्षेत्र है जिनसे समाज की शक्ति का प्रथम जन्म हुआ था।

सत्यकाशी क्षेत्र के चारों कोण पर स्थित

1. काशी (वाराणसी) का अपना प्राचीन और पुरातन इतिहास है जो सर्वविदित है।
2. विन्ध्याचल, जो शिव-शक्ति के उपासना का अद्‌भुत केन्द्र है। यशोदा से उत्पन्न पुत्री (जिनके बदले श्रीकृष्ण प्राप्त हुये थे) महासरस्वती अष्टभुजा देवी के नाम से यहीं स्थापित हैं। भारत देश का मानक समय माँ विन्ध्यवासिनी धाम से तय होता है। पुराणों के अनुसार रावण ने भी इसे मानक समय स्थल मानकर यहाँ शिवलिंग की स्थापना की थी।
3. शिवद्वार, त्रिकोणीय तान्त्रिक साधना के लिए जगत विख्यात था और साधना की राजधानी था। इसे ही मीरजापुर गजेटियर में गुप्तकाशी की संज्ञा से अभिकल्पित किया गया है।
4. सोनभद्र, सोन संस्कृति की पौराणिक पृष्ठभूमि वैदिककालीन सभ्यता की पराकाष्ठापरक ऐतिहासिकता से सम्बद्ध है। सन्त परम्पराओं का एक महत्वपूर्ण परिव्रजन इस क्षेत्र में हुआ जिसमें शैव व शाक्त प्रमुख थे। शैव सम्प्रदाय से जुड़े अघोर तन्त्र ने इसे बहुत सराहा और इसे अपनी कर्मभूमि बना लिया। सोन नद के तट पर शव छेदन क्रिया की भी प्रशिक्षा आयुर्वेद के जिज्ञासुओं को दी जाती थी। शैव तन्त्र से प्रभावित अघोर तन्त्र शव-साधना में सिद्धहस्त था और शव में इकार की प्राण प्रतिष्ठा का जीवन्त रूप शिव को दे देना इनकी अलौकिक साधना का चरमोत्कर्ष है। अघोरपन्थी नाम के पश्चात् "राम" का प्रयोग करते थे। इस क्षेत्र में सवर्ण वर्ग में प्रायः ब्राह्मण वर्ग भी राम का प्रयोग अपने नाम में करता है। इस क्षेत्र में पाशुपात तन्त्र के महान साधक लोरिक का नाम विशेष है।

उपरोक्त तो अति संक्षिप्त परिचय है विस्तार से "विश्वशास्त्र" के अध्याय-दो में प्रकाशित है, जिस क्षेत्र से ये विश्व ऐतिहासिक अन्तिम, अपरिवर्तनीय और अटलनीय सन्देश देने का साहस किया गया है।

भौतिक रूप से सत्यकाशी पीठ के लिए योग्य स्थान सत्यकाशी क्षेत्र ही है। सत्यकाशी पीठ उसी अद्वैत वेदान्त पर आधारित है। जिस के आधार पर आदि शंकाराचार्य द्वारा चार पीठों की स्थापना की थी। युग परिवर्तन के लिए आदि शंकाराचार्य द्वारा स्थापित चार पीठों के वर्तमान शंकाराचार्यों का यह दायित्व है कि वे इस श्रृंखला को आगे बढ़ाते हुये धर्म के वैश्विक स्थापना के लिए आगे आयें।

सत्यकाशी पीठ: इतिहास और उद्देश्य

भारत का इतिहास केवल राजाओं और युद्धों का इतिहास नहीं है,
बल्कि यह **चेतना के विकास का इतिहास** है।
हर युग में जब धर्म और राजनीति के बीच संतुलन बिगड़ता है,
तो कोई न कोई पीठ उस संतुलन को पुनर्स्थापित करने के लिए जन्म लेती है।

ऐसा ही एक अद्वितीय उदय है -
"सत्यकाशी पीठ" का,
जो मानवता के अगले अध्याय की भूमिका बन चुका है।

"जहाँ ज्ञान शासन को दिशा देता है,
वहीं शासन धर्म का साधन बन जाता है।"

काशी से सत्यकाशी तक: चेतना की यात्रा

प्राचीन काशी को "मोक्षभूमि" कहा गया,
क्योंकि वहाँ ज्ञान और मृत्यु - दोनों के रहस्य सिखाए जाते थे।
पर सत्यकाशी - ज्ञान का अगला आयाम है।
यह मृत्यु से मुक्ति नहीं, बल्कि **अज्ञान से मुक्ति** की भूमि है।

तीन चरणों में यह यात्रा समझी जा सकती है:

1. **काशी** - व्यक्तिगत मुक्ति का केंद्र।
2. **महाकाशी** - सार्वभौमिक चेतना का केंद्र।
3. **सत्यकाशी** - वैश्विक एकत्व और अद्वैत शासन का केंद्र।

"काशी आत्मा की दीक्षा है,
सत्यकाशी आत्मा का शासन है।"

स्थापना का उद्देश्य

सत्यकाशी पीठ का जन्म केवल धार्मिक नहीं,
बल्कि आध्यात्मिक-राजनीतिक समन्वय की आवश्यकता से हुआ।
विश्व में बढ़ती भौतिकता, असमानता, और नैतिक संकट के बीच
इस पीठ का उद्देश्य है -

1. **धर्म और शासन के बीच अद्वैत संबंध पुनः स्थापित करना।**
2. **राजनीति को आत्मा से जोड़ना।**
3. **विज्ञान, धर्म, और समाज - तीनों का एक समग्र मॉडल प्रस्तुत करना।**

इसके चार प्रमुख सूत्र:

- **धर्म = चेतना की नीति**
- **राजनीति = सेवा की क्रिया**
- **अर्थनीति = संतुलन की व्यवस्था**
- **विज्ञान = सत्य की खोज**

सत्यकाशी की परंपरा और वंश

सत्यकाशी पीठ किसी व्यक्ति द्वारा स्थापित संस्था नहीं है -
यह **ब्रह्म परंपरा का विस्तार** है।
आदि शंकराचार्य ने चार दिशाओं में चार पीठें स्थापित कीं -
पूर्व, पश्चिम, उत्तर, दक्षिण -
जो वेद, धर्म और आत्मज्ञान के केंद्र बने।

परंतु कालान्तर में जब राजनीति धर्म से अलग और धर्म समाज से अलग हुआ,
तो **पाँचवीं पीठ** की आवश्यकता पड़ी -
जो अद्वैत दर्शन को शासन की नीतियों में उतार सके।

"चार पीठों ने धर्म को जीवित रखा,
पाँचवीं पीठ उसे जीवन में उतारेगी।"

सत्यकाशी का उद्देश्य – धर्म का पुनर्निर्माण, शासन का पुनर्जागरण

आज की मानवता धर्म को या तो संप्रदाय मानती है या अनुष्ठान।
पर सत्यकाशी कहता है -

"धर्म = जीवन की वैज्ञानिक व्यवस्था।"

इस पीठ का उद्देश्य है -
धर्म को **व्यवहार में**, राजनीति को **सेवा में**,
और विज्ञान को **चेतना में** बदलना।

इसके तीन प्रमुख लक्ष्य:

1. **आध्यात्मिक शासन (Spiritual Governance):**
   जहाँ नीतियाँ करुणा और सत्य पर आधारित हों।
2. **चेतना आधारित शिक्षा (Conscious Education):**
   जहाँ बच्चों को ज्ञान नहीं, आत्मा से जोड़ने की विधि सिखाई जाए।
3. **वैश्विक समरसता (Global Oneness):**
   जहाँ राष्ट्रवाद का स्थान "मानववाद" ले ले।

सत्यकाशी और मानवता का भविष्य

सत्यकाशी केवल एक धार्मिक केंद्र नहीं,
बल्कि मानवता का भविष्य मॉडल है।

यह वह स्थान है जहाँ -

- विज्ञान और वेदांत मिलते हैं,
- राजनीति और करुणा जुड़ते हैं,
- और व्यक्ति स्वयं में "राजऋषि" बनता है।

"जब शासक साधक बन जाएगा,
तब ही पृथ्वी पर धर्मराज्य स्थापित होगा।"

निष्कर्ष

सत्यकाशी पीठ का इतिहास कोई कालखंड नहीं,
बल्कि एक **युग की उद्घोषणा** है।
यह उस समय का प्रतीक है
जब ब्रह्मज्ञान शासन का केंद्र बनेगा,
और शासन ब्रह्म की सेवा बन जाएगा।

"सत्यकाशी केवल एक स्थान नहीं -
वह चेतना की वह ज्योति है
जो युगों से अंधकार में जलती रही है।"

पाँचवाँ और अंतिम शंकराचार्य पीठ: इसकी विशेषता

आदि शंकराचार्य ने चार दिशाओं में चार पीठों की स्थापना की -
उत्तर में **ज्योतिर्मठ (बद्रीनाथ)**,
दक्षिण में **श्रृंगेरी पीठ**,
पूर्व में **गौड़पीठ (पुरी)**,
और पश्चिम में **द्वारका शारदापीठ**।

इन चारों पीठों ने धर्म की लौ को जलाए रखा -
ज्ञान, भक्ति, कर्म और योग - चारों मार्गों के संतुलन से।
परंतु जैसे-जैसे युग आगे बढ़ा,
मानवता की चुनौती केवल धर्म रक्षा नहीं रही,
बल्कि **धर्म को शासन, विज्ञान और समाज में जीवित रखना** बन गई।

इसी आवश्यकता से जन्म लेता है -
पाँचवाँ और अंतिम शंकराचार्य पीठ - "सत्यकाशी पीठ।"

"चार पीठों ने धर्म को सुरक्षित रखा,
पाँचवाँ पीठ धर्म को सार्वभौमिक बना देगा।"

पाँचवाँ पीठ क्यों आवश्यक हुआ

शंकराचार्य का कार्य केवल धार्मिक पुनर्जागरण नहीं था;
वह चेतना की क्रांति थी।
उनकी परंपरा ने अद्वैत का सिद्धांत दिया -
कि **सभी भिन्नताएँ एक ही परमसत्य की लहरें हैं।**

परंतु आधुनिक युग में -

- धर्म राजनीति से अलग हुआ,
- ज्ञान आस्था से अलग हुआ,

- और मनुष्य स्वयं अपने अस्तित्व से अलग हो गया।

ऐसे समय में आवश्यक था
कि अद्वैत केवल दर्शनशास्त्र न रह जाए,
बल्कि राजनीति और जीवन का सिद्धांत बन जाए।
इसी हेतु स्थापित हुआ -
सत्यकाशी पीठ - पाँचवाँ और अंतिम शंकराचार्य पीठ।

इसकी स्थापना का प्रतीकात्मक अर्थ

चार पीठें **चार तत्वों (पृथ्वी, जल, अग्नि, वायु)** से संबंधित हैं,
जबकि पाँचवाँ पीठ **आकाश तत्व** का प्रतीक है -
अर्थात् सर्वव्यापक चेतना।

दिशा	पीठ	तत्व	उद्देश्य
पूर्व	पुरी (गौड़)	जल	भक्ति और समर्पण
पश्चिम	द्वारका	अग्नि	कर्म और संकल्प
उत्तर	ज्योतिर्मठ	वायु	ज्ञान और विवेक
दक्षिण	श्रृंगेरी	पृथ्वी	स्थिरता और परंपरा
केंद्र	**सत्यकाशी**	**आकाश**	**चेतना और एकत्व**

"आकाश सबको जोड़ता है -
उसी तरह सत्यकाशी सभी परंपराओं को एक चेतना में जोड़ता है।"

पाँचवाँ पीठ - अद्वैत का आधुनिक रूप

सत्यकाशी पीठ का लक्ष्य अद्वैत को केवल ध्यान या उपनिषद तक सीमित नहीं रखना,
बल्कि उसे शासन और समाज की नीतियों में उतारना है।

इसका सार है -
"अद्वैत शासन" = ऐसा तंत्र जहाँ आत्मा और राज्य में कोई विभाजन न हो।
यह पीठ आत्मा-केन्द्रित राजनीति का सिद्धांत प्रस्तुत करती है -
जहाँ सत्ता साधना है,
शासन सेवा है,
और नेतृत्व तप है।

सत्यकाशी पीठ की पाँच विशेषताएँ

1. अद्वैत का संस्थागत रूप

यह पीठ अद्वैत को केवल तत्वज्ञान नहीं,
बल्कि संस्थागत चेतना बनाती है।
धर्म, शिक्षा, राजनीति, अर्थ और विज्ञान -
सभी को एकसूत्र में बाँधती है।

2. राजऋषि परंपरा का पुनर्जागरण

आदर्श शासक वही है जो साधक भी हो।
सत्यकाशी इस परंपरा को पुनर्जीवित करता है -
जहाँ राज्य का मार्गदर्शन ऋषियों द्वारा होता है।

3. विज्ञान और अध्यात्म का संगम

यह पीठ "Consciousness Studies" और "Spiritual Technology"
को एक साथ लाकर मानव चेतना के विकास को वैज्ञानिक दृष्टि देती है।

4. वैश्विक धर्म - Beyond Religion

सत्यकाशी का धर्म किसी संप्रदाय का नहीं,
बल्कि "मानवता की आत्मा" का है।
यह कहता है -

"जो सत्य को खोजता है, वही सनातन है।"

5. राज्य और आत्मा का समन्वय

यह पीठ बताती है कि शासन तंत्र तभी स्थायी है
जब वह आत्मिक अनुशासन पर आधारित हो।
यह "राजनीति का आध्यात्मिकीकरण" है,
जिसे भविष्य की सभ्यता का आधार माना गया है।

"अंतिम शंकराचार्य पीठ" क्यों कहा गया

चार पीठें धर्म की दिशा का प्रतीक थीं,
पाँचवाँ पीठ **धर्म की दिशा से परे उसकी पूर्णता** का प्रतीक है।
यह अब किसी भौगोलिक क्षेत्र के लिए नहीं,
बल्कि पूरे विश्व की चेतना के लिए है।

"जब मनुष्य का धर्म मानवता होगा,
तब सत्यकाशी पाँचवाँ ही नहीं, अंतिम पीठ सिद्ध होगा।"

सत्यकाशी पीठ का दार्शनिक आधार

इस पीठ की जड़ें तीन सूत्रों पर टिकी हैं -

1. **ब्रह्म सत्यम्** - सत्य सर्वत्र है।
2. **जगत् मिथ्या** - भेद, संप्रदाय और हिंसा केवल अज्ञान की छाया हैं।
3. **जीवो ब्रह्मैव नापरः** - प्रत्येक व्यक्ति ब्रह्म का ही अंश है।

यही दर्शन राजनीति में यह रूप लेता है -

दर्शन	राजनीतिक रूप
ब्रह्म सत्यम्	राज्य का आधार सत्य और नीति
जगत मिथ्या	जाति, रंग, धर्म से ऊपर समानता
जीवो ब्रह्मैव	प्रत्येक नागरिक में दिव्यता का सम्मान

निष्कर्ष

**सत्यकाशी पीठ शंकराचार्य की परंपरा का समापन नहीं,
बल्कि उसका परिपूर्ण रूप है।
यह धर्म, राजनीति, और चेतना -
तीनों के संगम से एक** नया युग **आरंभ करता है।**

**"पहले चार पीठों ने दिशा दी,
पाँचवें ने दिशा को प्रकाश बना दिया।"**

**सत्यकाशी पीठ इसलिए अंतिम है -
क्योंकि यह अद्वैत को सिद्धांत नहीं,
बल्कि जीवित अनुभव बना देता है।**

भाग-7

सत्यकाशी पीठ के कार्य

धारा-उद्धार: धर्म की पुनर्स्थापना

मनुष्य चेतना का रूपांतरण

साधना, दीक्षा और आध्यात्मिक अनुष्ठान

वैश्विक कार्य: मानवता के लिए संदेश

शिव-तत्व और कल्कि-तत्व का मिलन

"सार्वभौम सत्य-सिद्धान्त" पर आधारित "युग परिवर्तन श्रृंखला" के नवयुग के शास्त्र-साहित्य

धारा-उद्धारः धर्म की पुनर्स्थापना

सत्यकाशी पीठ का प्रथम और सर्वोपरि कार्य है-**धारा-उद्धार**, अर्थात वह दिव्य धारा जो युगों से मलीन, विभ्रांत या विकृत हो चुकी है, उसे पुनः शुद्ध स्वरूप में प्रवाहित करना। "धर्म" शब्द यहाँ किसी संप्रदाय, पद्धति या विचारधारा का नाम नहीं; धर्म का अर्थ है-**जगत की अंतर्निहित समरसता, सत्य और सृष्टि-नियम**।

जब युग बदलता है, धर्म की धारा अवरुद्ध हो जाती है।
सत्य केवल ग्रंथों में रह जाता है, इसके प्रयोग का बल खो जाता है।
लोग अनुष्ठान तो करते हैं, पररस के बिना;
मंत्र तो बोलते हैं, पर अर्थ के बिना;
धर्म का नाम तो लेते हैं, पर धर्म का जीवन नहीं जीते।

सत्यकाशी पीठ इस जड़ता को तोड़ता है।

यह धारा-उद्धार तीन प्रकार से होता है:

1. सत्य-दृष्टि का पुनर्जागरण

लोगों में सत्य को पहचानने और जीने की क्षमता पुनः सक्रिय होती है।
यह क्षमता बिना किसी प्रवचन-केवल चेतना-संक्रमण से जगती है।

2. धर्म का प्रयोगशाला-रूप

सत्यकाशी पीठ धर्म को जीवन के केंद्र में स्थापित करता है।
धर्म यहाँ सिद्धांत नहीं-व्यवहार और चरित्र का प्रवाह है।

3. युग-धर्म की घोषणा

हर युग का धर्म अलग होता है।
कलियुग से सतयुग में प्रवेश के लिए जो धर्म आवश्यक है-योग, करुणा, सत्य, उच्च चेतना, मानव-एकत्व-उसका पुनःस्थापन पीठ के मुख्य कार्यों में है।

इस प्रकार, धारा-उद्धार वह बीज है जिससे नए युग की पूरी फसल अंकुरित होती है।

मनुष्य चेतना का रूपांतरण

युग परिवर्तन का मूल आधार मनुष्य की बाहरी परिस्थितियाँ नहीं-उसकी **भीतर की चेतना** है। सत्यकाशी पीठ का दूसरा मुख्य कार्य इसी रूपांतरण से जुड़ा है।

मनुष्य आज बुद्धि में प्रबल है, पर चेतना में सुप्त।
ज्ञान बहुत है, पर विवेक कम।
सूचना बहुत है, पर अनुभूति नहीं।
असंतोष बहुत है, पर दिशा नहीं।

पीठ का उद्देश्य मनुष्य को बाहरी उपलब्धियों से हटाकर भीतर की यात्रा में प्रवेश कराना है।

रूपांतरण के चार चरण

1. जागरण (Awakening)

मनुष्य स्वयं से पहला प्रश्न पूछता है-"मैं कौन हूँ?"
यह प्रश्न जन्म देता है।

2. शुद्धि (Purification)

पुराने संस्कार, भय, भ्रम और अहंकार टूटने लगते हैं।

3. विस्तार (Expansion)

चेतना शरीर-मन से आगे बढ़कर सूक्ष्म और कारण-स्तरों को अनुभव करने लगती है।

4. परिणति (Realization)

मनुष्य अपने भीतर स्थित दिव्य-सत्ता को पहचान लेता है।
यही "नया मनुष्य" है-युग परिवर्तन का वाहक।

पीठ का कार्य प्रत्येक साधक को इन चार चरणों के मार्ग से गुज़ारना है-धीरे, सहज, और सामूहिक ऊर्जा के साथ।

साधना, दीक्षा और आध्यात्मिक अनुष्ठान

हर परिवर्तन की जड़ अनुशासन और साधना है।
सत्यकाशी पीठ में साधना केवल ध्यान या मंत्र नहीं-यह एक पूर्ण जीवन-शास्त्र है।

1. साधना (Spiritual Practice)

- आंतरिक शांति
- चेतना का विस्तार
- ऊर्जा का स्थिरीकरण
- स्मृति-शोधन
- आत्म-प्रकाश

पीठ की साधना आधुनिक मन के अनुसार सरल, गहरी और प्रभावकारी है।
यह शरीर, मन, प्राण और चेतना-सभी स्तरों पर काम करती है।

2. दीक्षा (Initiation)

दीक्षा बाहरी कर्म नहीं-ऊर्जा का आंतरिक स्थानांतरण है।
यह वह क्षण है जब साधक की चेतना में युग-ऊर्जा का बीज रोपा जाता है।
यह बीज धीरे-धीरे जागता है और साधक स्वयं एक "चेतना-केंद्र" बन जाता है।

3. अनुष्ठान (Rituals)

अनुष्ठान ब्रह्मांडीय ऊर्जा को पृथ्वी पर स्थिर करने के उपकरण हैं।
सत्यकाशी पीठ में अनुष्ठान प्राचीन और आधुनिक दोनों हैं-
वे बाहरी प्रतीकों से अधिक आंतरिक परिवर्तन पर आधारित हैं।

अनुष्ठान केवल पूजा नहीं-वे प्रकाश का आह्वान हैं।

वैश्विक कार्य - मानवता के लिए संदेश

सत्यकाशी पीठ का कार्य किसी एक देश, संस्कृति या समुदाय तक सीमित नहीं।
युग परिवर्तन हमेशा वैश्विक होता है-इसलिए उसका संदेश भी वैश्विक होता है।

आज मानवता कई स्तरों पर विभाजित है-
भाषा, धर्म, राजनीति, अर्थव्यवस्था, जाति, विचार।
पर चेतना का सत्य इन सभी से ऊपर है।

सत्यकाशी पीठ का वैश्विक संदेश यही है:

1. मानव एक है

भिन्नता केवल बाहरी है; भीतर सबमें एक ही प्रकाश विद्यमान है।

2. पृथ्वी हमारा साझा आश्रम है

मानवता को पृथ्वी-चेतना के साथ सुसंगत होना होगा।

3. धर्म संघर्ष नहीं-एकता का मार्ग है

सभी पवित्र परंपराएँ एक ही सत्य के भिन्न द्वार हैं।

4. विज्ञान और अध्यात्म एक-दूसरे के पूरक हैं

दुनिया का नया युग तभी जन्म लेगा जब विज्ञान चेतना को समझेगा, और अध्यात्म विज्ञान को अपनाएगा।

5. कल्कि-ऊर्जा सार्वभौमिक है

यह ऊर्जा किसी राष्ट्र का, पंथ का, या समूह का स्वामित्व नहीं;
यह सम्पूर्ण मानवता का जन्मसिद्ध अधिकार है।

सत्यकाशी पीठ का उद्देश्य इसी संदेश को विश्व तक पहुँचाना है-शब्द, कला, ध्यान, साधना, विज्ञान और ऊर्जा के माध्यम से।

शिव-तत्व और कल्कि-तत्व का मिलन

युग परिवर्तन का अंतिम रहस्य दो महाशक्तियों के मिलन में निहित है-
शिव-तत्व और **कल्कि-तत्व**।

शिव-तत्व

संहार, मौन, तत्त्व-ज्ञान, समाधि और शून्य का प्रतिनिधि।
यह सभी रूपों का विसर्जन है-स्रोत में लौटना।

कल्कि-तत्व

नव-सृष्टि, धर्मस्थापन, ऊर्जा का उत्थान और युग-चक्र का पुनर्मूल्यांकन।
यह समय को पुनः संतुलित करने वाली शक्ति है।

दोनों का मिलन तब होता है जब:

- पुराना युग समाप्त हो रहा हो
- नया युग जन्म ले रहा हो
- पृथ्वी अपनी चेतना बदल रही हो
- मानवता परिवर्तन की पुकार कर रही हो

शिव-तत्व पुरातन को शून्य करता है,
और उसी शून्य में कल्कि-तत्व नया ब्रह्मांडीय क्रम स्थापित करता है।

सत्यकाशी पीठ इसी मिलन का केंद्र है-
जहाँ **शिव का मौन** और **कल्कि का उदय**
एक साथ कार्य करते हैं।

यही मिलन युग के नये चक्र की शुरुआत है-
यहीं से सतयुग का नया सूर्योदय होता है।

"सार्वभौम सत्य-सिद्धान्त" पर आधारित "युग परिवर्तन श्रृंखला" के नवयुग के शास्त्र-साहित्य

विभिन्न सम्प्रदाय (धर्म), जाति, मत, दर्शन इत्यादि में विभाजित इस मानव समाज में वर्तमान तथा आने वाले भविष्य के समय की मूल आवश्यकता है- मानव के मनो का एकीकरण अर्थात मानव मन का भूमण्डलीकरण एवं ब्रह्माण्डीयकरण। इसकी आवश्यकता इसलिए भी है क्योंकि मानव अपने विज्ञान व तकनीकी ज्ञान से प्राप्त संसाधनो का प्रयोग करते हुये, एक तरफ तो ब्रह्माण्ड की ओर चल पड़ा है तो दुसरी तरफ विध्वंस के लिए अनेक हथियारों का भी निर्माण कर चुका है। ऐसी स्थिति में हमें निश्चित रूप से ऐसे एकीकरण की आवश्यकता है जिससे हम इस पृथ्वी से मानसिक स्तर के विवादों को समाप्त कर सकें।

माया सभ्यता के अनुसार विश्व के मानव समाज यह भी मान रहें हैं कि 21 दिसम्बर, 2012 को दुनिया का अन्त हो जायेगा। जबकि हिन्दू धर्म शास्त्र विष्णु पुराण, भागवत पुराण, अग्नि पुराण, गरूड़ पुराण, पद्म पुराण इत्यादि में भगवान के दसवें और महाअवतार "कल्कि" का होना अभी शेष है। जिनसे कलियुग के अंधकार व विनाश को समाप्त करने का कार्य सम्पन्न होगा, साथ ही सत्ययुग का आरम्भ होगा। सिक्ख धर्म के पवित्र ग्रन्थ "दशम् ग्रन्थ" में भी "कल्कि अवतार" का वर्णन मिलता है।

सृजन और विनाश, का स्तर शारीरिक, आर्थिक व मानसिक होता है। जो एक व्यक्ति, समाज, देश और विश्व राष्ट्र के लिए होता है। व्यक्ति पर हुये शारीरिक, आर्थिक व मानसिक सृजन और विनाश को व्यक्ति ही अनुभव करता है परन्तु समाज, देश और विश्व राष्ट्र पर हुये शारीरिक, आर्थिक व मानसिक सृजन व विनाश को सार्वजनिक रूप से सभी देखते है। समाज, देश और विश्व राष्ट्र पर शारीरिक व आर्थिक सृजन और विनाश वर्तमान में तो चल ही रहा है जिसे सार्वजनिक रूप से मानव समाज देख रहा है।

भौतिकवादी पश्चिमी संस्कृति किसी भी सृजन व विनाश को मानसिक स्तर पर सोच ही नहीं सकता क्योंकि वह समस्त क्रियाकलाप को बाह्य जगत में ही घटित होता समझाता है जबकि वर्तमान समय मानसिक स्तर पर विनाश व सृजन का है। इस आधार पर यह कहा जा सकता है कि माया सभ्यता के अनुसार 21 दिसम्बर, 2012 को जो विनाश व सृजन होगा, वह मानसिक स्तर का ही होगा। जिसके परिणामस्वरूप सभी सम्प्रदाय, मत, दर्शन एक उच्च स्तर के विचार या सत्य में विलीन अर्थात विनाश को प्राप्त करेगा। फलस्वरूप उच्च स्तर के विचार या सत्य में स्थापित होने से सृजन होगा। कुल मिलाकर माया सभ्यता के कैलेण्डर का अन्त तिथि 21 दिसम्बर, 2012, दुनिया के अन्त की तिथि नहीं बल्कि वह वर्तमान युग के अन्त की अन्तिम तिथि का अनुमान है जिसके बाद नये युग का आरम्भ होगा।

ईश्वर भी इतना मूर्ख व अज्ञानी नहीं है कि वह स्वयं को इस मानव षरीर में पूर्ण व्यक्त किये बिना ही दुनिया को नष्ट कर दे। इसके सम्बन्ध में हिन्दू धर्म शास्त्रों में सृष्टि के प्रारम्भ के सम्बन्ध में कहा गया है कि- "ईश्वर ने इच्छा व्यक्त की कि मैं एक हूँ, अनेक हो जाऊँ"। इस प्रकार जब वही ईश्वर सभी में है तब निश्चित रूप से जब तक सभी मानव ईश्वर नहीं हो जाते तब तक दुनिया के अन्त होने का कोई प्रश्न ही नहीं उठता। और विकास क्रम चलता रहेगा।

21 दिसम्बर, 2012 के बाद का समय नये युग के प्रारम्भ का समय है जिसमें ज्ञान, ध्यान, चेतना, भाव, जन, देश, विश्व राष्ट्र, आध्यात्मिक जागरण, मानवता इत्यादि का विश्वव्यापी विकास होगा। परिणामस्वरूप सभी मानव को ईश्वर रूप में स्थापित होने का अवसर प्राप्त होगा। और यही विश्व मानव समाज की मूल आवश्यकता है। प्राचीन वैदिक काल में समाज को नियंत्रित करने के लिए ज्ञानार्जन सबके लिए खुला नहीं था परन्तु वर्तमान और भविष्य की आवश्यकता यह है कि समाज को नियंत्रित करने के लिए सभी को पूर्ण ज्ञान से युक्त कर सभी के लिए ज्ञान को खोल दिया जाय। यही कारण था कि वेद को प्रतीकात्मक रूप में लिख कर गुरू-शिष्य परम्परा द्वारा उसकी व्याख्या की जाती रही थी जिससे राजा और समाज को नियंत्रण में रखा जा सके।

सभी मानव को ईश्वर रूप में स्थापित होने के लिए जो माध्यम चाहिए वह है-"एकात्म विज्ञान" व "ईश्वर शास्त्र" विषय से मानव को शिक्षित करना और शिक्षा पाठ्यक्रम में अनिवार्य रूप से अध्ययन के लिए शामिल कराया जा सके।

"सार्वभौम सत्य-सिद्धांत"पर आधारित "युग परिवर्तन श्रृंखला" मानवता के अगली पीढ़ी के उदय के लिए

"नये युग" में "नये भारत" के लिए "नवीन मान-राग-प्राण" पर आधारित क्रियान्वयन प्रणाली (Operation System)-मानव-10 (MANAV-10) की पुस्तकें

यह नई पीढ़ी (Gen-Z) के लिए "विकसित भारत" और "मानव-10 प्रणाली" (MANAV-10 System) को प्रोत्साहित करने वाली श्रृंखला का हिस्सा है। अर्थात् यह पुस्तक किसी धर्म, जाति या मत से ऊपर उठकर "Universal Truth Principles" की ओर संकेत करती है।

मुद्रित (Printed Hard Copy) पुस्तक के लिए लिंक(Link)

https://notionpress.com/author/lava_kush

E_Book के लिए

www.64inch.com

द्वापर युग में आठवें अवतार श्रीकृष्ण द्वारा प्रारम्भ किया गया कार्य नवसृजन के प्रथम भाग सार्वभौम ज्ञान के शास्त्र "गीता" के बाद कलियुग में द्वितीय और अन्तिम भाग "सार्वभौम कर्मज्ञान" और "पूर्णज्ञान का पूरक शास्त्र"

विश्व युद्ध के पहले
दिव्य दृष्टि
सत्यकाशी पीठ
पाँचवां और अन्तिम शंकराचार्य पीठ

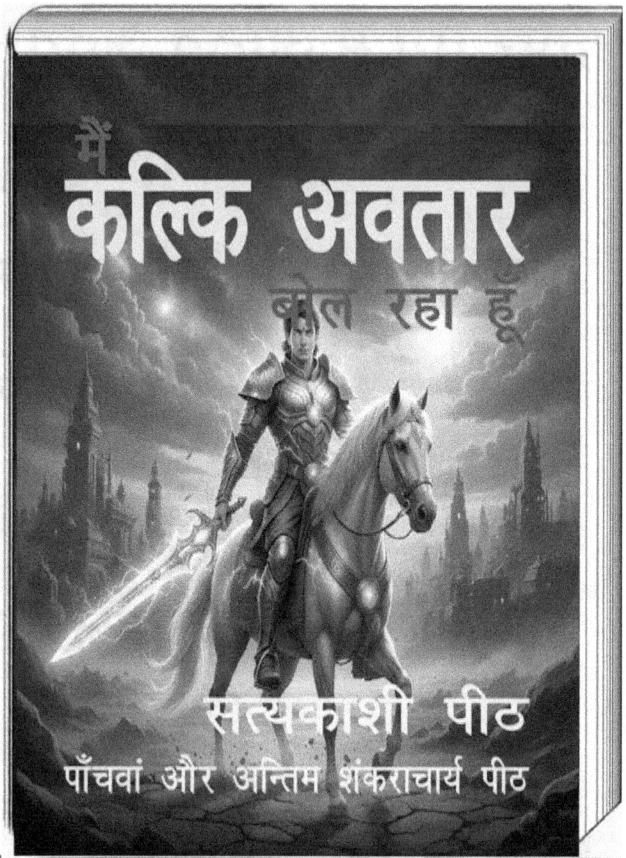
मैं
कल्कि अवतार
बोल रहा हूँ
सत्यकाशी पीठ
पाँचवां और अन्तिम शंकराचार्य पीठ

समष्टि गीता
सत्यकाशी पीठ
पाँचवां और अन्तिम शंकराचार्य पीठ

फिल्म स्क्रीप्ट
राइटिंग
IDEAS
You are the writer of your life
FRESH Ideas
Writing is designing with words
creative THINKING
LIGHTS CAMERA ACTION
Short Films.
लव कुश सिंह “विश्वमानव”

प्रारम्भिक सत्य
अन्तिम
दृष्टि
सत्यकाशी पीठ
पाँचवां और अन्तिम शंकराचार्य पीठ

सत्य धर्म
युग परिवर्तक
दृष्टि
सत्यकाशी पीठ
पाँचवां और अन्तिम शंकराचार्य पीठ

सत्य दार्शनिक-दर्शन
और
कर्म वेदान्त-विकास
दर्शन
सत्यकाशी पीठ
पाँचवां और अन्तिम शंकराचार्य पीठ

सत्य शास्त्र
एवं
पुराण रहस्य
महर्षि व्यास
कला
सत्यकाशी पीठ
पाँचवां और अन्तिम शंकराचार्य पीठ

संत एवं गुरु
और
सत्यकाशी पीठ
पाँचवां और अन्तिम शंकराचार्य पीठ

समाज और
ईश्वरीय समाज
सत्यकाशी पीठ
पाँचवां और अन्तिम शंकराचार्य पीठ

सत्य शास्त्र और
विश्वशास्त्र
सत्यकाशी पीठ
पाँचवां और अन्तिम शंकराचार्य पीठ

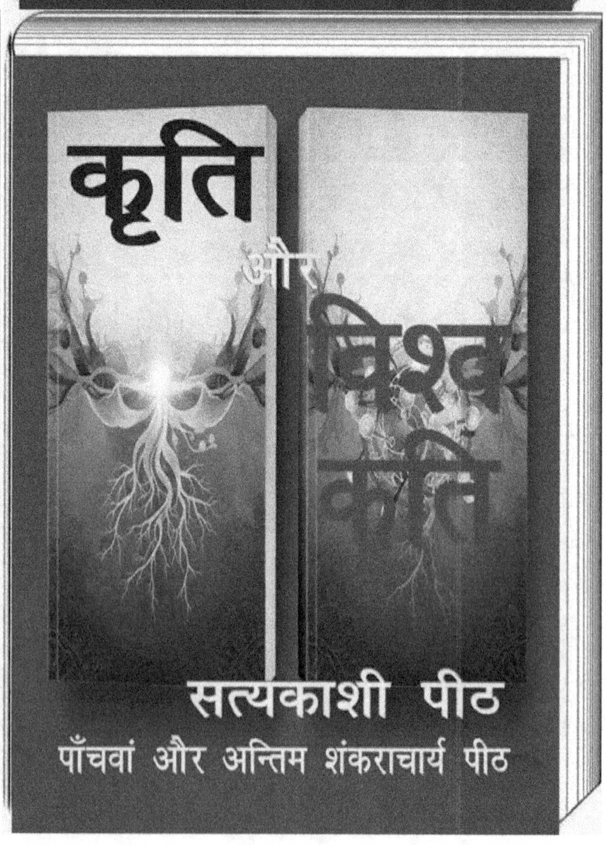
कृति
और
विश्व
कृति
सत्यकाशी पीठ
पाँचवां और अन्तिम शंकराचार्य पीठ

भारत माता मन्दिर
और
विश्वधर्म मन्दिर
सत्यकाशी पीठ
पाँचवां और अन्तिम शंकराचार्य पीठ

महाभारत
और
विश्वभारत
सत्यकाशी पीठ
पाँचवां और अन्तिम शंकराचार्य पीठ

संविधान और
विश्व संविधान
सत्यकाशी पीठ
पांचवां और अन्तिम शंकराचार्य पीठ

शिक्षा और
पूर्ण शिक्षा
सत्यकाशी पीठ
पांचवां और अन्तिम शंकराचार्य पीठ

देवता और सार्वभौम देवता
कल्कि
सत्यकाशी पीठ

माँ कल्कि

द्वादस ज्योतिर्लिंग और
१३वां अन्तिम ज्योतिर्लिंग
?
सत्यकाशी पीठ
पाँचवां और अन्तिम शंकराचार्य पीठ

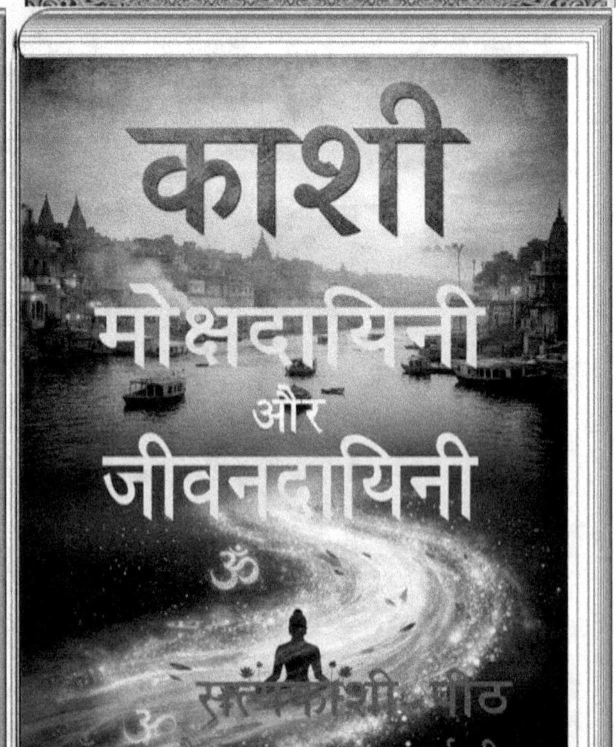
काशी
मोक्षदायिनी
और
जीवनदायिनी
ॐ

सत्यकाशी
स्वर्णयुग
का
तीर्थ

काशी
रहस्योद्घाटन
सत्यकाशी पीठ
पांचवां और अन्तिम शंकराचार्य पीठ

2020
सत्यकाशी पीठ
पाँचवां और अन्तिम शंकराचार्य पीठ

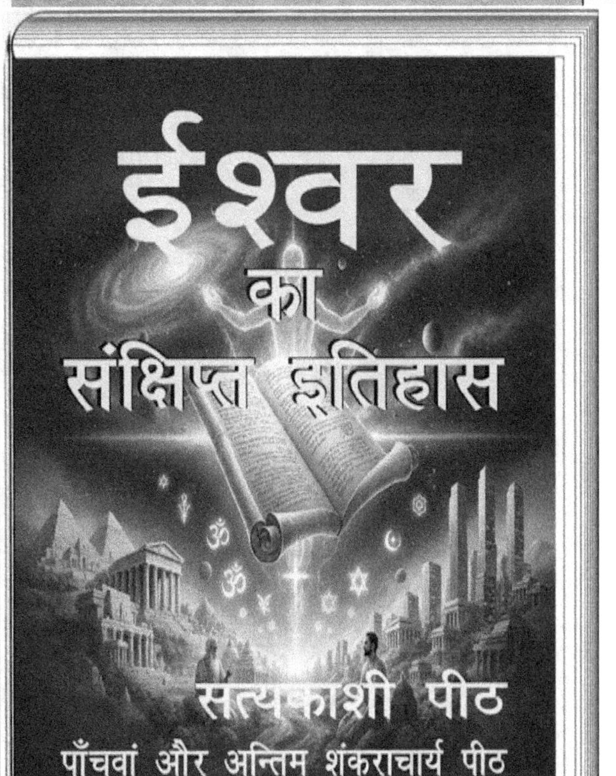
ईश्वर
का
संक्षिप्त इतिहास
सत्यकाशी पीठ
पाँचवां और अन्तिम शंकराचार्य पीठ

अवतार
अन्तिम सत्य दृष्टि
सत्यकाशी पीठ
पाँचवां और अन्तिम शंकराचार्य पीठ

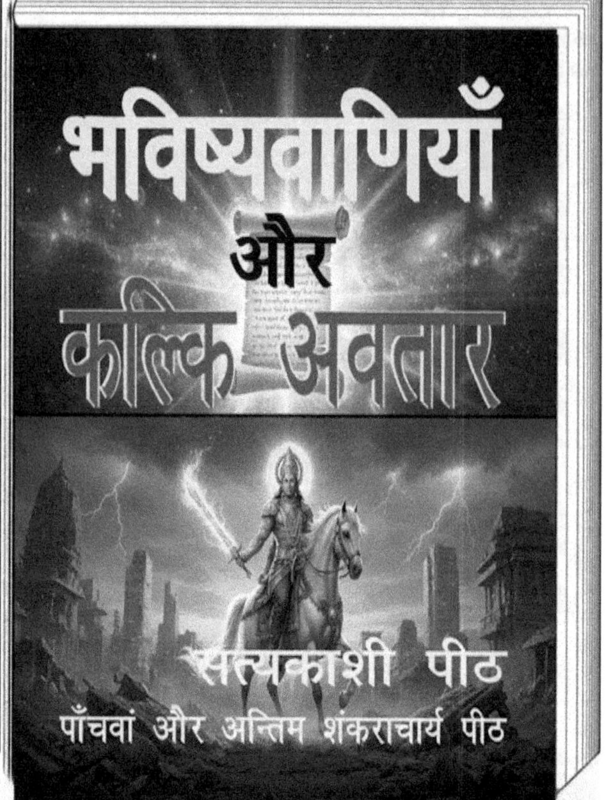
भविष्यवाणियाँ
और
कल्कि अवतार
सत्यकाशी पीठ
पाँचवां और अन्तिम शंकराचार्य पीठ

स्वामी विवेकानन्द
और
कल्कि अवतार
सत्यकाशी पीठ
पाँचवां और अन्तिम शंकराचार्य पीठ

मनु, मनवन्तर
और
कल्कि अवतार
सत्यकाशी पीठ
पाँचवां और अन्तिम शंकराचार्य पीठ

व्यास, शास्त्र
और
कल्कि अवतार
सत्यकाशी पीठ
पाँचवां और अन्तिम शंकराचार्य पीठ

ऋषि, ऋषि परम्परा
और
कल्कि अवतार
सत्यकाशी पीठ
पाँचवां और अन्तिम शंकराचार्य पीठ

दूसरा आगमन
या
अन्तिम आगमन
सत्यकाशी पीठ
पाँचवां और अन्तिम शंकराचार्य पीठ

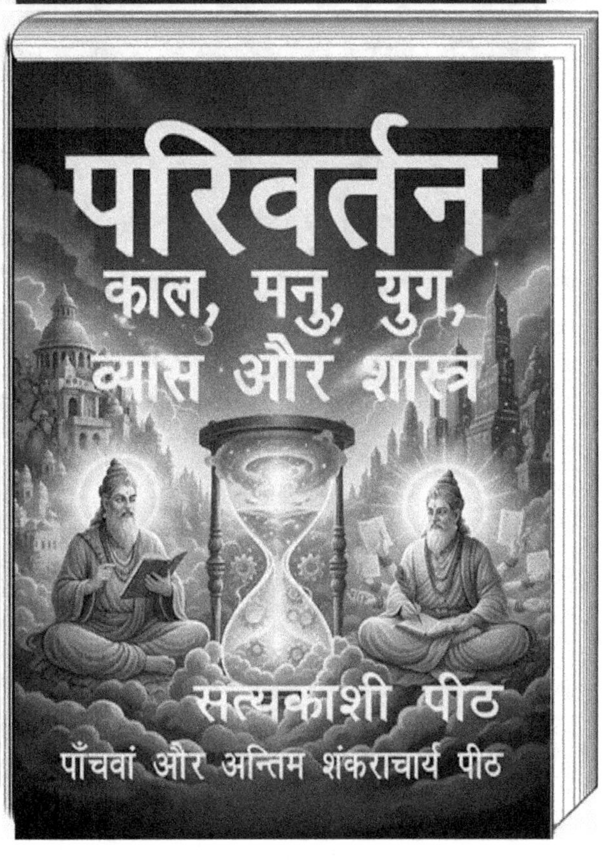
परिवर्तन
काल, मनु, युग,
व्यास और शास्त्र
सत्यकाशी पीठ
पाँचवां और अन्तिम शंकराचार्य पीठ

राम, रावण
और
सार्वभौम एकात्म
सत्यकाशी पीठ
पाँचवां और अन्तिम शंकराचार्य पीठ

मैं
व्यक्तिगत या सार्वभौम
सत्यकाशी पीठ
पाँचवां और अन्तिम शंकराचार्य पीठ

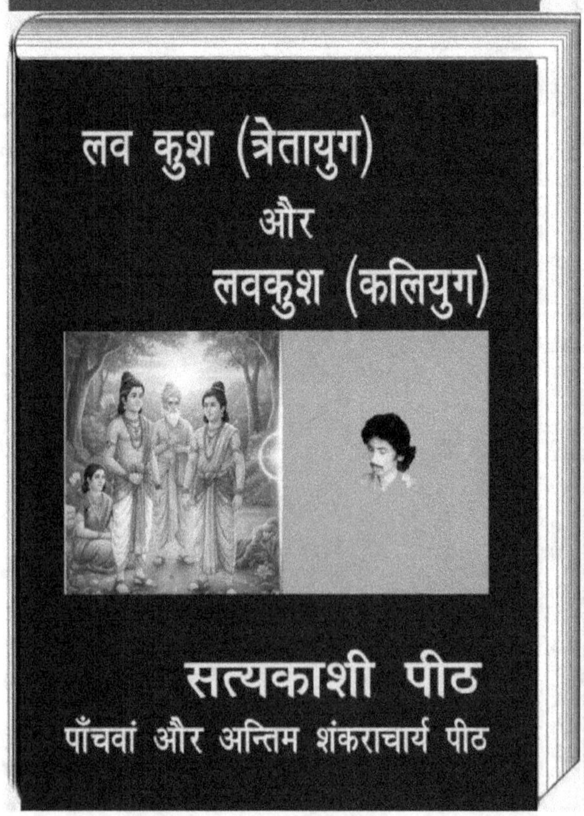
लव कुश (त्रेतायुग)
और
लवकुश (कलियुग)
सत्यकाशी पीठ
पाँचवां और अन्तिम शंकराचार्य पीठ

कल्कि महावतार
आ चुके हैं
(ACTION PLAN)
सत्यकाशी पीठ
पाँचवां और अन्तिम शंकराचार्य पीठ

लव कुश सिंह
(कल्कि महावतार)
जीवन, ज्ञान, कर्म और विश्वरूप
सत्यकाशी पीठ
पाँचवां और अन्तिम शंकराचार्य पीठ

वैश्विक बुद्ध
बुद्ध का
भाग-दो
और अन्तिम
सत्यकाशी पीठ
पाँचवां और अन्तिम शंकराचार्य पीठ

बुड्ढ़ा कृष्ण
कृष्ण का
भाग-दो
और अन्तिम
सत्यकाशी पीठ
पाँचवां और अन्तिम शंकराचार्य पीठ

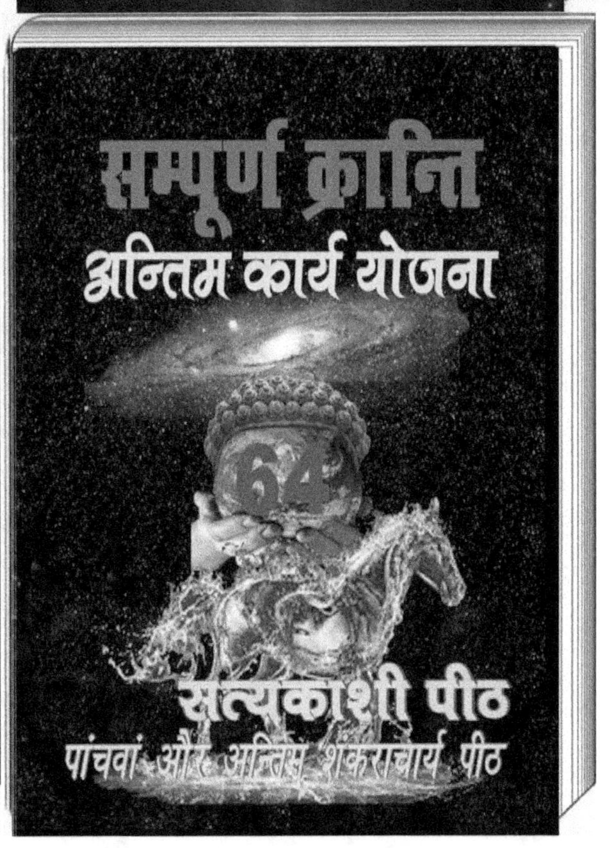
सम्पूर्ण क्रान्ति
अन्तिम कार्य योजना
64
सत्यकाशी पीठ
पांचवां और अन्तिम शंकराचार्य पीठ

सम्पूर्ण क्रान्ति
वेबसाइट मार्गदर्शन
विवरणिका
सत्यकाशी पीठ
पाँचवां और अन्तिम शंकराचार्य पीठ

पुनर्निर्माण
(RENEW)
समस्या, समाधान
और
राष्ट्र निर्माण की योजना
सत्यकाशी पीठ
पाँचवां और अन्तिम शंकराचार्य पीठ

पुनर्निर्माण
(RENEW)
ग्राम एवं नगर वार्ड
प्रेरक
सत्यकाशी पीठ
पाँचवां और अन्तिम शंकराचार्य पीठ

द्वापर युग में आठवें अवतार श्रीकृष्ण द्वारा प्रारम्भ किया गया कार्य "नवसृजन" के
प्रथम भाग "सार्वभौम ज्ञान" के शास्त्र "गीता" के बाद कलियुग में
द्वितीय और अन्तिम भाग "सार्वभौम कर्मज्ञान" और "पूर्णज्ञान का पूरक शास्त्र"
।। विश्वशास्त्र ।।
द नॉलेज ऑफ फाइनल नॉलेज
परिचय
- लव कुश सिंह "विश्वमानव"

एन्टायर पालिटिक्स
पूर्ण पाठ्यक्रम
सत्यकाशी पीठ
पाँचवां और अन्तिम शंकराचार्य पीठ

वसुधैव
कुटुम्बकम्
सत्यकाशी पीठ
पाँचवां और अन्तिम शंकराचार्य पीठ

।।कर्मवेद।।
प्रथम, अन्तिम तथा पंचम
सत्यकाशी पीठ
पांचवां और अन्तिम शंकराचार्य पीठ

आठवें अवतार
श्रीकृष्ण
सत्यकाशी पीठ
पांचवां और अन्तिम शंकराचार्य पीठ

अयोध्या नहीं,
मुंगेर है
राम जन्मभूमि
सत्यकाशी पीठ
पाँचवां और अन्तिम शंकराचार्य पीठ

विश्वमानव
भूतपूर्व नेतृत्वकर्ताओं
का
स्पष्टिकरण
सत्यकाशी पीठ
पाँचवां और अन्तिम शंकराचार्य पीठ

विश्वमानव
वर्तमान नेतृत्वकर्ताओं
का
स्पष्टिकरण
सत्यकाशी पीठ
पाँचवां और अन्तिम शंकराचार्य पीठ

विश्वमानव
वार्ता, वक्तव्य
एवं
वाणीयाँ
सत्यकाशी पीठ
पाँचवां और अन्तिम शंकराचार्य पीठ

विश्वमानव
पत्रावली, प्रसारण
और
अन्तिम पत्र
सत्यकाशी पीठ
पाँचवां और अन्तिम शंकराचार्य पीठ

सत्य जनहित
आह्वान
सत्यकाशी पीठ
पाँचवां और अन्तिम शंकराचार्य पीठ

विश्व शान्ति
अन्तिम सत्य दृष्टि
सत्यकाशी पीठ
पाँचवां और अन्तिम शंकराचार्य पीठ

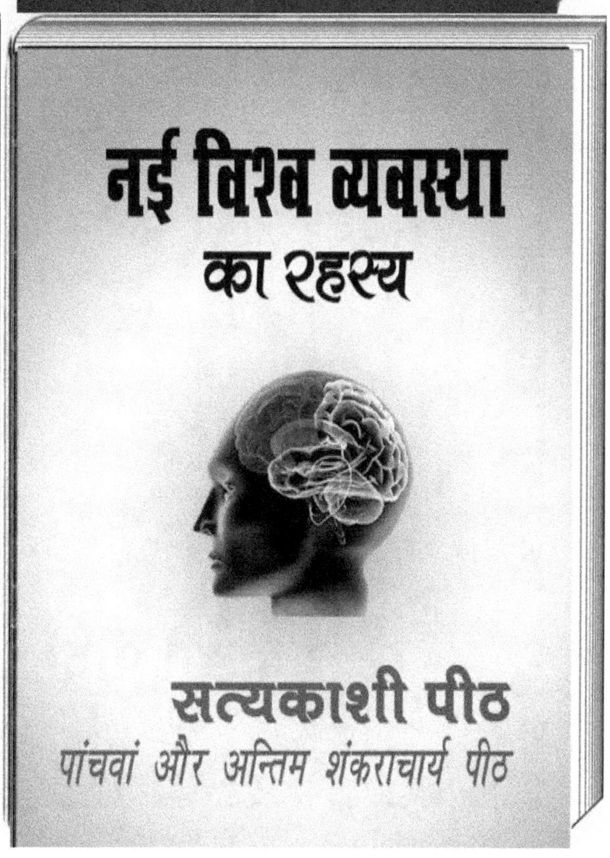
नई विश्व व्यवस्था
का रहस्य
सत्यकाशी पीठ
पांचवां और अन्तिम शंकराचार्य पीठ

समाजवाद
ब्रह्माण्डीय विकास का अवतारी मार्ग
सत्यकाशी पीठ
पांचवां और अन्तिम शंकराचार्य पीठ

भारतवाद
राष्ट्रवाद की मुख्यधारा
सत्यकाशी पीठ
पांचवां और अन्तिम शंकराचार्य पीठ

100 वर्षीय संयुक्त राष्ट्र
को अग्रिम सन्देश
सत्यकाशी पीठ
पांचवां और अन्तिम शंकराचार्य पीठ

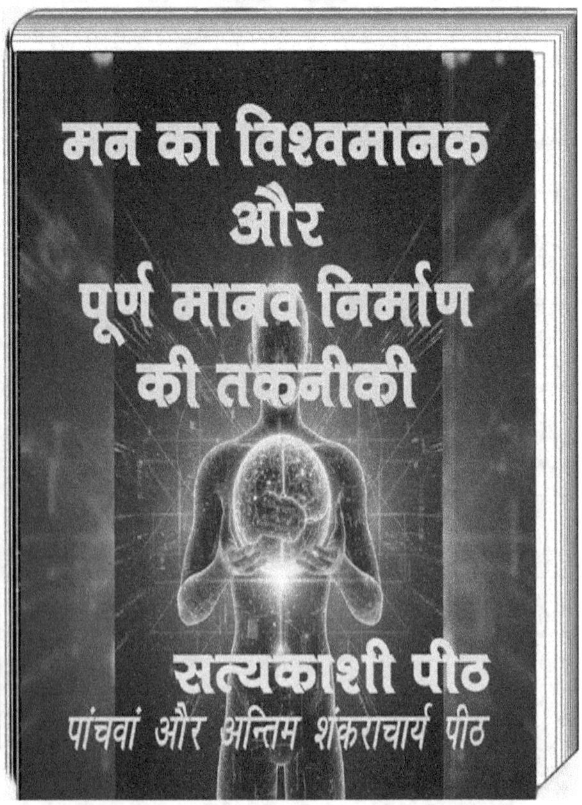
मन का विश्वमानक
और
पूर्ण मानव निर्माण
की तकनीकी
सत्यकाशी पीठ
पांचवां और अन्तिम शंकराचार्य पीठ

गणराज्य, संघ,
मानकीकरण संगठन
और
सम्पूर्ण मानक
सत्यकाशी पीठ
पाँचवां और अन्तिम शंकराचार्य पीठ

व्यापार केन्द्र
दृश्य सत्य
सत्यकाशी पीठ
पाँचवां और अन्तिम शंकराचार्य पीठ

सार्वभौम एकात्म
नव विश्व निर्माण
सत्यकाशी पीठ
पांचवां और अन्तिम शंकराचार्य पीठ

मानक विपणन
प्रणाली
सत्यकाशी पीठ
पाँचवां और अन्तिम शंकराचार्य पीठ

स्वर्णयुग का मानक
आदर्श नागरिक
दिशा निर्देश
सत्यकाशी पीठ
पांचवां और अन्तिम शंकराचार्य पीठ

स्वर्णयुग का
विश्वधर्म
परिचय
सत्यकाशी पीठ
पांचवां और अन्तिम शंकराचार्य पीठ

मैत्रेय बुद्ध
की ओर
सत्यकाशी पीठ
पांचवां और अन्तिम शंकराचार्य पीठ

विशाल ज्ञान विज्ञान
सबका समाधान
सूर्योदय
जय जनता जय कानून
हम सब एक दूसरे के लिए हैं
हम सब एक दूसरे से हैं और एक दूसरे के लिए हैं
सौजन्य से : सारे गैर सरकारी प्राणी : सरकारी प्राणी : इज्जतदार नेता और
सबका भविष्य विद्यार्थीगणँ........के लिए।

सार्वभौम सत्य-सिद्धान्त आधारित “युग परिवर्तक” श्रृंखला
कल्कि धाम
और
कल्कि परिचय
- लव कुश सिंह “विश्वमानव”

सार्वभौम सत्य-सिद्धान्त आधारित “युग परिवर्तक” श्रृंखला
चार शंकराचार्य पीठ
और
पांचवां-अन्तिम पीठ
सत्यकाशी पीठ
सत्यकाशी पीठ
सत्यकाशी पीठ
पांचवां और अन्तिम शंकराचार्य पीठ

कल्कि अमृत
महाकुम्भ
2025
FINAL KNOWLEDGE BOMB BLAST
सत्यकाशी पीठ
पांचवां और अन्तिम शंकराचार्य पीठ

ज्योति
युग परिवर्तन की
TRANSACTION
TRADE
DEVELOPMENT
RURAL
GD
EDUCATION
ADVANCEMENT
NATURAL TRUTH
सत्यकाशी पीठ
पांचवां और अन्तिम शंकराचार्य पीठ

युग परिवर्तन
के
शब्द
सत्यकाशी पीठ
पांचवां और अन्तिम शंकराचार्य पीठ

विचारों का अंत
2025
सत्यकाशी पीठ
पांचवां और अन्तिम शंकराचार्य पीठ

विश्व सत्य घोषणा-पत्र
2025–मानव जाति तक
RSS
Rational Service
Society
सत्यकाशी पीठ
पांचवां और अन्तिम शंकराचार्यपीठ

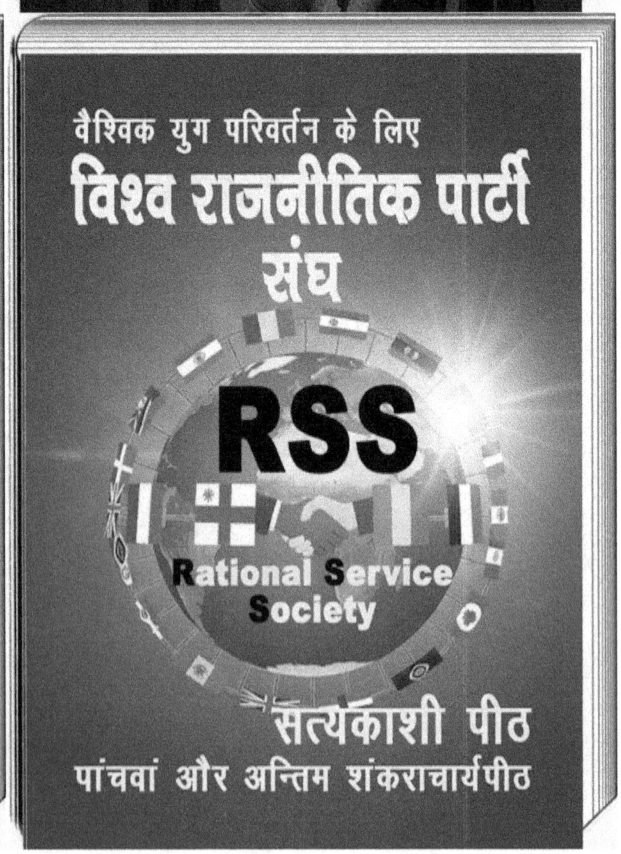
वैश्विक युग परिवर्तन के लिए
विश्व राजनीतिक पार्टी
संघ
RSS
Rational Service
Society
सत्यकाशी पीठ
पांचवां और अन्तिम शंकराचार्यपीठ

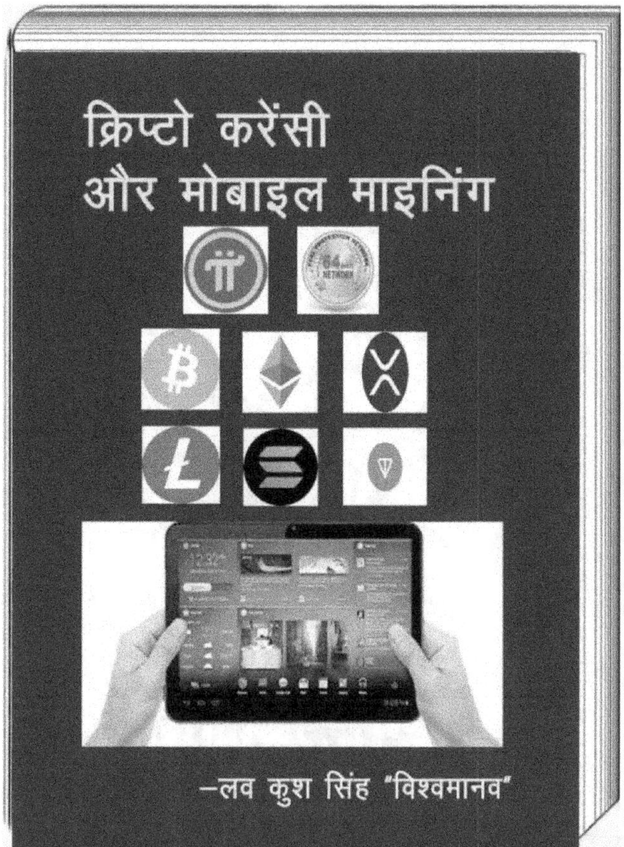
क्रिप्टो करेंसी
और मोबाइल माइनिंग
—लव कुश सिंह "विश्वमानव"

पीढ़ी
मानवीय और ईश्वरीय
वात्सल्य त्रिपाठी

बुढ़ा कृष्ण
अन्तिम मिलन
वात्सल्य त्रिपाठी

जेन-जी
अन्तिम लक्ष्य
वात्सल्य त्रिपाठी

पाँचवां-अन्तिम पीठ
सत्यकाशी पीठ
परिचय
वात्सल्य त्रिपाठी
पाँचवां और आंतिम शंकराचार्य पीठ

कबीर और
जेन-जी
नई चेतना, नया मानव
चेतना और नवयुग की संवाद यात्रा
वात्सल्य त्रिपाठी

कल्कि की
ज्योति
बिहार से
ज्योति राठौड़

एक बिहारी
धरती पर भारी
ज्योति राठौड़

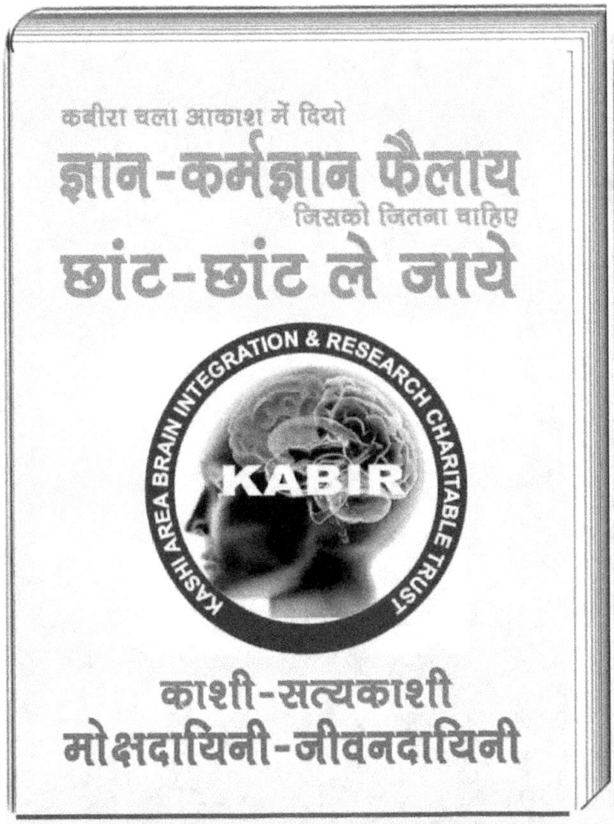
कबीरा चला आकाश में दियो
ज्ञान-कर्मज्ञान फैलाय
जिसको जितना चाहिए
छांट-छांट ले जाये
KASHI AREA BRAIN INTEGRATION & RESEARCH CHARITABLE TRUST
KABIR
काशी-सत्यकाशी
मोक्षदायिनी-जीवनदायिनी

कुर्म वंश
और
चरणाद्रिगढ़
स्वामी रमेशानन्द

आर.एस.एस
नवयुग के लिए
वैश्विक व्यक्तिगत पुस्तकालय
RATIONAL SERVICE SOCIETY (RSS)
WORLD PERSONAL LIBRARY FOR NEW AGE
A GUIDE TO GLOBAL WISDOM & FUTURE THOUGHT
स्वामी रमेशानन्द

झोला उठने के बाद
सोशल मीडिया
के लिए
कन्टेन्ट बैंक
विस्तृत गाइड: विचार, रणनीतियाँ, और संसाधन
www.64inch.com
सत्यकाशी पीठ
पांचवां और अन्तिम शंकराचार्य पीठ

झोला उठने के बाद
कल्कि
के तीन चरण
सत्यकाशी पीठ
पांचवां और अन्तिम शंकराचार्य पीठ

युग परिवर्तन के लिए:
विश्व पुस्तकालय बनाम कल्कि पुस्तकालय
www.64inch.com
बनाम
कल्कि पुस्तकालय
ज्ञान का महासंग्राम - भविष्य का निर्माण
सत्यकाशी पीठ
पांचवां और अन्तिम शंकराचार्य पीठ

व्हाट्सएप्प यूनिवर्सिटी
और
सु-इसु यूनिवर्सिटी
सत्यकाशी पीठ
पांचवां और अन्तिम शंकराचार्य पीठ

इंडिया
भारत का विश्वरूप
सत्यकाशी पीठ
पांचवां और अन्तिम शंकराचार्य पीठ

अधूरे सपनों का अन्तिम मार्ग
सत्यकाशी पीठ
पांचवां और अन्तिम शंकराचार्य पीठ

मानक संविधान
और
बहुजन
सत्यकाशी पीठ
पांचवां और अन्तिम शंकराचार्य पीठ

विकसित भारत
अन्तिम मुद्दे
-ईश्वरीय/मानवीय पीढ़ी-10 (GEN-10)
-व्यक्तिगत
-पारिवारीक
-सामाजिक
-धार्मिक
-राष्ट्रीय
-वैश्विक
सत्यकाशी पीठ
पांचवां और अन्तिम शंकराचार्य पीठ

एक नया
विकल्प
THREADS
सत्यकाशी पीठ
पांचवां और अन्तिम शंकराचार्य पीठ

विकसित भारत
शिक्षितों का अन्तिम ईश्वरीय मॉडल
सत्यकाशी पीठ
पांचवां और अन्तिम शंकराचार्य पीठ

विकास मॉडल
आसुरी
और
ईश्वरीय
सत्यकाशी पीठ
पांचवां और अन्तिम शंकराचार्य पीठ

युग परिवर्तन और 1000 वर्षों के लिए
सत्यकाशी पीठ
का सम्पूर्ण कार्य
कौन,
क्यों,
कैसे
कल्कि?
सत्यकाशी पीठ
पांचवां और अन्तिम शंकराचार्य पीठ

बैल बुद्धि
और
विकसित
भारत
सत्यकाशी पीठ
पांचवां और अन्तिम शंकराचार्य पीठ

सत्यकाशी पीठ
पांचवां और अन्तिम शंकराचार्य पीठ

एक्सट्रा
टु ए बी
समान नागरिक व्यापार ज्ञान संहिता (CCTKC)
सत्यकाशी पीठ
पांचवां और अन्तिम शंकराचार्य पीठ

एक्सट्रा
टु ए बी
समान नागरिक आर्थिक संहिता (UCEC)
सत्यकाशी पीठ
पांचवां और अन्तिम शंकराचार्य पीठ

अंध भक्ति
से मुक्ति की ओर
मुक्ति मंत्र
"जिसने अंधभक्ति दिया
वही मुक्ति देगा"
सत्यकाशी पीठ
पांचवां और अन्तिम शंकराचार्य पीठ

VISHVABHARAT
न मो नारायण
सत्यकाशी पीठ
पांचवां और अन्तिम शंकराचार्य पीठ

अगला स्तर
फिल्म और राजनीति पर विचारों का संगह
सत्यकाशी पीठ
पांचवां और अन्तिम शंकराचार्य पीठ

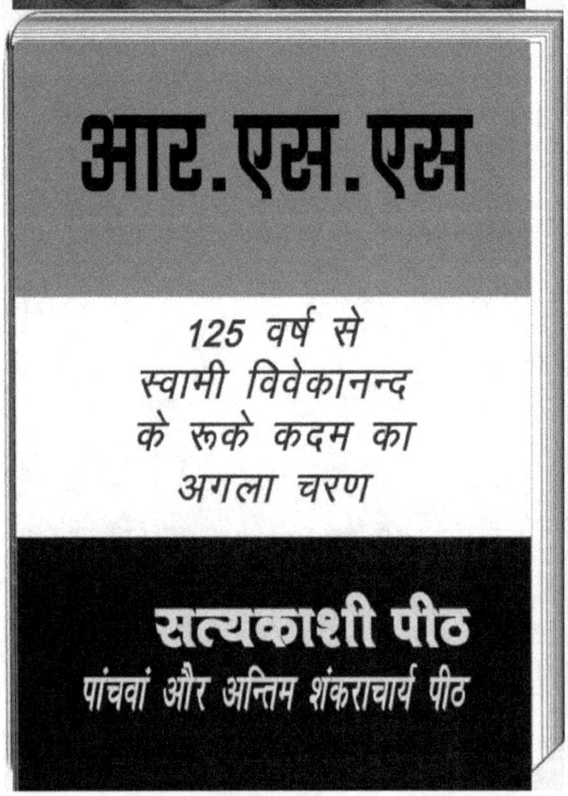
आर.एस.एस
125 वर्ष से स्वामी विवेकानन्द के रूके कदम का अगला चरण
सत्यकाशी पीठ
पांचवां और अन्तिम शंकराचार्य पीठ

आर.एस.एस
रहस्योद्‌घाटन
सत्यकाशी पीठ
पांचवां और अन्तिम शंकराचार्य पीठ

125 वर्ष बाद
स्वामी विवेकानन्द
का अगला चरण

सत्येश्वर नरेन्द्र
सत्यकाशी पीठ
पांचवां और अन्तिम शंकराचार्य पीठ

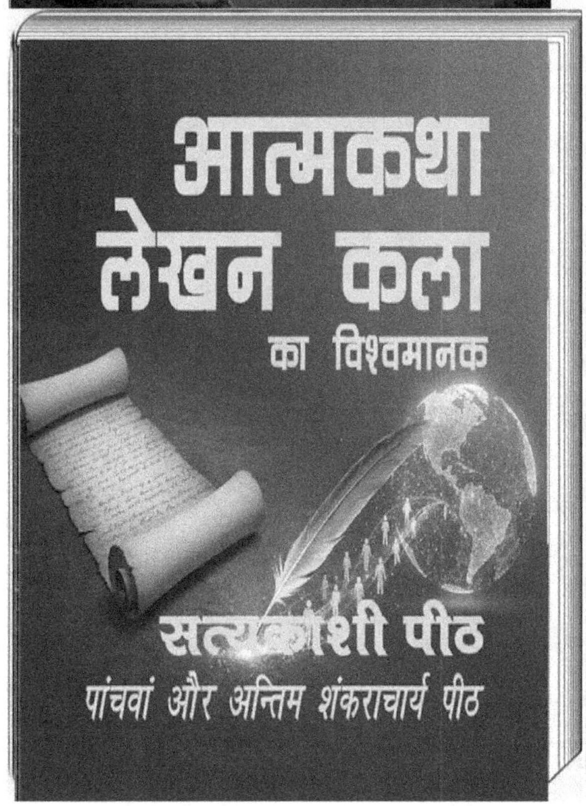
आत्मकथा
लेखन कला
का विश्वमानक
सत्यकाशी पीठ
पांचवां और अन्तिम शंकराचार्य पीठ

लुच्चा
पुराण
पौराणिक कथाओं
और पात्रों के
सत्य समझ की व्यास दृष्टि
सत्यकाशी पीठ
पांचवां और अन्तिम शंकराचार्य पीठ

आठवां
सावर्णि मनुस्मृति
सत्यकाशी पीठ
पांचवां और अन्तिम शंकराचार्य पीठ

विश्वमानक
शून्य श्रृंखला
0
सत्यकाशी पीठ
पांचवां और अन्तिम शंकराचार्य पीठ

सर्वजीत साधना
भवन
एक आध्यात्मिक अनुभव
सत्यकाशी पीठ
पांचवां और अन्तिम शंकराचार्य पीठ

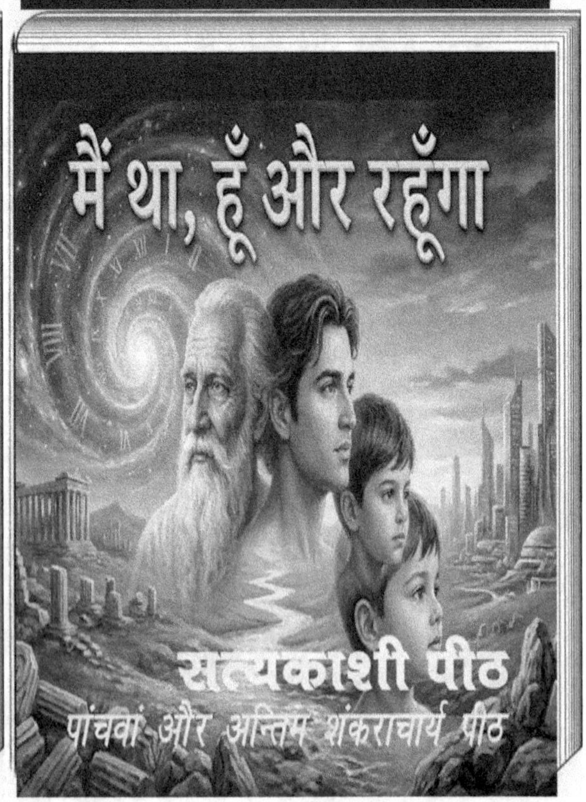
मैं था, हूँ और रहूँगा
सत्यकाशी पीठ
पांचवां और अन्तिम शंकराचार्य पीठ

लव
सत्यकाशी पीठ
पांचवां और अन्तिम शंकराचार्य पीठ

परब्रह्म,
प्रकृति,
अवतार
और वा नर
सत्यकाशी पीठ
पांचवां और अन्तिम शंकराचार्य पीठ

संसार
दृश्य
और
अदृश्य
सत्यकाशी पीठ
पांचवां और अन्तिम शंकराचार्य पीठ

कर्मोपनिषद्
सत्यकाशी पीठ
पांचवां और अन्तिम शंकराचार्य पीठ

विश्वभारत पुराण
सत्यकाशी पीठ
पांचवां और अन्तिम शंकराचार्य पीठ

एकात्म विज्ञान
सत्यकाशी पीठ
पांचवां और अन्तिम शंकराचार्य पीठ

मानक विज्ञान
सत्यकाशी पीठ
पांचवां और अन्तिम शंकराचार्य पीठ

ईश्वर शास्त्र
सत्यकाशी पीठ
पांचवां और अन्तिम शंकराचार्य पीठ

युगावतारों के प्रकटीकरण की कार्यविधि:
राम-कृष्ण-लवकुश
सत्यकाशी पीठ
पांचवां और अन्तिम शंकराचार्य पीठ

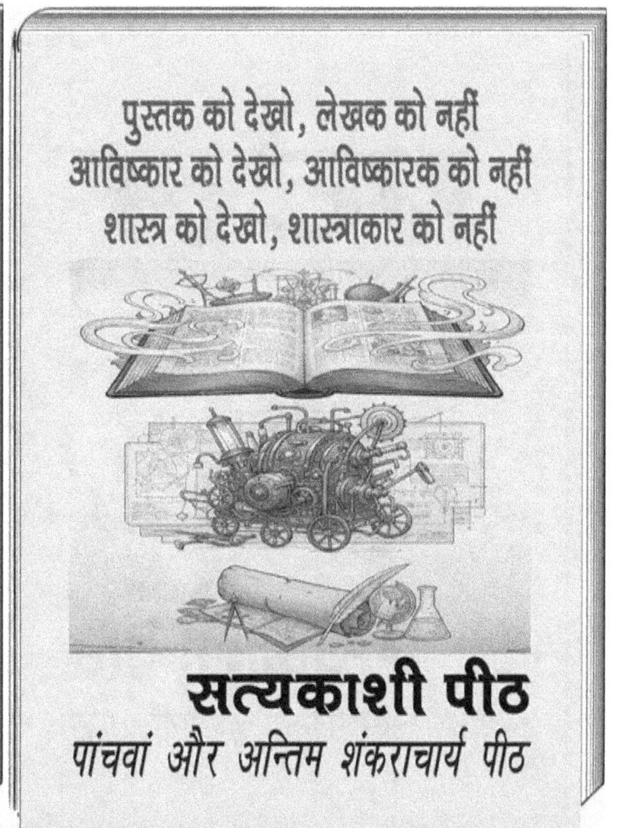
पुस्तक को देखो, लेखक को नहीं
आविष्कार को देखो, आविष्कारक को नहीं
शास्त्र को देखो, शास्त्राकार को नहीं
सत्यकाशी पीठ
पांचवां और अन्तिम शंकराचार्य पीठ

56 से 64
की ओर
सत्यकाशी पीठ
पांचवां और अन्तिम शंकराचार्य पीठ

मैं सत्यकाशी हूँ
कविता
सत्यकाशी पीठ
पांचवां और अन्तिम शंकराचार्य पीठ

पटेल
भारत के शारीरिक एकीकरण के बाद
मन का एकीकरण लक्ष्य
सत्यकाशी पीठ
पांचवां और अन्तिम शंकराचार्य पीठ

मन से
आत्मा तक
3 6 9 और 7
सत्यकाशी पीठ
पांचवां और अन्तिम शंकराचार्य पीठ

भारत
400 पार मुद्दा किसका
?
सत्यकाशी पीठ
पांचवां और अन्तिम शंकराचार्य पीठ

आर. एस. एस - पुस्तकालय
पढ़ो और कमाओ
शिक्षित समाज, समर्थ राष्ट्र
सत्यकाशी पीठ
पांचवां और अन्तिम शंकराचार्य पीठ

विश्वयुद्ध के पहले
विश्वगुरु
भारत
का विश्व शान्ति और
पुनर्निर्माण का अन्तिम सन्देश
सत्यकाशी पीठ
पांचवां और अन्तिम शंकराचार्य पीठ

ॐ
चुटिया पण्डित
वृन्दावन की सत्य घटना
स्वामी नन्दनानंद

कल्कि का
चुनार और वृन्दावन
से उठता प्रेम
स्वामी नन्दनानंद

कल्कि का
बेगुसराय और मीरजापुर
जन्म और कर्म क्षेत्र
स्वामी नन्दनानंद

सत्येश्वरोपनिषद्
सत्येश्वर
और
झूठेश्वर
वात्सल्य त्रिपाठी

अन्तिम अवतार
कल्कि
के लिए शेष कर्म
वात्सल्य त्रिपाठी

कल्कि अवतार
का मानव-10
विकसित भारत का प्रवेश द्वार
वात्सल्य त्रिपाठी

पप्पू-गप्पू
और
नागरिक झुलेलाल
वात्सल्य त्रिपाठी

ओपेन गेम
कभी-कभी नहीं, अब कन्फर्म है अपुन ही भगवान है
(वेब सीरीज)
वात्सल्य त्रिपाठी

SATYAKASHI
THE END OF MIRZAPUR
सत्यकाशी पीठ
पांचवां और अन्तिम शंकराचार्य पीठ

अण्डरवर्ल्ड
सनातन से पुरूषों से छुपी महिलाओं की कहानी
(फिल्म स्क्रीनप्ले-रेडी टू शूट)
वात्सल्य त्रिपाठी

सोना और सोना
एवं
नारी सशक्तिकरण
वैदिक काल से वर्तमान तक
सत्यकाशी पीठ
पांचवां और अन्तिम शंकराचार्य पीठ

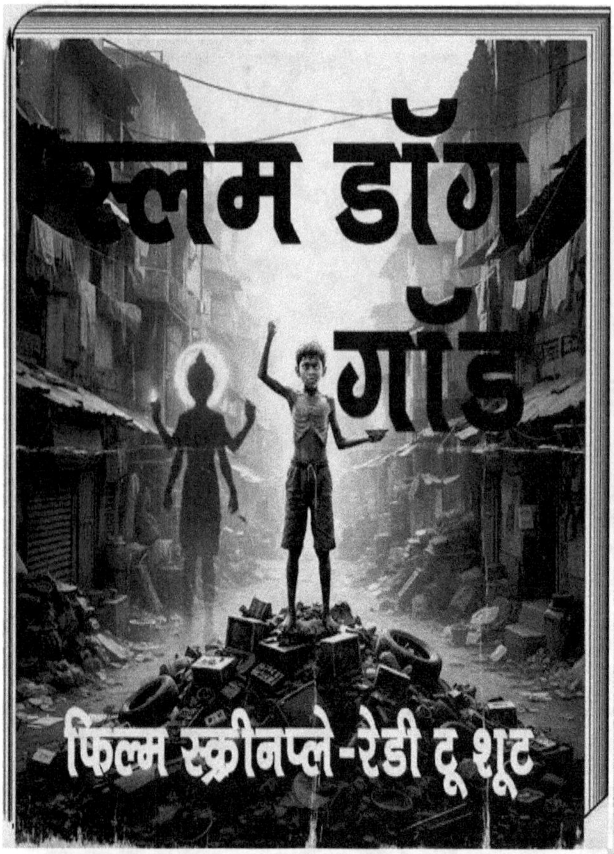
स्लम डॉग
गॉड
फिल्म स्क्रीनप्ले-रेडी टू शूट

उत्तर प्रदेश
का
उत्तर
वात्सल्य त्रिपाठी

अन्तिम समन्वयाचार्य
कल्कि
वात्सल्य त्रिपाठी

2026
2+0+2+6=10
सत्यकाशी
पांचवां और अन्तिम शंकराचार्य पीठ

राम न आयेंगे
लवकुश आ रहें हैं
www.64inch.com
पांचवां और अन्तिम शंकराचार्य पीठ

युग परिवर्तन के
150 पुस्तकें-परिचय
ज्ञान, प्रेरणा और भविष्य की ओर एक कदम
150
सत्यकाशी पीठ
पांचवां और अन्तिम शंकराचार्य पीठ
"एक नई शुरुआत के लिए ज्ञान की खोज"

जैसी तुम्हारी इच्छा वैसा करो

डॉ0 सर्वपल्ली राधाकृष्णन का जन्म 5 सितम्बर, 1888 को दक्षिण भारत के तिरूतनि स्थान पर हुआ था जो चेन्नई से 64 किमी उत्तर–पूर्व में है। डॉ0 सर्वपल्ली राधाकृष्णन भारत के उपराष्ट्रपति और दूसरे राष्ट्रपति सन् 1952 से 1962 तक में रहे। डॉ0 सर्वपल्ली राधाकृष्णन भारतीय समाजिक संस्कृति से ओत–प्रोत एक महान शिक्षाविद् महान दार्शनिक, महान वक्ता और आस्थावान हिन्दू विचारक थे। डॉ0 सर्वपल्ली राधाकृष्णन ने अपने जीवन के महत्वपूर्ण 40 वर्ष शिक्षक के रूप में व्यतीत किये। उनमें एक आदर्श शिक्षक के सारे गुण मौजूद थे। डॉ0 सर्वपल्ली राधाकृष्णन समस्त विश्व को एक शिक्षालय मानते थे। उनकी मान्यता थी कि शिक्षा के द्वारा ही मानव दिमाग का सद्उपयोग किया जाना सम्भव है इसलिए समस्त विश्व को एक इकाई समझकर ही शिक्षा का प्रबन्धन किया जाना चाहिए। उनके जन्मदिन को "शिक्षक दिवस" के रूप में मनाया जाता है।

इति ते ज्ञानमाख्यातं गुह्यादगुह्यतरं मया।
विमृश्नैतदशेषेण यथेच्छसि तथा कुरू।।

(श्रीमद्भगवद्गीता, अध्याय–18, श्लोक–63)

अर्थात् – मैंने तुम्हें जो बताया, वह सब से बड़ा रहस्य है। इस पर भलीभाँति विचार कर तुम्हारी जैसी इच्छा वैसा करो।

"परमात्मा देखने में तटस्थ या निरपेक्ष दिखाई देता है, क्योंकि उसने चुनने का निर्णय अर्जुन के हाथ में छोड़ दिया है। उसकी यह निरपेक्षता ही अर्जुन के चिन्ता का कारण है। वह किसी पर भी दबाव नहीं डालता क्योंकि स्वतःस्फूर्त स्वतन्त्रता बहुत मूल्यवान होती है। भगवान अपना आदेश ऊपर से नहीं थोपता। वह स्वतन्त्र छोड़ देता है। परमात्मा की पुकार को स्वीकार करने या अस्वीकार कर देने के लिए हम हर समय स्वतन्त्र हैं। हम लड़खड़ाने लगें तो वह सहायता देने के लिए तैयार रहता है और प्रतीक्षा करने को तैयार है जब तक हम उसकी ओर उन्मुख न हों।

सब कुछ पहले से निर्धारित मानने वाले सिद्धान्त में टकराव के कारण यूरोप और भारत में काफी वाद–विवाद हुआ है। यूरोप का प्रमुख सिद्धान्त है कि संकल्प शक्ति और मानवीय प्रयत्न की स्वतन्त्रता का मनुष्य के उद्धार में बहुत बड़ा हाथ होता है। यद्यपि स्वयं संकल्प शक्ति को भी परमात्मा की कृपा के समर्थन की आवश्यकता पड़ सकती है। पहले से सब कुछ तय मानने वालों को अच्छे कार्यों और प्रार्थना के लिए यत्न करना होता है, क्योंकि वहाँ भी मानते हैं कि ये उपाय नियति को आगे बढ़ाने में सहायक तो हो सकते हैं लेकिन वे उसे रोक नहीं सकते। मनुष्य इस बात के लिए स्वतन्त्र है कि परमात्मा उन मनुष्यों पर कृपा करना चाहता है जो अपने आचरण से उस कृपा को ग्रहण करने के लिए तैयार करते हैं।

आध्यात्मिक नेता हम पर शारीरिक हिंसा, चमत्कार, प्रदर्शन के जरिये प्रभाव नहीं डालते। यदि सच्चा शिष्य कोई गलती कर भी बैठे, तो वह उसे केवल सलाह देगा। यदि शिष्य को चुनाव करने की स्वतन्त्रता पर आँच आती हो, तो वह उसे गलत रास्ते से भी वापस लौट आने के लिए विवश नहीं करेगा। गलती भी विकास की एक दिशा है।

कृष्ण केवल सारथी हैं। वह अर्जुन के आदेश का पालन करेगा। उसने कोई शस्त्र धारण नहीं किया हुआ है। यदि वह अर्जुन पर कोई प्रभाव डालता है तो वह उसे अपने उस सर्वजयी प्रेम के जरिए डालता है। जो कभी समाप्त नहीं होता।

अर्जुन को अपने लिए स्वयं विचार करना चाहिए और अपने लिए स्वयं ही मार्ग खोज करना चाहिए। अस्पष्ट मान्यताओं को अनिवार्य रूप से और भावुकतापूर्वक अपना लिए जाने के कारण फलस्वरूप कट्टर धर्मान्धता उत्पन्न हुई है और उनके कारण मनुष्यों को अकथनीय कष्ट उठाना पड़ा है। इसलिए यह आवश्यक है कि मन और विश्वासों के लिए कोई तर्क संगत और अनुभावात्मक औचित्य ढूंढ़े।

अर्जुन को एक वास्तविक अखण्डता की अनुभूति प्राप्त करनी होगी लेकिन उसके विचार अपने हैं। और गुरू के जरिये उस पर थोपे नहीं गये हैं। दूसरों पर अपने विचार थोपना शिक्षण नहीं हैं।"

– भगवद्गीता के आखिरी उपदेश पर भारतीय दर्शन के व्याख्याकार और दूसरे राष्ट्रपति डॉ0 राधाकृष्णनन का विवेचन

"यह विश्वशास्त्र, मनुष्यों पर थोपा नहीं जा रहा बल्कि वह मनुष्यों को, मनुष्यो के इस संसार मे जो वर्तमान है उसे और उसके आगे अनन्त मार्ग दिखा रहा है और सभी मार्गों के एकीकरण द्वारा, उस मार्ग को भी दिखा रहा है जो विश्व को सत्य–सुन्दर–शिव बना सकता है। फिर भी हे मनुष्यों जैसी तुम्हारी इच्छा वैसा करो। वर्तमान से योग कराने के लिए ही मैं व्यक्त होता हूँ।"

– लव कुश सिंह "विश्वमानव"

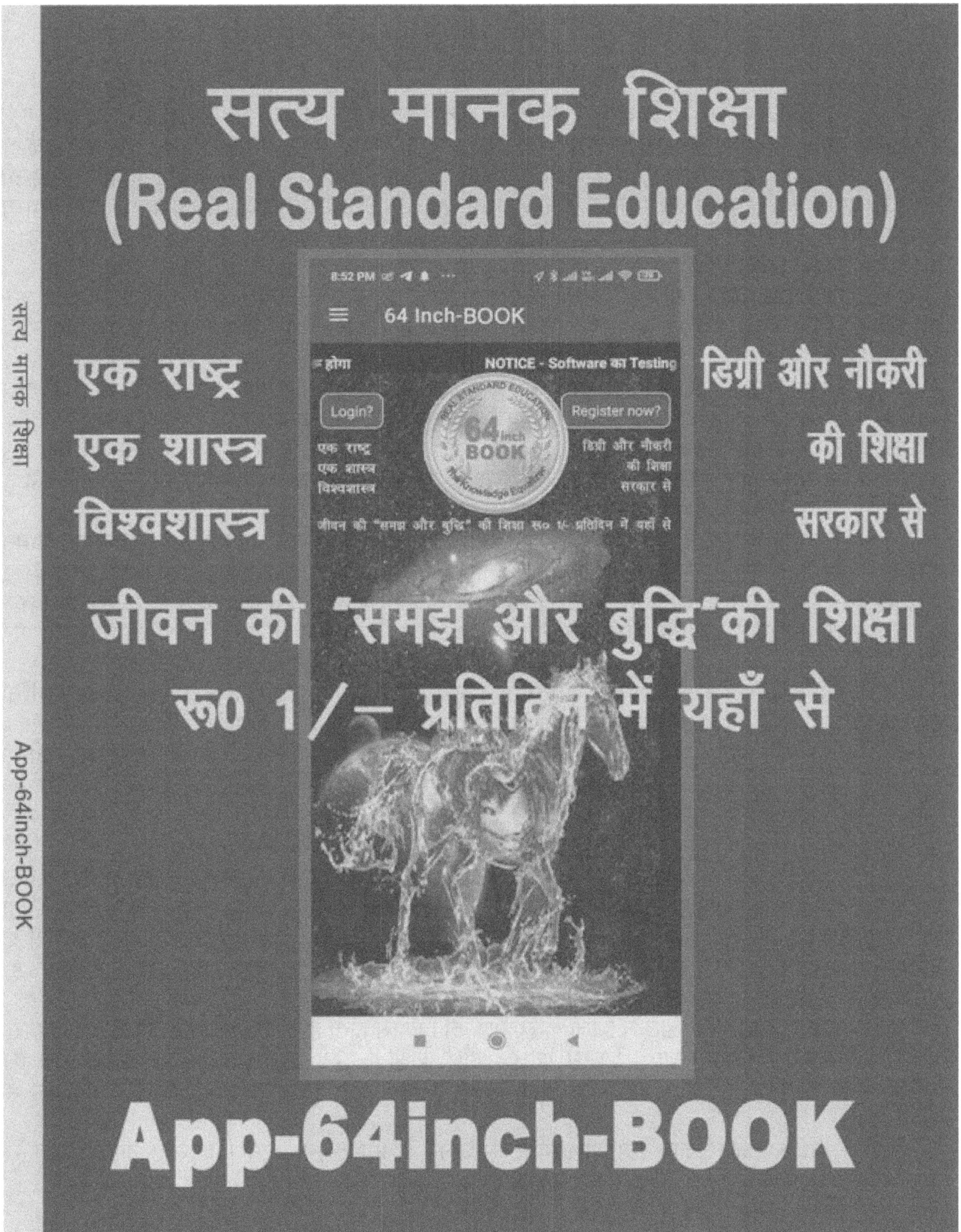

सत्य मानक शिक्षा
(Real Standard Education)
8:52 PM
64 Inch-BOOK
NOTICE - Software का Testing
Login?
Register now?
REAL STANDARD EDUCATION
64 inch BOOK
The Knowledge Equaliser
एक राष्ट्र
एक शास्त्र
विश्वशास्त्र
डिग्री और नौकरी
की शिक्षा
सरकार से
एक राष्ट्र
एक शास्त्र
विश्वशास्त्र
डिग्री और नौकरी
की शिक्षा
सरकार से
जीवन की "समझ और बुद्धि" की शिक्षा
रू0 1/- प्रतिदिन में यहाँ से
App-64inch-BOOK
सत्य मानक शिक्षा
App-64inch-BOOK

“सत्य मानक शिक्षा” का व्यापार-एक अन्तहीन व्यापार

एक नदी पर पुल था जिसे कोई व्यक्ति पैदल दो घण्टे में पार करता था। यह पुल पैदल यात्रीयों के लिए रोक दिया गया था जिसके लिए पुल के ठीक मध्य (एक घण्टे की यात्रा) पर एक गार्ड नियुक्त था। गार्ड एक घण्टे सोता था और एक घण्टे जागता था। एक चालाक व्यक्ति को पुल से नदी पार करना अतिआवश्यक था। इसलिए गार्ड जब सोया तब वह यात्रा प्रारम्भ किया जैसे ही गार्ड के जागने का समय आया, वह वापस लौटने लगा। गार्ड समझा कि वह दूसरे किनारे से आ रहा है इसलिए उसने उस यात्री को पकड़ा और दूसरी ओर भेज दिया। इस प्रकार यात्री नदी पार हो गया।

यदि हम में से किसी को तैरकर नदी पार करना हो और आधे से पहले ही हमारा हिम्मत टूटने लगे तो हम वापस ही आना चाहेंगे। यदि आधे से अधिक तैरने के बाद हिम्मत टूटने लगेगा तो हौसला बढ़ाकर आगे ही बढकर पार करना चाहेंगे।

इसी प्रकार मनुष्य के विकास क्रम में हम सब अदृश्य विज्ञान (आध्यात्म) से दृश्य विज्ञान (भौतिक) की ओर बढ़ गये हैं। नदी या पुल का एक किनारा अदृश्य विज्ञान है तो दूसरा किनारा दृश्य विज्ञान। वर्तमान का हमारा अधिकतम जीवन नदी के दूसरे किनारे दृश्य विज्ञान की ओर है, हर पल। जन्म से ही हम अधिकतम वे सब वस्तुएँ प्रयोग कर रहे हैं जिसका कच्चा माल भले ही ईश्वरकृत हो परन्तु उपयोग का रूप मनुष्यकृत है और विज्ञान द्वारा निर्मित है। इस प्रकार मनुष्य निर्माता के रूप में अपना रूप व्यक्त कर ईश्वर की ओर ही बढ़ रहा है।

नदी के पुल पर बैठे उस गार्ड का काम और तैरने वाले का निर्णय “सत्य शिक्षा” है। वर्तमान में मनुष्य समाज अदृश्य काल से चलकर दृश्य काल में आ चुका है। आधे से वापस किनारे जाना “सत्य” को पाना है। और आधे से दूसरे किनारे पार हो जाना “सिद्धान्त” को पाना है। इन्हीं सिद्धान्त को पाने के बाद संविधान-नियम-कानून का जन्म होता है जिससे आज हम सभी संचालित व प्रभावित है। इस “सत्य-सिद्धान्त” की शिक्षा ही “सत्य मानक शिक्षा” है।

वर्तमान में जीने का अर्थ होता है-विश्व ज्ञान जहाँ तक बढ़ चुका है वहाँ तक के ज्ञान से अपने मस्तिष्क को युक्त करना। तभी डेढ़ हजार वर्ष पुराने हमारे मस्तिष्क का आधुनिकीकरण हो पायेगा। सिर्फ वर्तमान में तो पशु रहकर कर्म करते हैं। “सत्य मानक शिक्षा” मनुष्य के मस्तिष्क के आधुनिकीकरण की शिक्षा है या विज्ञान की भाषा में कहें तो मस्तिष्क के आधुनिकीकरण का साफ्टवेयर या माइक्रोचिप्स (Integrated Circuit-I.C) है। वर्तमान की अब नवीनतम परिभाषा है-“पूर्ण ज्ञान से युक्त होना” और कार्यशैली की परिभाषा है-“भूतकाल का अनुभव, भविष्य की आवश्यकतानुसार पूर्णज्ञान और परिणाम ज्ञान से युक्त होकर वर्तमान समय में कार्य करना।”

ज्ञान के इस युग में शिक्षा-विद्या-कला का व्यापार मनुष्य के धरती पर रहने तक रहेगा। ऐसी स्थिति में “सत्य मानक शिक्षा”का व्यापार भी उस समय तक के लिए स्थायित्व में है। शिक्षा-विद्या-कला कोई प्रापर्टी नहीं है कि पिता जी ग्रहण कर चुके हैं तो पुत्र को हिस्सा प्राप्त हो जायेगा। पुत्र को भी वहीं से अर्थात् अक्षर ज्ञान से शुरू होना पड़ेगा जहाँ से पिता ने शुरू किया था। इस प्रकार “सत्य मानक शिक्षा”का व्यापार एक अन्तहीन व्यापार है जो मनुष्य के पृथ्वी पर रहने तक चलता रहेगा।

स्कूल-कालेजों के जाल से शिक्षा के व्यापार का विकास होता है न कि शिक्षा का। शिक्षा का विकास तो शिक्षा पाठ्यक्रम पर निर्भर होता है जिससे शिक्षक और शिक्षार्थी दोनों निर्मित होते हैं। जब तक पूर्ण शिक्षा पाठ्यक्रम का निर्माण नहीं होता, शिक्षा का विकास नहीं हो सकता लेकिन शिक्षा के व्यापार का विकास होता रहेगा।

आध्यात्म और विज्ञान ने मानव सभ्यता के विकास में अब कम से इतना विकास तो कर ही चुका है कि अब हमें मन के एकीकरण के लिए कार्य करना चाहिए। और उस मन पर कार्य करने का ही परिणाम है-

सम्पूर्ण ब्रह्माण्ड में व्याप्त एक ही सत्य-सिद्धान्त द्वारा व्यक्तिगत व संयुक्त मन को एकमुखी कर सर्वोच्च, मूल और अन्तिम स्तर पर स्थापित करने के लिए शून्य पर अन्तिम आविष्कार WS-0 श्रृंखला की निम्नलिखित पाँच शाखाएँ है।

1. डब्ल्यू.एस. (WS)-0: विचार एवम् साहित्य का विश्वमानक
2. डब्ल्यू.एस. (WS)-00: विषय एवम् विशेषज्ञों की परिभाषा का विश्वमानक
3. डब्ल्यू.एस. (WS)-000: ब्रह्माण्ड (सूक्ष्म एवम् स्थूल) के प्रबन्ध और क्रियाकलाप का विश्वमानक
4. डब्ल्यू.एस. (WS)-0000: मानव (सूक्ष्म तथा स्थूल) के प्रबन्ध और क्रियाकलाप का विश्वमानक
5. डब्ल्यू.एस. (WS)-00000: उपासना और उपासना स्थल का विश्वमानक

और पूर्णमानव निर्माण की तकनीकी WCM-TLM-SHYAM.C (World Class Manufacturing – Total Life Maintenance – Satya-Heart-Yog-Ashram-Meditaion.Conciousness) है।

जो शिक्षा का नया माडल है। गरीबों की समस्या सुलझानें का नैतिक दायित्व है। देश में 25 वर्ष से कम उम्र के 55 करोड़ लोगों के लिए पुननिर्माण जैसी योजना हैं। उन्हें नौकरी और प्रशिक्षण की व्यवस्था है। रचनात्मकता, समन्वय, लीडरशिप, ग्लोबल तथा प्रोफेशनल विषयों को पढ़ने तथा सूचना तकनीक के जरिए पढ़ाई पर ध्यान केन्द्रित करने से युक्त है। हमारे देश में जो अध्यापक हैं, वे शोध नहीं करते और जो शोध करते हैं वे पढ़ाते नहीं, इसलिए शिक्षार्थी को ही शोध पत्र (विश्वशास्त्र) पढ़ाया जाय क्योंकि शिक्षक पढ़ने से तो रहे क्योंकि समान्यतः धन के आने की सुनिश्चितता के बाद लोग पढ़ना छोड़ देते हैं, यही नहीं कोशिश तो यह भी रहती है कि पढ़ाना भी न पड़े और उन्हें सेवा से हटाया भी नहीं जा सकता।

स्वामी विवेकान्द जी ने कहा था – "सुधारकों से मैं कहूंगा कि मैं स्वयं उनसे कहीं बढ़कर सुधारक हूँ। वे लोग इधर-उधर थोड़ा सुधार करना चाहते हैं- और मैं चाहता हूँ आमूल सुधार। हम लोगों का मतभेद है केवल सुधार की प्रणाली में। उनकी प्रणाली विनाशात्मक है और मेरी संघटनात्मक। मैं सुधार में विश्वास नहीं करता, मैं विश्वास करता हूँ स्वाभाविक उन्नति में।"

स्वाभाविक उन्नति तभी होती है जब संसाधन उपलब्ध हो। कार-मोटरसाइकिल घर में पहले से रहता है तो स्वाभाविक रूप से कम उम्र में ही घर के लोग चलाना सिख जाते हैं

जो व्यक्ति या देश केवल आर्थिक उन्नति को ही सर्वस्व मानता है वह व्यक्ति या देश एक पशुवत् जीवन निर्वाह के मार्ग पर है-जीना और पीढ़ी बढ़ाना। दूसरे रूप में इसे ऐसे समझा जा सकता है कि ऐसे व्यक्ति जिनका लक्ष्य धन रहा था वे अपने धन के बल पर अपनी मूर्ति अपने घर पर ही लगा सकते हैं परन्तु जिनका लक्ष्य धन नहीं था, उनका समाज ने उन्हें, उनके रहते या उनके जाने के बाद अनेकों प्रकार से सम्मान दिया है और ये सार्वजनिक रूप से सभी के सामने प्रमाणित है। पूर्णत्व की प्राप्ति का मार्ग शारीरिक-आर्थिक उत्थान के साथ-साथ मानसिक-बौद्धिक उत्थान होना चाहिए और यही है ही। इस प्रकार भारत यदि पूर्णता व विश्व गुरूता की ओर बढ़ना चाहता है तब उसे मात्र कौशल विकास ही नहीं बल्कि राष्ट्रीय बौद्धिक विकास की ओर भी बढ़ना होगा। बौद्धिक विकास, व्यक्ति व राष्ट्र का इस ब्रह्माण्ड के प्रति दायित्व है और उसका लक्ष्य है।

राष्ट्र के पूर्णत्व के लिए पूर्ण शिक्षा निम्नलिखित शिक्षा का संयुक्त रूप है-

अ-सामान्यीकरण (Generalisation) शिक्षा

ज्ञान के लिए- यह शिक्षा व्यक्ति और राष्ट्र का बौद्धिक विकास कराती है जिससे व्यक्ति व राष्ट्रीय सुख में वृद्धि होती है।

ब-विशेषीकरण (Specialisation) शिक्षा

कौशल के लिए- यह शिक्षा व्यक्ति और राष्ट्र का कौशल विकास कराती है जिससे व्यक्ति व राष्ट्रीय उत्पादकता में वृद्धि होती है।

स-सत्य नेटवर्क (REAL NETWORK)

समाज में प्रकाशित होने के लिए-क्योंकि कोई भी क्यों न हो उसे स्वयं अपना परिचय (BIO-DATA) देना पड़ता है तभी उसके अनुसार समाज उसका उपयोग करता है।

वर्तमान समय में विशेषीकरण की शिक्षा, भारत में चल ही रहा है और वह कोई बहुत बड़ी समस्या भी नहीं है। समस्या है सामान्यीकरण शिक्षा की। व्यक्तियों के विचार से सदैव व्यक्त होता रहा है कि-मैकाले शिक्षा पद्धति बदलनी चाहिए, राष्ट्रीय शिक्षा नीति व पाठ्यक्रम बनना चाहिए। ये तो विचार हैं। पाठ्यक्रम बनेगा कैसे?, कौन बनायेगा? पाठ्यक्रम में पढ़ायेंगे क्या?

एक पूर्ण मानव निर्माण प्रक्रिया में शिक्षा पाठ्यक्रम के स्वरूप का विश्वमानक निम्नवत् है। जो किसी विशेष देश-काल-पात्र पर निर्भर नही करता अर्थात् यह प्रत्येक देशों और व्यक्तियों के लिए शिक्षा का स्वरूप है। जिससे ब्रह्माण्डीय, वैश्विक और व्यक्तिगत संतुलन, स्थिरता, एकता, प्रबन्ध, विकास, शान्ति और सुरक्षा निर्धारित होती है।

1. प्राइमरी शिक्षा (कक्षा-5 तक)-भाषा ज्ञान आधारित:- क्षेत्रीय, देश, विश्व और विज्ञान की भाषा का ज्ञान, सामान्य विज्ञान, सामान्य ज्ञान, चित्र कला।

2. जूनियर हाई स्कूल (कक्षा-6 से 8 तक)-समाज ज्ञान आधारित:- क्षेत्रीय, देश, विश्व और विज्ञान की भाषा का ज्ञान, सामान्य विज्ञान, सामान्य ज्ञान, चित्र कला का विस्तार, खेल, संगीत, कृषि, समाज विज्ञान।

3. हाई स्कूल (कक्षा-9 से 10 तक)-सामान्यीकृत ज्ञान आधारित:- ज्ञान-कर्मज्ञान समाहित WCM-TLM-SHYAM.C (World Class Manufacturing – Total Life Maintenance – Satya-Heart-Yog-Ashram-Meditaion.Conciousness) प्रणाली अर्थात शिक्षा पाठ्यक्रम का विश्व मानक, कालानुसार विज्ञान, तकनीकी, व्यापारीक व प्रबन्धकीय ज्ञान की शिक्षा।

4. इण्टरमीडिएट (कक्षा-11 से 12 तक)-विशेषीकृत ज्ञान आधारित:- कौशल विकास की शिक्षा।

5. उच्च शिक्षा-इच्छानुसार विशेष क्षेत्र आधारित

"किसी देश का संविधान, उस देश के स्वाभिमान का शास्त्र तब तक नहीं हो सकता जब तक उस देश की मूल भावना का शिक्षा पाठ्यक्रम उसका अंग न हो। इस प्रकार भारत देश का संविधान भारत देश का शास्त्र नहीं है। संविधान को भारत का शास्त्र बनाने के लिए भारत की मूल भावना के अनुरूप नागरिक निर्माण के शिक्षा पाठ्यक्रम को संविधान के अंग के रूप में शामिल करना होगा। जबकि राष्ट्रीय संविधान और राष्ट्रीय शास्त्र के लिए हमें विश्व के स्तर पर देखना होगा क्योंकि देश तो अनेक हैं राष्ट्र केवल एक विश्व है, यह धरती है, यह पृथ्वी है। भारत को विश्व गुरू बनने का अन्तिम रास्ता यह है कि वह अपने संविधान को वैश्विक स्तर पर विचार कर उसमें विश्व शिक्षा पाठ्यक्रम को शामिल करे। यह कार्य उसी दिशा की ओर एक पहल है, एक मार्ग है और उस उम्मीद का एक हल है। राष्ट्रीयता की परिभाषा व नागरिक कर्तव्य के निर्धारण का मार्ग है। जिस पर विचार करने का मार्ग खुला हुआ है।"

"भारत का प्रत्येक नागरिक अपने जीवकोपार्जन के मार्ग व संघर्ष में अपने विषय का जानकार व अनुभव तो प्राप्त कर रहा है परन्तु कुछ पाने के क्रम में कुछ छूट भी जाता है इसलिए प्रत्येक नागरिक को अपने अहंकार को भूलकर यह स्वीकार करना होगा कि वह अपने विषय से हटकर अन्य विषय के विषय में कम या नहीं जानता है।"

अतः एक "आदर्श नागरिक" बनने के क्रम में न्यूनतम ज्ञान सभी को एक समान रूप से चाहिए।

www.ingramcontent.com/pod-product-compliance
Lightning Source LLC
LaVergne TN
LVHW080936071026
849535LV00013B/4221
* 9 7 8 1 6 4 9 1 9 4 3 4 3 *